Joseph M. Stowell
Leben im Bewusstsein der Ewigkeit

Joseph M. Stowell

Leben im
Bewusstsein der
EWIGKEIT

Bibelzitate nach der Revidierten Elberfelder Übersetzung
© 2011 SCM R.Brockhaus im SCM-Verlag GmbH & Co.KG.

Stowell, Joseph M.
Leben im Bewusstsein der Ewigkeit

Titel des amerikanischen Originals:
Eternity
© 1995, 2006 by Joseph M. Stowell
Published by special arrangement with Discovery House Publishers,
3000 Kraft Avenue SE, Grand Rapids, Michigan 49512 USA.
All rights reserved.

ISBN 978-3-89436-873-9

© 2011 der deutschen Ausgabe
Christliche Verlagsgesellschaft mbH, Dillenburg
www.cv-dillenburg.de
Übersetzung: Martin Plohmann
Umschlaggestaltung: Christoph Ziegeler
www.pixelkraft.de
Satz: CV Dillenburg
Druck: CPI Moravia Books, Pohorelice

Printed in Czech Republic

Inhalt

Vorwort 7
Dank 10

Teil 1: In anderen Welten 11

1. Über uns selbst hinaus
   Eine Welt aus dem Gleichgewicht 12
2. In anderen Welten
   Eine erweiterte Sicht 20
3. Ausgewogene Welten
   Ein aus dem Gleichgewicht geratenes Christentum 33

Teil 2: Die ewige, jenseitige Welt 47

4. Sich mit dem Paradies beschäftigen
   Unsere Hoffnung auf den Himmel richten 48
5. Warum der Himmel so dunkel erscheint
   Was ist mit dem Licht am Ende des Tunnels passiert? 61
6. Die Realität neu beleben
   Der Himmel in unserer eigenen Geschichte 77
7. Um des Himmels willen
   Überprüfung der Realität 95
8. Die Gewohnheit unseres Herzens
   Geben Sie dem Himmel seinen angemessen Platz 116

Teil 3: Die ewige Welt in uns 133

9. Dein Reich komme
   Ortswechsel 134

10. Veränderungen durch das Reich Gottes
   Eine andere Identität 146
11. Die Privilegien des Reiches Gottes
   Seine Vorrechte und Verpflichtungen 156
12. Das Wesen des Reiches Gottes
   Gerechtigkeit regiert 168
13. Die äußere Erscheinung des Reiches Gottes
   Ewige Tugenden sind wichtiger als irdische Werte 177
14. Grundsätze und Einstellungen des Reiches Gottes
   Die Predigt unseres Lebens 201

Teil 4: Diese gegenwärtige Welt 225

15. Spannungen
   Was wir in dieser Welt zu erwarten haben 226
16. Probleme
   Was bereitet uns Schwierigkeiten? 245
17. Triumph
   Frieden und Zuversicht inmitten von Chaos 251

Fußnoten 262

Vorwort

Paul Azinger hatte den Höhepunkt seiner Karriere als Profi-Golfspieler erreicht, als sein Arzt ihm mitteilte, er habe lebensbedrohlichen Krebs. Bis zu diesem Augenblick hatte er sich nur wenige Gedanken über den Tod gemacht. Sein Leben war bisher so ausgefüllt gewesen, dass er nie innegehalten und über das Sterben nachgedacht hatte – ebenso wenig wie über das, was danach kommt. Als er aber unausweichlich mit der Ewigkeit konfrontiert wurde, musste er plötzlich seine Lebensrealität überprüfen. Sein Leben würde nie wieder dasselbe sein. Selbst die 1,46 Millionen Dollar, die er in diesem Jahr als Golfprofi verdient hatte, waren auf einmal unbedeutend. Er konnte nur noch an das denken, was ein Pastor einmal zu ihm gesagt hatte: »Wir meinen, wir befinden uns im Land der Lebendigen, die auf dem Weg zum Land der Verstorbenen sind. Aber in Wirklichkeit sind wir im Land der Sterbenden, unterwegs zum Land der Lebendigen.«

Wenn wir die Realität der zukünftigen Welt verstehen, verändert das alles in *dieser* Welt. Unser Wertesystem wird umgestaltet und erhält neue Prioritäten. Geld, Dinge, Zeit, Freunde, Feinde, Familie und das Leben selbst werden darauf ausgerichtet und bekommen ihren angemessenen Wert und Platz.

Wenn irgend jemand die Realität der Ewigkeit zum Ausdruck bringen sollte, dann sind es diejenigen, denen durch Christus, unserem göttlichen Reisepass, ein sicherer Übergang zur anderen Seite garantiert wurde. Doch interessanterweise leben wir, die wir die Verheißung des Himmels in unserem Herzen tragen, als wäre sie zwar real, aber ohne Bedeutung. Wir lassen uns von zeitlichen Dingen fesseln und tauschen die Wesenszüge und die Kraft eines auf die Ewigkeit ausgerichteten Lebens gegen das Gewöhnliche ein.

Wir sind nicht anders als der Durchschnittsbürger auf der Straße, der sein Leben nach der begrenzten Vorstellung ausrichtet, dass es nur diese eine Welt gibt. Da viele Menschen blind sind für die Realität der jenseitigen Welt, erwarten sie von diesem Leben ein Höchstmaß an Vergnügen und Wohlstand. Lebensqualität wird an der Anhäufung von materiellen Dingen und dem Aufstieg zu Macht und gesellschaftlicher Stellung gemessen. Das Leben definiert sich durch den Genuss der besten Gaumenfreuden, die diese Welt zu bieten hat. Freizeit und Annehmlichkeiten sind das Ziel. Man jagt größtmöglichem Frieden und aufregenden Abenteuern hinterher – das ist aber trügerisch, da diese Welt bestenfalls eine hohle Erfahrung darstellt und uns schlimmstenfalls desillusioniert und verzweifelt zurücklässt. Wird die Ewigkeit außer Acht gelassen, reduziert sich das ganze Leben auf die falsche Annahme, dass diese Welt alles ist, was wir haben. Und offen gesagt, es reicht niemals aus.

Warum? Weil wir für die Ewigkeit geschaffen wurden – für eine ungehinderte Beziehung mit Gott, der uns für die tiefen Freuden der Gemeinschaft mit ihm gemacht hat. Aber die Sünde veränderte alles und drängte uns, dieses angeborene Sehnen nach Gott in der gefallenen Welt zu befriedigen. Unsere besten Erfahrungen sind nur schwache und sinnlose Versuche, das verlorene Paradies zurückzugewinnen.

Die Erlösung hat uns wieder in Verbindung mit der ewigen Welt gebracht und die Ewigkeit in unsere Herzen gelegt. Gottes errettende Gnade hat die Mauern niedergerissen, die unseren Blick auf die Ewigkeit verdunkelten, und uns eine Beziehung zu Christus, dem König der Ewigkeit, geschenkt, der jetzt in uns lebt.

Wenn Sie spüren, dass Ihnen etwas fehlt – dass Sie mehr erwartet hatten –, dann haben Sie es womöglich vernachlässigt sich mit der Herrlichkeit der zukünftigen Welt und deren in uns wohnendem König zu beschäftigen. Erst wenn wir die richtige Einstellung zu der ewigen Welt und der geistlichen Welt in uns besitzen, können wir mit unseren Erfahrungen in dieser gegenwärtigen Welt umgehen und ihnen den angemessen Platz geben. Das Buch *Ewigkeit* stellt Ihnen die erweiterten Perspektiven der zukünftigen Welt vor; die Privilegien einer erlösten und *geistlichen Welt* in uns; und das wahre Wesen dieser *vergänglichen Welt*, die in unserem Leben mehr Raum einnimmt, als sie sollte. Kein Leben und keine Erfahrung kann unabhängig von einem genauen Verständnis und der Anwendung der Dynamik all dieser Welten betrachtet werden.

Dank

Ich bin vielen Personen zu Dank verpflichtet, die mir bei der Bearbeitung dieses Materials geholfen haben:

meiner Frau Martie, die mich ermutigte und die Arbeit an diesem Projekt unterstützte und mit Geduld trug.

Peggy Noonan – ihre Gedanken über die Ewigkeit haben in meinem Herzen ein Anliegen für dieses Material geweckt.

Carol Holquist, Verlegerin; Judith Markham, Verlagsleiterin, und Annette Selden, Redakteurin bei *Discovery House Publishers*.

Möge Gott euch segnen mit der Freude eines Lebens, das einen klaren Blick für die Ewigkeit besitzt.

Teil 1
In anderen Welten

Unser Leben ist immer dann zutiefst enttäuschend und hoffnungslos, wenn wir so leben, als wäre diese Welt alles, was wir haben. Auf Fragen gibt es nur wenige Antworten, und Krisen überwältigen uns. Zum Glück ist diese Welt nicht die einzige. Christus bringt uns in Verbindung mit der ewigen, zukünftigen Welt und schenkt uns eine in alle Ewigkeiten erlöste, geistliche Welt in uns. Diese gegenwärtige Welt macht nur Sinn, wenn wir unser Leben hier auf diese anderen Welten ausrichten.

Wie Paulus sagte: **»Wenn wir allein in diesem Leben auf Christus gehofft haben, so sind wir die elendesten von allen Menschen«** *(1Kor 15,19).*

Kapitel 1
Über uns selbst hinaus
Eine Welt aus dem Gleichgewicht

Im Jahr 1994 wirkte die Familie Willis wie eine Durchschnittsfamilie – mit Ausnahme der Tatsache, dass sie mit neun Kindern gesegnet war. Damals war Duane »Scott« Willis Lehrer und Teilzeitpastor in Mount Greenwood im Süden von Chicago. Sein Name leuchtete nie in Neonbuchstaben auf, weder predigte er im Radio noch schrieb er ein Buch. Aber all das hatte auch keine Bedeutung für ihn. Wichtig war ihm die Liebe zu seinen Kindern und seiner Frau Janet sowie die Treue zum Herrn.

Scott und Janet haben eine ungewöhnlich starke Liebe zu ihren Kindern. Ihre drei ältesten Kinder hatten das Nest schon verlassen, und Janet unterrichtete die anderen zu Hause: Ben, Joe, Sam, Hank und Elizabeth. Mit seinen sechs Wochen war Peter der neuste Familienzuwachs. Ein Großteil des Familienlebens drehte sich um die Erziehung der Kinder. Wie die meisten Familien waren die Willis' beschäftigt mit Schule, Arbeit, Kinderbaseballliga und anderen sportlichen Aktivitäten, bei denen Scott als Coach für seine Jungen fungierte und sie anfeuerte. Unberührt von der Gier der oberflächlichen Welt um sie herum, gaben sie sich glücklich und zufrieden den wenigen Dingen hin, die wirklich zählten – ihrem Familienleben und der Gemeinde. Ganz ehrlich, solche Menschen sind meine persönlichen Helden.

Im November 1994 kamen auf diese »durchschnittliche« Familie außergewöhnliche Umstände zu, als Scott und Janet mit sechs ihrer neun Kinder den neuen Kleinbus bestiegen und nördlich nach Milwaukee fuhren, um eines ihrer älteren Kinder zu besuchen. Dieser Tag sollte für die Willis' nicht so werden wie jeder andere. Als sie sich auf dem Highway westlich von Milwaukee befanden, fiel von einem Lastwagen vor ihnen ein großes Stück Metall. Es schnitt die Unterseite ihres Treibstofftanks auf und Benzin entzündete sich. Von einem Augenblick zum nächsten war ihr Kleinbus von Flammen eingeschlossen. Die Kleidung von Scott und Janet hatte Feuer gefangen, und sie stürzten aus dem Wagen. Nachdem sie sich über eine Grasfläche gewälzt und die Flammen erstickt hatten, rannten sie zum Auto zurück. Bis auf ein Kind waren alle noch im Fahrzeug. Fünf ihrer Kinder kamen in den Flammen um; das sechste starb am nächsten Morgen im Krankenhaus. In ihrem Schmerz schrie Janet: »Nein! Nein!« Scott versuchte, sie zu trösten. Aber die Kinder waren tot.

Dieses schreckliche Ereignis erinnert uns daran, dass irgendetwas nicht stimmt – dass etwas in unserer Welt aus dem Gleichgewicht geraten ist. Warum sie? Warum zu diesem Zeitpunkt? Warum gab Gott ihnen den Wunsch nach Kindern und die Freude an einer ganzen Schar und nahm sie ihnen dann plötzlich weg? Und warum ließ Gott es eine Familie mit solch fähigen und fürsorglichen Eltern treffen, wo es doch so viele Eltern auf dieser Welt gibt, die ihre Verantwortung nicht wahrnehmen und ihre Kinder zum Teil misshandeln?

Wir fragen uns offen gesagt, warum Gott so etwas bei Gläubigen zulässt. Es scheint ein schlechtes Licht auf sein göttliches Wesen zu werfen. Fairness, Gerechtigkeit, Gnade und Liebe werden in diesen Momenten in Frage gestellt. Solch ein Ereignis droht unser Vertrauen in Gott zu untergraben. Es erschüttert die Fundamente unseres Glaubens.

In der Grundschule verteilte mein Lehrer einmal Bilder, die voller Unstimmigkeiten und Widersprüche waren. Über jedem stand die Frage: »Was stimmt an diesem Bild nicht?« Wir sollten die Fehler herausfinden, die bei näherer Betrachtung ins Auge fielen: ein Junge ohne Augen, ein Hund ohne Schwanz, ein Eichhörnchen, das in einem Vogelbad saß.

Irgendetwas stimmt nicht

Man muss nicht lange hinsehen, um zu erkennen, dass irgendetwas an dem Bild der Willis' nicht passt.

Zugegeben, die Geschichte von Scott und Janet ist außergewöhnlich tragisch, ein Leid, das nur wenige von uns jemals treffen wird. Aber ihre Tragödie erinnert uns daran, dass das Leben voller Ungereimtheiten und Enttäuschungen ist, die unseren Glauben und unser Vertrauen erschüttern.

In einer unvollkommenen Welt gibt es viele Ungerechtigkeiten. Man denke nur an die Menschen, die ohne eigenes Verschulden missbraucht wurden – Kinder, die in einem unsicheren, brutalen Umfeld groß geworden sind. Und wie können wir die Tatsache erklären, dass einige Kinder aus christlichen Elternhäusern das Herz ihrer Eltern brechen, indem sie sich für ein zerstörerisches, rebellisches Leben entscheiden? Was ist mit unberechenbaren Eltern, die die Träume ihrer Kinder zerstören? Oder mit dem treuen Pastor, der sein ganzes Leben einem kleinen, unbeachteten Dienst mit geringem Einkommen oder Ansehen widmet? Und was ist mit der Tatsache, dass er vielleicht härter arbeitet und seinem Herrn treuer dient als andere, die größere, bessere und angenehmere Dienste ausüben? Warum hat Gott ihn so gering belohnt, während andere so viel mehr bekommen?

Oder denken Sie an diejenigen, die Christus als Herrn ihres Lebens bekennen und aufgrund ihrer Hingabe mit Schwierigkeiten und Problemen zu kämpfen haben, statt größeren Frieden und Freude zu genießen. Oder warum stellen manche von uns fest, dass ihr Herz selbst in den besten Augenblicken nicht völlig zufrieden ist, obwohl sie sich nach einer tieferen und engeren Beziehung mit dem Herrn sehnen? Und was ist mit den Zeiten, in denen Gott scheinbar schweigt und so weit von uns weg ist?

Was ist mit ganz normalen, guten Leuten, die anscheinend nie in der Lotterie des Lebens gewinnen? Die mehr Probleme haben als schlechte Menschen und weit weniger besitzen als viele, die auf Manipulation, Macht und Reichtum setzen, um eigennützige Interessen zu verfolgen?

Warum haben die Gerechten so viele Probleme und Nöte, während es den Bösen gut zu gehen scheint? Wir alle kennen Zeiten, in denen derart beunruhigende und scheinbar nicht zu beantwortende Fragen unseren Glauben anfechten.

Als ich während des Gedenkgottesdienstes für einen der großen Missionare unserer Zeit predigen sollte, schien mir alles aus dem Gleichgewicht geraten zu sein. Mein Problem war nicht, dass er gestorben war; das ist uns allen bestimmt. Das *Wie* und *Wann* schien nicht zu passen. Phil Armstrong, der als junger Mann sein Leben Christus gegeben hatte und später ein Leiter des *Far Eastern Gospel Crusade* geworden war, erhielt für seine Begabungen und Beiträge zur globalen Evangelisation weiterhin Anerkennung. Ich erinnere mich noch, wie mich auf der Bibelschule Phils Botschaft herausforderte und sein Leben mich beeindruckte. Ganz offen gesagt, ich war überrascht, dass mir jetzt das Vorrecht zuteil geworden war, sein Pastor zu sein. Obgleich er die meiste Zeit im Missionsauftrag unterwegs war, kann ich mich noch an seine weisen Beiträge und Ratschläge auf Vorstandssitzungen erinnern. Ebenso wie an seine persönliche Ermutigung in diesen frühen Tagen, als ich unsicher war und mich fragte, ob ich überhaupt fähig wäre, diese ziemlich anspruchsvolle Herde zu hüten.

Er und seine Frau Bobbie hatten von dem Tag geträumt, an dem seine Verantwortung für die Mission weniger würde und er von der Leitung zurücktreten könnte, um nur noch Dinge für Jesus zu tun, die er wirklich gern tat. Für Bobbie hätte es bedeutet, mehr Zeit mit ihrem Mann verbringen zu können. Sie hatte ihn Jahrzehnte ihres Ehelebens der Sache Jesu überlassen – in der Hoffnung, dass sie eines Tages ein kleines Haus in den Bergen von North Carolina kaufen und an ihrem Lebensabend mehr Freude aneinander haben würden. Und jetzt, da Phil kurz davor stand, von seinem Posten als geschäftsführender Direktor der Mission zurückzutreten, hatten sie sich einen Flecken ausgesucht, wo sie ihre Träume verwirklichen wollten.

Ich werde nie diesen Septembermorgen während der Sonntagsschule vergessen, als ich die Nachricht erhielt, dass Phils kleines Flugzeug in der Nacht über dem Meer vor Alaska verschwunden war und in dem dunklen, kalten Wasser noch nicht gefunden werden konnte. Wir riefen Bobbie aus der Sonntagsschule heraus und teilten es ihr mit. Zu diesem Zeitpunkt wussten wir noch nicht, dass man in den nächsten Tagen die Suche schließlich aufgeben würde, ohne das Flugzeug oder Phil zu finden.

Und jetzt war es meine Aufgabe, vor der Familie, engen Freunden und geistlichen Führungspersonen aus dem ganzen Land die richtigen Worte zu finden. Es war nicht leicht angesichts der Tatsache, dass an diesem Bild vieles nicht zu stimmen schien.

Glaube auf dem Prüfstand

Das Leben bringt unseren Glauben manchmal in Extremsituationen. Was wir von Gott erwarten, widerspricht oftmals unseren Erfahrungen im Leben. Dann würden wir am liebsten fragen: *Warum ist das passiert, wenn Gott doch gut ist? Wenn Gott allmächtig ist, wo ist er dann jetzt? Warum bin ich nicht glücklicher, wenn Gott mich liebt? Warum habe ich nicht weniger Probleme und mehr Frieden? Wenn Gott mit mir zufrieden ist, warum kann ich mich dann nicht mehr freuen?*

Unbeantwortete Fragen wie diese bedrohen unsere Begeisterung für Christus und unsere tiefe Hingabe an ihn. Unser Glaube kühlt ab, und unsere Sicht von Gott wird kleiner. Wir entwickeln eine Art von Christentum, das mit den Schultern zuckt und sagt: *So ist es nun mal.* Und da zu viel auf dem Spiel steht, um Gott zu verlassen, reißen wir uns einfach zusammen, lächeln, ertragen es und hoffen, dass uns keiner jemals solche Fragen stellt. Wir kommen sogar zu der Überzeugung, dass wir unseren Verstand und unsere Fragen an der Garderobe abgeben müssen und den geistlichen Bereich von der Realität des Lebens trennen sollten, um unseren gesunden Menschenverstand nicht zu verlieren. An diesem Punkt wird der Glaube selbst unwirklich und belanglos.

Wir fechten es mit uns selbst aus und glauben, dass die einzigen Dinge von Bedeutung in dieser gegenwärtigen Welt zu finden sind.

Ein sich auflösender Glaube erzeugt ein resigniertes, verzweifeltes Christentum, dem Lebendigkeit und Begeisterung für Gott und sein Wort fehlen. Unser Elan kommt zum Erliegen und lässt uns schwach und pessimistisch zurück. Dieser Rückgang von Vertrauen und Hingabe an Gott könnte der Grund sein, warum etwas grundlegend falsch bei uns ist und wir unser Gleichgewicht verloren haben.

Wenn der Glaube keinen Sinn ergibt und diese Welt zu unserer einzigen Realität wird, verschlingt uns die Gier und macht uns kalt gegenüber Notleidenden und Aufgaben, die die Sache Jesu vorantreiben. Wir setzen uns der Gefahr von Bitterkeit aus, die manchmal ein Leben lang anhält. Es könnte damit zu tun haben, dass wir in diesem Leben vielleicht so sehr nach Glück streben und enttäuscht sind, wenn wir es nicht finden. Ein zerbrochener Glaube macht uns anfällig für die endlose Suche nach Glück und Wohlstand. Wenn wir glauben, dass diese Welt die einzig reale ist, wird unser Beruf leicht zur Bühne, die unserem Leben Sinn und Bedeutung verleiht, auf der wir unser eigenes kleines Reich aufbauen und nach Sicherheit in dieser Welt streben.

Unsere Richtungslosigkeit verstärkt sich noch, wenn wir in der Bibel entdecken, dass unsere Welt in allen Zeitaltern aus dem Gleichgewicht und voller Widersprüche war. In frühsten Zeiten musste Hiob unermessliches Leid ertragen, ohne einen sichtlichen irdischen Nutzen davon zu haben; Joseph wurde drei Jahre lang ins Gefängnis geworfen, weil er gerecht war; Gottes eigenes Volk tötete die Propheten, die er zu ihnen gesandt hatte, um ihnen zu dienen; Gott kam auf die Erde und wurde gekreuzigt, und das Blut der Märtyrer hat Jahrhunderte lang den Erdboden getränkt.

Etwas, das über uns hinaus geht

Doch diese und unzählige andere Menschen erstarkten in diesen Situationen durch ein unerschütterliches Vertrauen in die Gegenwart Gottes, die in ihnen wohnt, und in eine bessere und gesegnetere Welt.

Als Janet Willis zu dem brennenden Kleinbus zurückblickte und schrie: »Nein! Nein!«, bestand der Trost ihres Mannes aus mehr als nur einer Berührung. Er sah über den Moment hinaus – ja, über diese Welt hinaus. Scott berührte ihre Schulter mit seiner Hand, auf der sich Blasen gebildet hatten, und flüsterte ihr zu: »Janet, darauf wurden wir vorbereitet. Janet, es ging schnell, und jetzt sind sie beim Herrn.«

Scott hatte Kontakt zu etwas, das über diese Welt hinausgeht.

Auf der Titelseite berichtete die *Chicago Tribune*: »Mit Verbrennungen und körperlichen Schmerzen bewies am Mittwoch ein Ehepaar, das in einem Krankenhaus in Milwaukee liegt außergewöhnliche Gnade und Mut. Auf einer von ihm einberufenen Pressekonferenz erklärte das Paar, wie sein bedingungsloser Glaube es trotz des Verlustes von sechs seiner neun Kinder stütze.« Auf der Pressekonferenz sagte Scott: »Ich weiß, Gott hat seine Gründe ... Gott hat uns und unserer Familie seine Liebe gezeigt. Wir haben nicht den leisesten Zweifel, dass Gott gut ist, und wir loben ihn in allen Dingen.«[1]

Kann es sein, dass unser Glaube noch nicht stark genug ist, um Dinge zu erkennen, die über unser eigenes Leben hinaus von Bedeutung sind? Über diese jetzige Welt hinaus? Kann es sein, dass wir von Gott die beste aller Welten schon hier auf der Erde erwarten?

Der Fehler liegt nicht bei Gott, sondern bei uns. Wir sind davon ausgegangen, dass diese Welt ein angenehmer und freundlicher Ort ist, und dass die Antworten auf die schwierigen Fragen des Lebens hier unten gefunden werden können. Wir haben angenommen, dass die Antworten auf die Nöte des Lebens irgendwo in uns selbst oder in der Welt um uns herum liegen. Wir täuschen uns.

Wir haben die Fragen. Aber die Antworten sind oftmals in der zukünftigen Welt zu finden.

Wir haben auch geglaubt, dass die Lösungen für unsere Probleme in dieser einzigen, irdischen Existenz liegen. Wir haben uns geirrt.

Wir haben die Probleme. Die Lösungen liegen außerhalb von uns.

Stanton ist ein kleines englisches Dorf, das auf das 13. Jahrhundert zurückgeht. Im Zentrum steht die Kirche von *St. Michael's and All the Angels*. In diesem abgenutzten Bethaus befinden sich auf dem Boden und den Wänden Platten, die an die treuen Gläubigen erinnern, die in diesem Ort verschieden sind. Auf einer beeindruckenden Tafel, die rechts von der Kanzel angebracht ist, ist eingraviert:

»In ehrwürdiger Erinnerung an Frances, dritte Tochter von Reginald und Frances Wynniatt, die am 12. März 1808 im Alter von 19 Jahren starb. Am Morgen ihres Lebens hinweggenommen, machten sie ihre vielen reizenden Tugenden beliebt bei jedem, der sie kannte. Empfindsam und weise in all ihrem Handeln lebte sie unbefleckt von der Welt und untadelig von all deren Eitelkeiten. ... Aufrechterhalten durch die lebendige Aussicht auf eine Zukunft und ein besseres Dasein ertrug sie mit vorbildlicher Geduld und fröhlicher Ergebenheit eine langwierige Krankheit, die sie frühzeitig ins Grab brachte.«

Frances Wynniatt war eine Frau, die ihre Stärke und Zuversicht in etwas fand, das über sie hinausging – in etwas, das außerhalb ihrer Welt lag.

Kapitel 2
In anderen Welten
Eine erweiterte Sicht

Einige von Ihnen werden sich noch daran erinnern, als 3-D Comics und Filme in Mode waren. Um das Bild auch wirklich dreidimensional zu sehen, musste man eine Spezialbrille tragen, die aus einem Papprahmen und orangefarbenen Cellophanlinsen bestand. Ohne die Brille war das Bild verschwommen und machte keinen Sinn; aber mit ihr wurde es klar und faszinierend real. Kinobesucher schrieen, wenn Monster aus der Leinwand sprangen, und auf einer Achterbahnfahrt drehte sich einem der Magen um. Wenn es uns an einer erweiterten Perspektive fehlt und wir nur auf die jetzige Welt sehen, werden unser Leben und unser Glaube verzerrt.

Peggy Noonan, frühere Korrespondentin bei CBS News und Ghostwriterin für die Präsidenten Reagan und Bush, beobachtete scharfsinnig:

> »Ich glaube, wir haben das alte Wissen aus den Augen verloren, dass Glück überschätzt wird – dass sogar das Leben in gewisser Weise überbewertet wird. Irgendwie ist uns das Gespür für das Geheimnisvolle abhanden gekommen – Geheimnisvolles über uns, unser Ziel, unsere Bedeutung, unsere Rolle. Unsere Vorfahren glaubten an zwei Welten, und diese hier sahen sie als die einsame, arme, grässliche, brutale und unbedeutende von beiden an. Wir sind die erste Generation in der Menschheit, die erwartet, ihr Glück auf dieser Erde zu finden; unsere Suche danach hat uns viel Unglück beschert. Der Grund: Wenn Sie nicht an eine andere, höhere Welt glauben, wenn Sie nur an diese leere materielle Welt

um uns herum glauben und meinen, dass dies Ihre einzige Chance auf Glück ist – wenn Sie das annehmen, dann werden Sie nicht enttäuscht sein, wenn diese Welt Ihnen nicht ein gutes Maß von ihren Reichtümern gibt: Sie werden völlig verzweifelt sein.«[1]

Der Apostel Paulus schrieb: »*Wir sind die elendesten von allen Menschen*« (1Kor 15,19), wenn wir nur für dieses Leben auf Christus vertrauen. Er verdeutlichte dadurch eine wichtige Wahrheit. Wenn das die einzige Welt für uns ist, bleibt uns nichts anderes übrig, als die Hoffnungslosigkeit dieser Welt zu ertragen. Paulus lieferte uns einen Hinweis, was an unserem Bild falsch sein könnte. Kann es sein, dass wir unsere Bezugspunkte ausschließlich in dieser Welt gesucht haben? Die Bibel lässt erkennen, dass es nicht nur die zwei Welten gibt, auf die Noonan hindeutet, sondern sogar *drei* reale und relevante Welten. Wenn man das Leben mit all seinen Freuden und Sorgen aus der erweiterten Perspektive dieser anderen Wirklichkeiten betrachtet, wird unsere geistliche Hingabe Oberhand gewinnen; und unser Glaube bringt uns zur Ruhe über allen unbeantworteten Fragen.

Die Bibel liefert uns geistliche »Brillen« und »Linsen«, die das Leben in den Mittelpunkt rücken und die drei unterschiedlichen Welten miteinander verbindet, zu denen jeder Gläubige gehört. Diese biblische Belehrung zeigt uns *die zukünftige Welt*, die ewige Welt des Himmels; *die geistliche Welt in uns*, das Reich Christi, in dem er als König in unserem Leben regiert und durch uns die Werte, Einstellungen und Verhaltensweisen seines Reiches ausdrücken will; und *die Welt um uns herum*, diese gegenwärtige, hohle, gefallene und vergängliche Welt.

Weisheit der Welt

Was sind die charakteristischen Merkmale dieser Welten? Die *Welt um uns herum* neigt zu Ungerechtigkeit, Gefährdung und Enttäuschung, und letzten Endes wird sie uns unbefriedigt und enttäuscht zurücklassen. Es ist eine Welt, die von unserem Feind kontrolliert wird. Sie ist von ihrem Wesen her zeitlich begrenzt. Erfüllt mit den Eigenschaften unseres guten und liebenden Gottes ist *die zukünftige Welt* hingegen von endloser Zufriedenheit und Freude gekennzeichnet. Und *die geistliche Welt in uns* ist ein erster siegreicher Ausdruck unserer endgültigen Erfahrung in der Ewigkeit. Der Gläubige wird aufgerufen, das ganze Leben im Zusammenhang dieser drei unterschiedlichen Bereiche zu sehen.

Paul Harveys Radiosendung *Der Rest der Geschichte* berichtet auf faszinierende Weise von realen Lebenssituationen, die rätselhaft und unbeantwortbar scheinen. Nach dem letzten Werbespot kommt er noch einmal zurück und erzählt den Zuhörern den »Rest der Geschichte.« Wenn die letzten Details enthüllt werden, erscheinen die früheren Informationen plötzlich in einem anderen Licht und ergeben einen Sinn. Ebenso können wir das Leben in seiner vollen Bedeutung erst erkennen, wenn wir alle drei Welten klar vor Augen haben.

Wenn wir nur *diese* Welt haben, werden Rache, Bitterkeit und Hass unsere Reaktion auf die Ungerechtigkeiten sein, die uns widerfahren. Verstehen wir aber, dass diese Welt zu Verletzungen und Grausamkeiten neigt und Gott uns für die *zukünftige* Welt garantiert, dass alles Unrecht wiedergutgemacht und Gerechtigkeit herrschen wird, werden wir von dem Druck befreit, es selbst in die Hand zu nehmen. Wenn wir es der Fürsorge Gottes anvertrauen, werden wir emotional, seelisch und geistlich befreit, selbst unsere Gegner zu lieben. Genau das, was uns Paulus in Römer 12 aufträgt, wo er sagt, dass wir Böses nicht mit Bösem vergelten, sondern dem Zorn Raum geben sollen. Dieser Zorn findet am Thron Gottes statt: Gott ist heute im Himmel und sieht alles, was auf dieser Erde passiert. Wenn wir also wissen, dass er sich in der jenseitigen Welt mit unseren Feinden beschäftigt, sind wir befreit und können friedlich reagieren. Wenn unsere Feinde Hunger haben, können wir ihnen Essen geben, oder zu Trinken, wenn sie durstig sind (Röm 12,17-21).

Menschen ohne Christus haben als Bezugspunkt nur diese eine Welt. Entweder leugnen sie die jenseitige Welt, oder sie bleibt ihnen weitestgehend unbekannt, und die innere Welt ist lediglich eine Erweiterung der gefallenen Welt, an die sie versklavt sind. Aus diesem Grund ist ein Leben ohne eine Beziehung zum König der Ewigkeit und ohne die Gewissheit auf ein erfüllendes Dasein in der zukünftigen Welt bestenfalls hohl und schlimmstenfalls voller Verzweiflung.

Unser Leben sollte weder hohl noch verzweifelt sein. Sir Fred Catherwood, ein früherer Vize-Präsident des *Europäischen Parlaments*, der für seine Verdienste an der Allgemeinheit zum Ritter geschlagen wurde, schreibt in einem Artikel mit der Überschrift »Bevor es zu spät ist«:

»Die britische Gesellschaft ist völlig in die Irre gegangen. Man muss nicht erst einen Blick auf die erschreckenden Statistiken werfen. Die Menschen haben angefangen, auf die guten, alten Zeiten zurückzublicken – die noch gar nicht so lange her sind –, als die Straßen sicher waren, jeder Arbeit hatte, die meisten Menschen ein Zuhause besaßen, die Kinder die Schule abschlossen, die Familie zusammen blieb und wir alle den Blick nach vorne auf bessere Zeiten richteten. Heute sehen wir zurück, weil wir es nicht wagen, nach vorne zu schauen. Wir leben in einer gewalttätigen, habgierigen, entwurzelten, zynischen und hoffnungslosen Gesellschaft, und wir wissen nicht, was noch daraus werden soll.«[2]

Man könnte meinen, er habe über Amerika geschrieben. Catherwood nennt Gründe für diesen Niedergang. Der erste ist Gier, die er bezeichnet als »das logische Resultat der Überzeugung, dass es kein Leben nach dem Tod gibt. Wir nehmen uns, was wir können und solange wir es können, und halten daran unerbittlich fest.« Weiter sagt er, dass die Gesellschaft von persönlichem Nutzen angetrieben werde, weil wir den Gott der Ewigkeit außer Augen verloren hätten. »Die Mächtigen setzen ihre Macht ein, und die Schwachen bleiben auf der Strecke, nicht nur die Armen, sondern auch die Willensschwachen, und ganz besonders die Kinder, die von den uralten Regeln und der fürsorglichen Liebe der Familie abhängig sind. Weil wir aufgehört haben, an die Würde des Menschen zu glauben, der nach dem Bilde Gottes geschaffen wurde, hat die Gewalt dramatisch zugenommen.«[3]

Aber diese gegenwärtige Welt nimmt oft unsere Aufmerksamkeit gefangen und lenkt unseren Blick weg von der zukünftigen und der geistlichen Welt in uns. Dies führt unweigerlich zu Enttäuschungen. Die meisten Dinge, die wir in unserem Leben bereuen, entstehen dadurch, dass wir die Ewigkeit nicht als dringliche und motivierende Realität erfassen und unser Leben nicht nach den Werten des Reiches Gottes ausrichten.

Gier bietet uns nicht mehr als die leere Hülle der Dinge, die uns keine Befriedigung schenken können. Wir sind so sehr damit beschäftigt, im Leben weiterzukommen, dass Spannungen und Traumata die Folge sind – und manchmal Tragödien in unseren wichtigsten Beziehungen. Unser Schrei nach irdischer Macht und Ansehen erfordert unsere ganze Zeit, Energie und Aufmerksamkeit, die wir ansonsten unseren Kindern, unserem Ehepartner und weniger glücklichen Menschen geben könnten. Stattdessen tauschen wir die Werte des Reiches Gottes und einen sicheren, ewigen Lohn gegen einen Moment im Scheinwerferlicht ein.

Im Nachhinein sehen wir zurück und erkennen, dass ein Großteil unseres Lebens in den bodenlosen Eimer dieser Welt geflossen ist, und dass, nachdem alles vorüber ist, der Eimer noch immer leer ist. Noch schlimmer, stellen Sie sich vor, Sie betreten das Ufer auf der anderen Seite und erkennen, dass Sie nichts von ewigem Wert mit sich gebracht haben. Denken Sie einen Augenblick daran: Sie blicken in das Gesicht unseres ewigen Gottes und sehen, dass Sie Ihr Leben nur auf die Erde ausgerichtet haben statt auf die wichtigen, nachhaltigen Dinge seines Reiches. In Ewigkeit sollten in unseren Herzen die Worte von John Greenleaf Whittier widerhallen: »Von allen traurigen Dingen, die gesagt oder geschrieben wurden, sind dies die traurigsten: ›Es hätte sein können.‹«

Wie sollen wir als Gläubige also die Realität all dieser Welten erfassen, denen wir angehören? Als Erstes müssen wir die Prioritäten richtig setzen. Bei vielen Dingen im Leben ist die richtige Priorität alles. Wie wir oft sagen: Das Wichtigste sollte zuerst kommen. Es ist wichtig, dass zuerst die Nationalhymne gesungen wird, bevor das Spiel anfängt. Dass die Vorspeise vor dem Hauptgericht kommt. Die Verlobung vor der Heirat. Und Krabbeln vorm Laufen. Dasselbe gilt für das Verständnis der Welten, zu denen wir gehören. Die richtige Priorität ist alles.

Das Wichtigste kommt zuerst

Die Ewigkeit hat Vorrang. Der Himmel muss zu unserem ersten und wichtigsten Bezugspunkt werden. Wir sind für ihn geschaffen, erlöst und auf dem Weg dorthin. Wenn wir erfolgreich sein wollen, müssen wir das *Jetzt* in Bezug zum *Später* setzen. Alles, was wir haben, sind und uns kaufen, muss als Mittel betrachtet werden, durch das wir einen Einfluss auf die jenseitige Welt ausüben können. Selbst unsere persönlichen Tragödien sind als Ereignisse anzusehen, die ewigen Gewinn hervorbringen können.

Zweitens muss unsere Existenz im Hier und Jetzt von der Autorität des in uns lebenden Königs bestimmt werden, damit wir im Hinblick auf die zukünftige Welt leben. Statt uns von den falschen Werten und Trends der gegenwärtigen Zeit vereinnahmen zu lassen, sind wir erlöst, die Werte und Realitäten seines Reiches zum Ausdruck zu bringen, so dass unsere Umgebung es sieht.

Wenn wir die ewige, jenseitige Welt und die ewige, geistliche Welt in uns erst einmal erfasst haben, sind wir bereit, der Welt um uns herum realistisch und siegreich gegenüberzutreten. Diese gegenwärtige Welt ist ein Ort, den Gott zu seiner Verherrlichung, seinem Nutzen und zu unserer Freude geschaffen hat. Aber es ist auch ein Ort, der durch den Sündenfall verdorben wurde und der mit einer gefallenen Menschheit bevölkert ist. Ein Ort unter der Herrschaft des Teufels, der es darauf abgesehen hat, Gott und seine Herrlichkeit zu verunstalten. Die Welt um uns herum ist ein gefährlicher und zerstörerischer Ort, der Spannungen und Probleme schafft, wenn er sich selbst überlassen wird.

Anstatt ständig die richtige Priorität zwischen diesen Welten zu setzen, neigen wir leider immer wieder dazu, sie wahllos durcheinanderzubringen. Angesichts aktueller Stresssituationen vertauschen oder ignorieren wir in regelmäßigen Abständen ihre Bedeutung.

So werden wir oft erst wieder an die Ewigkeit erinnert, wenn ein geliebter Mensch stirbt. Oder wenn wir alt werden und langsam begreifen, dass der Großteil unseres Lebens hinter uns liegt. Dann stellen wir mit Bedauern fest, wie wenig wir für die Ewigkeit getan haben, wie wenig wir von hier mitnehmen werden und wie wenig Zeit uns noch bleibt, um etwas Bedeutsames für den Himmel zu tun. Die meisten von uns leben so, als wäre diese Welt der Ort, an dem wir entlohnt werden. Wir meinen, wir *könnten* Glück, Zufriedenheit, Erfüllung und Wohlstand auf der Erde nicht nur erlangen, sondern *sollten* es auch.

Wenn wir begreifen, dass wir aus dem Herrschaftsbereich des Teufels gerettet und in das Reich seines geliebten Sohnes versetzt wurden, werden wir befreit. Uns scheint das Bewusstsein – oder schlimmer: das Interesse – für die einzigartige Bedeutung des Reiches Christi zu fehlen. Ebenso fehlt uns das Bewusstsein für die Tatsache, dass wir berufen wurden, die Menschen auf die Ewigkeit hinzuweisen. Wir bleiben dafür blind, bis wir von einer bewegenden Predigt wachgerüttelt werden oder einen Fehler machen und uns bewusst wird, dass wir nicht auf den König gehört haben, sondern unseren eigenen Weg durchs Leben gegangen sind und unseren Vorteil gesucht haben. Wenn die Predigt verklungen ist und wir unseren Fehler behoben haben, gehen wir schnell wieder dazu über, unser eigenes kleines Reich auf Erden aufzubauen.

Wenn der Himmel unsere beständige Hoffnung ist, der König unser Führer und die Verbreitung seines Reiches unsere Berufung, dann sehen wir das Leben in dieser Welt klarer. Enttäuschungen schaden oder überraschen uns nicht. Wir erwarten nur wenig von diesem Leben, da unser Lohn noch aussteht; und wir hoffen, diesen Lohn auf unserem Weg nach Hause gewinnen zu können.

Kurz gesagt, das richtige Verhältnis zwischen diesen Welten bedeutet, dass wir unser Leben auf der *Erde* mit der Zuversicht auf den *Himmel* führen. Wir leben die Kultur und die Werte *des geistlichen Reiches in uns*, das unter der Autorität des Königs steht.

Henry Ford, der große Automobilmagnat, bekam von Mitarbeitern in der *Ford Motor Company* den Rat, einen Experten einzustellen, der einige der Probleme lösen sollte, die durch das phänomenale Wachstum in der Autoindustrie entstanden waren. Ford mochte es nie, Geld auszugeben, aber schließlich stellte er widerwillig einen Berater namens Steinmetz ein. Als Steinmetzs Arbeit getan war, schickte er Ford eine Rechnung über zehntausend Dollar – eine gewaltige Summer in jener Zeit. Ford war entsetzt. Dem im *Henry-Ford-Museum* ausgestellten Schriftverkehr zufolge schrieb er Steinmetz zurück und drückte seinen Schock und seine Enttäuschung über die Beratungskosten aus. Außerdem bat er Steinmetz um eine detaillierte Auflistung, aus der die Einzelheiten der Beratungstätigkeit genauestens hervorgingen. In diesem Brief schrieb Ford: »Das ist eine ungeheuerliche Forderung für ein bisschen Herumbasteln.« Steinmetz schrieb ihm zurück, dass er ihm gerne eine detaillierte Buchführung der Kosten anfertigen würde. Die spezifizierte Rechnung wies 10$ fürs Herumbasteln aus und 9.990$ für das Wissen, wo man herumbasteln muss.

Unser Problem ist nicht, dass wir keine Zeit damit verbringen, an unserem Christsein herumzubasteln. Wir wissen nur nicht, wo wir herumbasteln sollen. Zu wissen, wie wir an unserem Glauben arbeiten müssen, ist nicht so kompliziert. Es beinhaltet stets die Erkenntnis, dass wir für etwas erlöst wurden, das über Zeit, und Ort, über unsere Geschichte und uns selbst hinausreicht. Und dass in uns die Saat der zukünftigen Welt gesät ist, dass der König in uns wohnt und wir gegenüber den Werten der Ewigkeit verpflichtet sind.

Die Errettung hat uns für ein Bürgertum in einer anderen Welt befreit, uns einen scharfsinnigen Blick für die jetzige Welt gegeben und uns durch eine erlöste, geistliche Welt in uns gestärkt. Wir werden aufgefordert, die Realität der gegenwärtigen Welt klar zu erkennen, die jenseitige Welt zu erfassen und nach den geistlichen Richtlinien der erlösten Welt in uns zu leben.

Ein klarer Blick

Martin Luther erkannte diese gegenwärtige Welt deutlich, als er schrieb: »Diese Welt ist voll von Teufeln, die drohen, uns zugrunde zu richten.« Wenn wir nicht vorsichtig sind, können wir leicht vergessen, dass wir in einer gefallenen Welt inmitten einer gefallenen Menschheit leben. Ein Bibellehrer bemerkte einmal scharfsinnig: Wenn wir die Tiefe des Sündenfalls begreifen würden, wären wir überrascht, dass uns überhaupt irgendetwas Gutes auf dieser Erde widerfahren kann. Die Welt um uns herum ist der Herrschaftsbereich unseres Feindes, und wir sind nicht immun gegen die Einflüsse dieses Ortes. Isaac Watts schrieb in seinem eindringlichen Loblied »Bin ich ein Soldat des Kreuzes?«:

Bin ich ein Soldat des Kreuzes,
Ein Nachfolger des Lamms,
Fürchte ich mich, für ihn zu sein,
Oder schäme mich seines Nam's?

Muss ich in den Himmel kommen
In bequeme geblümte Betten,
Während andere für den Preis kämpfen,
Und blutige Meere durchsegeln?

Sind da keine Feinde, denen ich begegne?
Muss ich nicht eindämmen die Flut?
Ist diese böse Welt ein Ort der Gnade,
Die mich zu Gott dann führt?

Ich muss für deine Herrschaft etwas wagen;
Vermehre meinen Mut, Herr;
Ich werd die Müh, den Schmerz ertragen,
Gestützt durch dein Wort.

Wir müssen nicht nur die Welt um uns herum deutlich erkennen, sondern auch weit genug vorausschauen und die Realität der zukünftigen ganz erfassen.

Obgleich sich die meisten von uns den Einfluss der zukünftigen Welt wünschen, scheint sie vielen weder real noch wichtig. Die meisten Christen leben nicht anders als die Ungläubigen und denken: »Du bist nur einmal hier, also nimm dir, was du kannst.« Wir haben vergessen, dass die Ewigkeit unser Leben schon hier verändert. Unser Handeln wird sich radikal und auf wunderbare Weise ändern, wenn wir die Ewigkeit klar ins Blickfeld rücken. Erst wenn wir unsere Augen zum Himmel erheben, bekommen dieses Leben und seine Fragen, die den Glauben bedrohen, eine neue Bedeutung. Der Himmel muss mehr sein als ein geistliches Fantasieland, ein göttliches *Disney World* im Himmel. Er muss das sein, was uns verändert.

Die Auferstehung Jesu und seine späteren Erscheinungen vermittelten den Aposteln einen anschaulichen Eindruck von der Realität der zukünftigen Welt. Es war diese Realität, die die neutestamentliche Gemeinde stärkte, ihr Schwung gab und zu einer Kraft machte, die diese Welt nicht begreifen konnte. Weil der Himmel für die ersten Christen etwas Wirkliches war, konnten die unwesentlichen Dinge dieser Welt sie nicht verführen. Sie betrachteten den Tod einfach als die Tür in eine bessere Welt.

Wenn wir die Realität unserer Welt deutlich erkannt und die zukünftige Welt verstanden haben, geben wir uns der geistlichen Welt in uns hin und richten uns ganz neu aus. Obschon Christsein ein Privileg ist, das wir schätzen, verweigern wir uns oft den Realitäten und Pflichten, die die Tatsache mit sich bringt, dass der König in uns herrscht – dass wir ihm gehören und er uns; dass wir in unserem tiefsten Wesen Kinder seines Reiches sind. Aus irgendeinem Grund leben wir noch immer so, als würde unser Leben uns gehören, beherrscht und geleitet von Leidenschaft, Stolz und dem Drängen unserer alten Natur. Wir vergessen, dass das Reich Gottes in unsere Herzen gelegt wurde. Und wir sind berufen, die Werte, Einstellungen, Verhaltensweisen und Reaktionen zum Ausdruck zu bringen, die dieses zukünftige Reich charakterisieren.

Perspektiven von der anderen Seite

Wenn wir uns weigern, ausschließlich für diese gegenwärtige, grausame Welt zu leben, können wir die verändernden Realitäten der drei Welten, zu denen wir gehören, in den Griff bekommen. Wenn wir sie ins richtige Gleichgewicht bringen, erhalten wir eine neue Sicht auf Schmerz und Freude, Geben und Empfangen, Leiden und Zufriedenheit, Kummer und Glück. Es wird eine Hingabe in unseren Herzen entfachen, die uns ebenso durchträgt wie die frühen Christen. Eine Perspektive, die diese drei Welten umfasst, gibt uns selbst inmitten von Schmerz und Chaos die Gewissheit, dass Gott gut ist und das Leben lebenswert. Wenn wir die Welt um uns herum, die jenseitige Welt und die geistliche Welt in uns miteinander ins Gleichgewicht bringen, wird unser Glaube neu belebt und nicht länger von den Fragen des Lebens vereinnahmt. Dann können wir uns einem unerschrockenen Dienst für den Herrn widmen.

In einem Leitartikel der *Chicago Tribune* wurde der starke Glaube der Willis' mit Scotts Worten betont: »Ich muss Ihnen sagen, wir leiden so sehr, wie Sie es täten, wenn es Ihre Kinder wären. Unser Schmerz ist unbeschreiblich. In der Bibel werden unsere Gefühle des Leids beschrieben, aber wir sind nicht ohne Hoffnung.« Der Verfasser des Artikels schrieb weiter: »Diese Hoffnung ist im Glauben gegründet und, wie Janet Willis es ausdrückt, in der Überzeugung, dass ›Gott Leben gibt und nimmt und uns durchträgt.‹«[4] Janet und Scott haben eindeutig eine Verbindung zu der geistlichen Welt in ihnen und sind sich der vorübergehenden, grausamen Welt um sie herum bewusst. Bestünde ihr Leben nur aus dieser gegenwärtigen Welt, wäre ihre Verzweiflung unermesslich gewesen.

Aber die Willis' lebten auch in anderen Welten und konnten somit ihre Tragödie zur Verherrlichung Gottes verwandeln. In dem Wissen, dass die gegenwärtige Welt keine Garantien für Sicherheit und Zufriedenheit bietet, hatten die Willis' ein unerschütterliches

Vertrauen in den König entwickelt, der in ihnen lebt und letzten Endes alle Dinge zu seiner Verherrlichung ausschlagen lässt. Sie hielten an der Wahrheit fest, dass alles im Leben in Bezug auf das Zukünftige gesehen werden muss. Und genau diese Perspektive zeigten die Willis' den Menschen, die jetzt auf sie blicken – allen wichtigen Medienvertretern im Mittleren Westen: einen durchdringenden Sieg über diese gegenwärtige Welt, der in einem festen Glauben an die zukünftige Welt und der völligen Hingabe an den König der geistlichen Welt in ihnen gegründet war.

Es ist diese Perspektive, die Scott zu den Worten veranlasste: »Janet und ich mussten erkennen, dass wir unseren Blick nicht nur auf dieses Leben richten dürfen. Wir sehen darüber hinaus, und das schließt das ewige Leben mit ein.«[5]

So verwundert es nicht, dass der Leitartikel der *Tribune* zu dem Schluss kam: »Es gibt nur zwei mögliche Reaktionen auf diese Art von Verlust, den Duane und Janet Willis letzte Woche erlitten haben: absolute Verzweiflung oder bedingungsloser Glaube. Verzweiflung stand für die Willis' jederzeit außer Frage.«[6]

Kapitel 3
Ausgewogene Welten
Ein aus dem Gleichgewicht geratenes Christentum

Im Jahr 1864 erbte Hetty Green mit dreißig Jahren von ihrem Vater eine Million Dollar. Sie kaufte Bürgerkriegsanleihen, von denen andere nichts hielten, und so wurde sie in kurzer Zeit zur Multimillionärin.

Aber dennoch lebte sie wie eine Arme. Hetty arbeitete allein in einer Bank, und zum Mittagessen nahm sie ein Schinkensandwich aus ihrer schäbigen Tasche. Als sich ihr Sohn beim Schlittenfahren verletzte, versuchte Hetty, eine kostenlose Behandlung in einer Armenstation zu bekommen, aber man erkannte sie und sie musste bezahlen. Da sie nicht bezahlen wollte, behandelte sie die Wunde selbst. Diese begann zu eitern, und das Bein ihres Sohnes musste amputiert werden. Ironischerweise hatte Hetty Greens Anwesen bei ihrem Tod einen Wert von mehr als hundert Millionen Dollar.[1]

So seltsam dieser Lebensstil auch erscheinen mag, unser eigenes Leben weist manchmal ähnliche Spuren auf. Nachdem wir erlöst worden sind, konzentrieren wir uns weiter auf die kargen Dinge dieser hohlen Welt. Wir übersehen den Reichtum unserer Erlösung, die Schätze der geistlichen Welt in uns und unser Erbe in der zukünftigen Welt. Wir leben, als hätte unsere Errettung nichts verändert; und wir sehen nur unser Dasein in dieser gegenwärtigen Welt. Wir glauben durchaus, dass dies eine gefallene Welt ist, und bestreiten gar nicht, dass der Himmel real ist und eines Tages uns gehören wird; ebenso wenig leugnen wir, dass der Herr König ist. Es ist nur so, dass wir noch immer so leben, als wäre etwas in dieser Welt von Bedeutung, und somit lassen wir uns mit den Ungläubigen täuschen und enttäuschen. Wir stellen in Frage, dass unser Glaube irgendeinen Vorteil bringt. Noch tragischer ist, dass wir so kein wirksames Licht in der Finsternis sein können, kein Salz der Erde. Wir liefern keine zwingenden Gründe, warum andere den Herrn als ihren Erretter für die Ewigkeit annehmen sollten, da unser Leben allzu häufig die oberflächlichen und enttäuschenden Perspektiven dieser Welt reflektiert.

Eine noch subtilere und häufiger auftretende Verzerrung der Perspektive ist, dass wir die drei Welten nicht im Gleichgewicht halten.

Auf die Erde ausgerichtet

Am häufigsten wird diese Verzerrung beim *irdisch gesinnten Gläubigen* sichtbar. Solche Christen sehen die wichtigen Bereiche ihres Lebens nur in Verbindung mit dieser Welt. Ihre Erwartungen, Träume, Pläne, Hoffnungen und Meinungen beziehen sich auf das, was sie sich jetzt aneignen und erleben können. Die Einstellung zu Geld, Beruf, Familie, Ruhestand und Zeit werden von der Tyrannei des Zeitlichen bestimmt. Diese Menschen sind weitaus anfälliger für Gier, das Streben nach sofortiger Befriedigung, Vergnügen und einem Erfolgsdenken, das durch Kompetenz und Ansehen definiert wird und unsere eigene Person wichtiger erscheinen lässt, als sie ist.

Für solche Christen ist die Ewigkeit nicht der Maßstab. Für sie ist es ein wenig erstrebenswertes Ziel, in die zukünftige Welt zu investieren. Sie geben aus einem Gefühl von Gehorsam und Verpflichtung. Sie betrachten ihren Beruf als Mittel, um sich selbst Bedeutung und Absicherung zu verschaffen, und nicht um das Reich Gottes voranzutreiben oder seine Werte zu vermitteln. Ein Gehorsam, der Unannehmlichkeiten, Verlust oder Leiden nach sich zieht, ist für sie undenkbar, da sie Ruhe, Zufriedenheit und emotionale Erfüllung hier auf Erden erwarten.

Da der philosophische Unterbau unserer Generation sowohl die Existenz Gottes leugnet als auch die Werte seines gerechten Reiches ablehnt, geben sich irdisch gesinnte Christen damit zufrieden, vom Himmel zu singen und Predigten über die Autorität Jesu und die Werte seines Reiches zu hören. Aber ihr Leben auf der Erde spiegelt nicht wider, dass sie auf dem Weg in den Himmel sind. Sie lieben diese Welt und ihre Angebote und verweisen die anderen beiden Welten in das Reich religiöser Fantasie.

Blauäugige Heilige

Allerdings gehören einige von uns einer anderen Gruppe an. Auch da ist die Perspektive verzerrt. Diese Gläubigen haben dieser Welt den Rücken zugewandt, um sich ausschließlich auf die zukünftige Welt und auf das endgültige Reich Christi zu konzentrieren, in dem Gott herrschen wird. Für sie ist die Erde ein grässlicher Ort, der auf seine Zerstörung wartet.

Solche Menschen betrachten materielle Dinge nicht nur mit Argwohn, sondern halten sie an sich für böse. Kontakt mit der materiellen Welt wird nur als notwendige Voraussetzung zum Überleben angesehen. In ihren Familien und in gleich gesinnten Glaubensgemeinschaften schirmen sie sich ab, wodurch sie nur wenig Anreiz haben, sich mit dieser gefallenen Welt auseinanderzusetzen. Sie haben kein Interesse, ihre Fackeln an diesem gefallenen Ort hochzuhalten, um das Leben der Verlorenen und Sterbenden in dieser Welt zu verändern. Ihnen ist der Blick dafür verloren gegangen, dass diese Erde von Gott erschaffen wurde und sie ein gewisses Maß an Verantwortung dafür tragen, seinen Namen zu verherrlichen und seine Sache voranzubringen. Sünder, vor allem ganz offensichtliche, werden als Menschen angesehen, die empfangen, was sie verdient haben, und nicht als mögliche Kandidaten für den Himmel oder als das Ziel eines mitfühlenden, sterbenden und blutenden Heilands, der sich selbst für die Geringsten auf diesem Planeten geopfert hat.

Christen, die sich nur für den Himmel und geistliche Dinge interessieren, sind nur für wenige irdische Dinge zu gebrauchen; sie bieten einer zuschauenden Welt einen Anblick, der nicht nur unattraktiv ist, sondern auch unerreichbar. Die Extremsten verkriechen sich in ihren Gemeinschaften und warten auf die Rückkehr des Herrn. Auffällig ist ihre Neigung, es sich in ihren Glaubensgemeinschaften bequem zu machen, ohne Gott in ihren Beruf, materiellen Besitz, Reichtum oder ihr Umfeld miteinzubeziehen. Sie haben kein Mitgefühl mit den Menschen dieser Welt, insbesondere nicht mit denen, die sich für Unrecht einsetzen. Diese werden in ihren Gemeinden nicht gerne gesehen. Alles Weltliche wird höchstens »ertragen«. Nur das »Heilige« ist von Bedeutung. Aber das richtige Verständnis von unserer Welt setzt alle Lebenserfahrungen in Beziehung zu Gott.

Diese ausschließlich auf den Himmel gerichtete Perspektive ist häufig ein Nebenprodukt unserer Glaubensstruktur. Menschen, die sich nur auf den Himmel konzentrieren, haben nicht viel Zeit, Energie oder Interesse, ihre biblischen Aufgaben in dieser Welt zu erfüllen, da für sie die Gemeinschaft der Gläubigen zu den wichtigsten Prioritäten gehört, ihre Werte mit denen der Welt nicht übereinstimmen und sie in der Regel genug damit zu tun haben, christliche Einrichtungen mit ihren Nöten, Komitees und Programmen zu unterstützen. Ironischerweise verlieren sie durch dieses Engagement die Tatsache außer Augen, dass sie alles um der Ewigkeit willen und zum Nutzen des Reiches Gottes tun sollten. Sie neigen nur allzu leicht dazu, Gemeindearbeit um der Arbeit willen und zu ihrem eigenen Ruhm und Nutzen zu tun.

Für die Schönheit der Erde

Einige von uns verkehren unsere Berufung, in drei Welten zu leben, in das genaue Gegenteil. Sie vernachlässigen den langfristigen Blick auf die Ewigkeit und das endgültige Schicksal dieser Welt und konzentrieren ihre Bemühungen für das Reich Gottes auf die jetzige Welt. Menschen, die das Reich Gottes auf dieser Erde verwirklichen wollen, meinen, sie müssten die Werte dieses Reiches in ihrer Nachbarschaft, ihren Städten und sozialen Strukturen umsetzen. Obwohl sie zustimmen, dass verlorene Seelen erreicht werden müssen, verwenden sie den Großteil ihrer Energien und Mittel auf die Verbesserung dieses Planeten, ohne wirklich auf den ewigen Nutzen zu achten. Sie neigen dazu, sich damit zufrieden zu geben, wenn Eltern mehr Verantwortung übernehmen, Gesundheitszentren zur Aufwertung des Stadtviertels eröffnet und hungernde Bäuche gefüllt werden, wenn die Menschen selbständiger für sich zu sorgen lernen und nicht vom sozialen Netz abhängig sind.

Und während dies alles im Namen Gottes und seines Reiches getan wird, ist doch zu erkennen, dass etwas aus dem Gleichgewicht geraten ist. Denn diese Gläubigen legen nur wenig Wert auf das Evangelium und eine klare Darstellung des Erlösungswerkes Jesu, um die mit Gott zu versöhnen, denen sie im Namen des Heilands dienen. Diese Art von Kurzsichtigkeit sieht die Ewigkeit nur undeutlich und mobilisiert ihre Ressourcen für irdische Dinge. So werden Energien und Zeit verschwendet, die besser zum ewigen Nutzen eingesetzt werden sollten. Diese unausgewogenen Gläubigen werden zu politisch korrekten, sozial bedeutenden und manchmal sogar zu gefeierten Bürgern – aber im Hinblick auf die Ewigkeit ist ihr Handeln ineffektiv. Sie mögen sich erfüllt und zufrieden fühlen, obgleich ihr Engagement nur wenig oder keinen ewigen Nutzen erzielt. In Wirklichkeit haben sie das Gleichgewicht verloren.

Natürlich ist es wichtig, etwas für die Welt aus biblischer Perspektive zu tun. Aber wenn wir soziale Werke nicht in Gottes Namen tun und nicht seine ewigen Heilsabsichten im Blick haben, ist unser Handeln aus dem Gleichgewicht geraten. Wir jagen nur zeitlichen Zielen nach, die letzten Endes wenig Bedeutung für die Ewigkeit haben, wenn wir Hungernden nur Essen geben und ihnen nicht auch Gottes Wort bringen; ihr Leben nur verbessern, aber nicht auf das ewige Leben hinweisen; und Menschen nur helfen, sich wieder in der Gesellschaft zurechtzufinden, ohne ihnen von der Versöhnung mit ihrem Schöpfer zu erzählen.

Theologische Korrektheit

Ein Teil dieses Missverhältnisses ist möglicherweise durch den Druck entstanden, den uns die vielen sozialen Programme in unserer Gesellschaft auferlegt haben. Themen wie Umwelt, Ausländerfeindlichkeit, Wirtschaft und Lebensqualität sind wichtig, wenn ich ein verantwortungsbewusstes und gutes Mitglied der Gesellschaft bin. Sie sind relevant für einen Gläubigen, der sein jetziges Leben im Hinblick auf die Ewigkeit führt. Was uns jedoch unterscheidet, ist die Tatsache, dass wir diese Themen in Bezug zu den Werten des Reiches Gottes setzen und ihnen keinen Wert an sich beimessen. Ausländerfeindlichkeit findet ihre Dringlichkeit beispielsweise darin, dass Gott alle Menschen in seinem Bild geschaffen hat und Christi Liebe und Erbarmen uns alle gleichermaßen wertvoll macht. Umweltthemen haben etwas mit unserer Verantwortung für Gottes Schöpfung zu tun, in der sich seine Herrlichkeit widerspiegelt. Soziale Gerechtigkeit ist von Bedeutung, weil wir an einen gerechten Gott glauben. Wenn wir anderen die Werte unseres Königs und die Gewissheit der Ewigkeit vermitteln wollen, müssen wir unsere Ziele mit solchen irdischen Plänen deutlich darstellen und auf den Gott hinweisen, der uns dazu motiviert.

In einer Stadt wie Chicago begegnen mir diese Themen an jeder Ecke. Ob es nun ein Umweltproblem wie Luftverschmutzung oder soziale Tragödien wie Obdachlosigkeit, sexueller Missbrauch, Verbrechen, Rassenkonflikte oder soziale Ungerechtigkeit sind, es ist unmöglich, diese Dinge und das mit ihnen verbundene Leid zu ignorieren. Daher bieten viele christliche Werke in Chicago Hilfe und Linderung an. Einige von ihnen sorgen sich nicht nur um die Welt um uns herum, sondern vermitteln gleichzeitig die Werte des ewigen Reiches Gottes und versuchen den ewigen Bedürfnissen der Menschen gerecht zu werden. *Circle Urban Ministries* (CUM), das unter der Leitung des Weißen Glen Kehrein und des Schwarzen Raleigh Washington begann, zeigt die fürsorgliche Liebe Jesu in einem der gefährlichsten und hoffnungslosesten Stadtteile Chicagos. Durch medizinische Zentren, Häuserrenovierungen, Arbeitsbeschaffungsmaßnahmen und Beratungen bringen sie die Barmherzigkeit Jesu zum Ausdruck. In Verbindung mit der Gemeinde *Rock of Our Salvation*, in der Raleighs jüngerer Bruder, Abraham Lincoln Washington, heute Pastor ist, arbeitet der Dienst ganz offen nicht nur an zeitlichen, sondern auch an geistlichen Problemen und vermittelt wirksam die Dinge, die für Christus maßgeblich sind. Im ganzen Stadtteil haben Menschen ewiges Heil und ein himmlisches Ziel gefunden, weil CUM sich alle drei Welten auf die Fahne geschrieben hat. Dieser Dienst ist der Berufung Gottes gefolgt und hat ihn auf biblische Weise angenommen und umgesetzt.

Städtische Beamte haben die Veränderungen in der Nachbarschaft und ihren Bewohnern bemerkt und die Arbeit von CUM als ein Vorbild für Chicago gelobt. CUM ist über flüchtige gesellschaftliche Programme hinausgegangen und hat sich den ewigen Werten des Reiches Gottes verpflichtet. So ist mit den Jahren ein lebendiges Zeugnis für die Herrlichkeit Gottes entstanden.

Um Jesu willen

In den letzten Jahrhunderten waren bibeltreue Christen wegweisend in der Verknüpfung von ewigen Interessen und irdischen Nöten. Im 19. Jahrhundert kämpften englische Evangelikale für die Abschaffung des Sklavenhandels. Christliche Führungspersönlichkeiten wie Charles Haddon Spurgeon und Georg Müller gründeten Waisenhäuser für Straßenkinder nicht nur, um ihnen ein sicheres Umfeld zu geben, sondern auch um ihnen die gute Nachricht von Jesus Christus zu vermitteln. In unseren Großstädten haben Missionsdienste gestrandete Menschen mit der Barmherzigkeit Jesu erreicht. Sie kümmerten sich um ihre physischen Nöte und brachten ihnen zur Verherrlichung Gottes gleichzeitig die Evangeliumsbotschaft. Hier in Chicago hat die *Pacific Garden Mission* seit 1877 diese Aufgabe übernommen. Bis heute hält sie diesen Dienst aufrecht, der das Gleichgewicht zwischen den drei Welten widerspiegelt, denen sie sich verschrieben haben.

John Sanders beispielsweise führte nicht immer ein sinnvolles, glückliches Leben. Mit sechzehn zog er zu seinem älteren Bruder John in den Süden von Chicago. John war abhängig von illegalen Drogen, mit denen er seinem Leben einen Sinn zu geben versuchte. Das führte unweigerlich zu Straftaten, um seine Sucht zu finanzieren. John landete drei Mal im Gefängnis. Die Polizei kannte John und sagte ihm oft, dass er ein hoffnungsloser Fall sei und irgendwann einmal im Gefängnis sterben würde. Tief in seinem Herzen glaubte John, dass sie Recht hatten. Eines Tages taumelte John verfroren und entkräftet in die *Pacific Garden Mission*, wo er sich aufwärmen und etwas essen konnte. Dort hörte er von dem ewigen Gott, der ihn liebte und für ihn starb. Letztlich gab John dem Herrn sein Herz und bekam dafür eine ganz neue Perspektive geschenkt – nicht nur in diesem Leben, sondern auch im Hinblick auf die Ewigkeit. Die Macht der Erlösung durchbrach seine Sucht und befähigte ihn, mit der Unterstützung anderer Christen ein neues, sinnvolles und erfülltes Leben zu beginnen.

Ähnliche Geschichten wie aus dem Süden Chicagos ereignen sich an vielen Orten – bis hin zu vornehmen Stadtvierteln. Gott benutzt hingegebene Herzen, um der Sache der Ewigkeit inmitten dieser bösen Welt zu dienen und um in den zeitlichen Nöten der Menschen ebenso Abhilfe zu schaffen wie in den geistlichen.

Christliche Werke, die sich diesen Aufgaben widmen, sind es wert, unterstützt zu werden. Wenn wir über den Aufwand von Zeit und Mitteln in diesen Werken nachdenken, sollten wir uns ein paar wichtige Fragen stellen: 1) Wie sieht ihre Evangelisation und Nacharbeit aus? 2) Welche Verbindungen pflegt das Werk zu örtlichen Gemeinden? 3) Kann das Werk auf Bekehrte verweisen, die in Christus wachsen und sich selbst der Arbeit im Reich Gottes verschrieben haben?

Gemeinde und Politik

Das fehlgeleitete Bestreben, Gottes Reich hier auf Erden zu errichten, hat in den letzten paar Jahrzehnten zunehmend zu einer politischen Orientierung der Gemeinde geführt. Dieses Bemühen, die Gesellschaft politisch zu verändern, weist ein erhebliches Ungleichgewicht auf. Die meisten von uns denken, dass wir den beabsichtigten Frieden auf dieser gefallenen Erde wiederherstellen könnten, wenn wir nur den richtigen politischen Einfluss hätten – so eine Art messianische Präsenz im *Oval Office* und Christen im Parlament. Und obwohl wir als Bürger unsere Gesellschaft zum Guten beeinflussen und unsere Regierung für eine gerechte Führung verantwortlich machen sollten, ist die Hauptaufgabe der Gemeinde nicht eine politische Revolution, sondern die Verbreitung und Darstellung des Evangeliums. Familien, Beziehung in Nachbarschaft und Schule werden nicht geheilt und von

Verbrechen befreit, solange das Leben der Menschen nicht durch Christus verändert und Tag für Tag nach den Werten des Reiches Gottes gelebt wird. Wenn wir auf politische Prozesse zum Erreichen unserer Ziele bauten, würden wir unseren König Jesus Christus zu einem politischen Herrscher machen (wäre Jesus wirklich ein konservativer Politiker, wenn er hier wäre?) und die ewige Sache des Evangeliums untergraben. Wir haben die Botschaft vom Kreuz und die Bedeutung des Reiches Gottes mit politischen Programmen verwechselt und dadurch die Realität Jesu sowohl in dieser Welt als auch in der zukünftigen verzerrt.

Dem Beispiel Jesu folgen

Bemerkenswerterweise lehrte Jesus seine Jünger, ihr Leben im Hinblick auf *die* Welt zu führen, die er ihnen vorstellte. Die Jünger hingegen spiegeln unsere Tendenz wider, diese drei Welten aus dem Gleichgewicht zu bringen.

Die Jünger waren von starken irdischen Interessen geprägt. In Lukas 12 ließen sie sich von der Realität der Ewigkeit ablenken und waren um Essen und Kleidung besorgt. Jesus warnte sie, sich von zeitlichen Dingen vereinnahmen zu lassen. Er rief sie zu einer erweiterten Perspektive auf, als er sagte:

> »Und ihr, trachtet nicht danach, was ihr essen oder was ihr trinken sollt, und seid nicht in Unruhe! Denn nach diesem allen trachten die Nationen der Welt; euer Vater aber weiß, dass ihr dies benötigt. Trachtet jedoch nach seinem Reich! Und dies wird euch hinzugefügt werden. ... Denn wo euer Schatz ist, da wird auch euer Herz sein« (Lk 12,29-31.34).

Den Jüngern fehlte das klare Verständnis für die Werte des Reiches Gottes, als sie die Kinder von Jesus verscheuchten und schockiert waren, dass er sich um Menschen sorgte (wie die Frau am Brunnen), die aus Sicht der Jünger weder politisch noch moralisch richtig standen. Er stellte ihnen eine ewige Perspektive vor, als er sagte: »*Lasst die Kinder, und wehrt ihnen nicht, zu mir zu kommen! Denn solcher ist das Reich der Himmel*« (Mt 19,14). Und die Frau am Brunnen – mit der kein irdisch gesinnter Rabbi gesprochen hätte – rettete er aus dieser gefallenen Welt und sicherte ihr einen Platz in der zukünftigen Welt. Anschließend gab er seinen Jüngern den Auftrag, sich um die Ernte zu kümmern (Joh 4,1-42).

Die Jünger hatten eine irdische Sicht vom Reich Gottes, da sie ständig erwarteten, dass Jesus sie von der Not der Unterdrückung durch das Römische Reich befreien würde, indem er sich selbst als König einsetzte und Israels früheren Glanz wiederherstellte. Selbst nach der Auferstehung fragten die Jünger Jesus, ob er nun sein Reich auf Erden beginnen würde. Er vertagte ihre Hoffnungen auf eine Zeit, die nur Gott kennt und rief sie auf, hier auf der Erde Menschen für den Himmel zu gewinnen (Apg 1,1-8).

Theologisch falsch

Die drei religiösen Hauptgruppen zur Zeit Jesu spiegelten das Ungleichgewicht wider, zu dem auch wir heute neigen. Die Pharisäer waren so mit ihren Verwaltungsvorschriften und der Aufrechterhaltung von Macht, Ansehen und Ehre beschäftigt, dass sie dem Himmel und der zukünftigen Welt nur wenig theologische Aufmerksamkeit zukommen ließen. Die Sadduzäer hingegen bildeten die religiöse Elite. Sie waren wohlhabend und selbstzufrieden und glaubten nicht an eine zukünftige Welt. Ihrer Vorstellung zufolge war der Himmel *hier* und es bestand keine Notwendigkeit für einen Himmel *dort*. Die Essener lehnten die Bedeutung dieser Welt völlig ab. Sie warteten auf den Messias und lebten abgeschieden in der Wüste, um nicht von der Welt um sie herum verunreinigt und beeinflusst zu werden. Sie hatten weder Interesse an dieser Welt, noch wollten sie Einfluss darauf nehmen.

Hat der Teufel vielleicht schon immer gewusst, dass es unnötig ist, die Wahrheit über die Erde, das Reich Gottes und den Himmel zu leugnen, wenn es doch viel leichter ist, uns aus dem Gleichgewicht zu bringen und uns die Orientierung zu nehmen?

Eine klare Sicht auf die Welten Jesu

Als Jesus als Gott im Fleisch auf die Erde kam, gab er uns die richtige Perspektive in Bezug auf die Erde, die geistliche Welt in uns und den Himmel. In seinem Leben und Dienst veranschaulichte er die richtige Reihenfolge dieser drei Welten. Er kam aus dem Himmel und wusste, dass dieser sowohl real als auch von Bedeutung war. Er war sein Zuhause und sein Bezugspunkt. Wie Johannes anmerkt, wohnte er unter uns (Joh 1,14) mit dem Blick auf die reale zukünftige Welt.

Christus erwartete wenig von dieser Welt oder den Menschen in ihr. Er rechnete nicht damit, dass diese Welt ihm dienen würde. Vielmehr wusste er, dass er ihr dienen würde. Er wusste, dass sie ihm, seiner Sache und seiner Botschaft feindlich gegenüber stand. Dennoch war er bereit, diese Beschwerden und Leiden und sogar den Tod auf sich zu nehmen, um den Sieg über diese gefallene Welt zu erringen und das ewige Reich Gottes aufzurichten (vgl. 1Kor 15,20-28).

Als er hier war, lehrte er uns die Werte seines Reiches. Er zeigte uns, was es heißt, ein Bürger des Reiches Gottes zu sein, der noch in dieser gefallenen Welt lebt. Er erkannte an, dass das Leben hier viele Herausforderungen mit sich bringt und wir von Gott durchgetragen werden müssen. Er wurde von Weggefährten verraten und wusste, dass die Menschen ihn anlehnten und er ihnen ein Anstoß sein würde.

Wie Jesus müssen auch wir den Himmel als unseren Bezugspunkt ansehen, wenn wir die drei Welten, zu denen wir gehören, ins Gleichgewicht bringen wollen. Wir sind berufen und erlöst, um in unserem Leben die Werte des ewigen Reiches Gottes zum Ausdruck zu bringen.

Teil 2
Die ewige, jenseitige Welt

Es ist schon erstaunlich, dass der wichtigste und dauerhafteste Ort im Universum so wenig Aufmerksamkeit erfährt. Mond und Mars werden in der Presse häufiger erwähnt als der Himmel. Und trotzdem ist der Himmel von einzigartiger Bedeutung. Wenn wir ihn in unserer Lebensperspektive aufnehmen, wird sich unser ganzes Leben auf wundersame Weise neu ordnen.

Kapitel 4
Sich mit dem Paradies beschäftigen
Unsere Hoffnung auf den Himmel richten

In C. S. Lewis' *Dienstanweisungen für einen Unterteufel*, einem versponnenen Blick auf die Strategien des Teufels und seiner Dämonen, erklärt ein Oberdämon seinem Lehrling Wormwood, dass die Schwächung der Gemeinde eine Möglichkeit ist, um den Nachfolgern Christi Schaden zuzufügen. »Einer unserer größten Verbündeten ist gegenwärtig die Gemeinde selbst«, schreibt Screwtape. »Versteh mich nicht falsch. Ich meine nicht die Gemeinde, wie sie sich über Zeit und Raum erstreckt und in der Ewigkeit verwurzelt ist, schrecklich wie eine Armee mit Bannern. Das – gebe ich zu – ist ein Anblick, der unsere mutigsten Versucher erzittern lässt.«[1]

In Bezug auf die heutige Gemeinde müssten sich Screwtape und seine finsteren Kameraden kaum fürchten. Sie ist nicht annähernd so schrecklich wie »eine Armee mit Bannern, ... die in der Ewigkeit verwurzelt ist.« Vielmehr ist die Ewigkeit für viele nur von geringer Bedeutung für die täglichen Angelegenheiten. Wir leben, als wäre sie zwar theologisch real, aber unwichtig. Einer der Gründe, weshalb wir keinen Einfluss auf unsere Welt haben, könnte darin liegen, dass der Himmel lange Zeit fast vollständig aus unseren Predigten, Lobliedern, Gebeten, Gedanken, Gesprächen und Büchern verschwunden war.

Vor etwa siebzig Jahren schrieb der bekannte schottische Theologe John Baillie, dass man nicht aufhören dürfe, »vor den Flammen der Hölle« und »einem zukünftigen Tag der Rache« zu warnen. Er drängte Prediger, von »den Freuden der himmlischen Ruhe« zu sprechen ebenso wie von »der Welt, die jetzt nur ein vorübergehender Aufenthalts- oder Pilgerort ist.«[2]

Im *Westminster Dictionary of Christian Theology* schreibt Paul Badham in einem Artikel über den Tod, dass »weder die mittelalterliche Betonung der Angst vor dem Tod noch die sichere Hoffnung der frühen Christen heute richtig sichtbar werden ... Obschon nur wenige Geistliche den Glauben an ein zukünftiges Leben ausdrücklich zurückweisen, lässt seine nahezu völlige Abwesenheit in modernen Lobliedern, Gebeten und populären theologischen Schriften erkennen, was für eine geringe Rolle das zukünftige Leben im zeitgenössischen christlichen Bewusstsein spielt.«[3]

Der Himmel auf Erden?

Am Anfang des 21. Jahrhunderts beschäftigt sich die Christenheit vorwiegend mit Themen wie: ein glücklicheres Leben als Christ, Heilung hier und jetzt, größere irdische Segnungen und Erfüllung in diesem Leben. Anbetung muss unseren Geist anregen, Predigten müssen uns unterhalten und unseren Verstand fesseln, Musik muss uns durchdringen und antreiben. Und seelsorgerische Gespräche müssen das Ziel haben, dass wir anschließend besser über uns selbst denken und unsere Freundschaften und Familienbande gestärkt sind. Wenn wir dabei nicht eindeutig den Himmel im Blick haben, mag das zwar angenehm und nötig sein, aber es fehlt uns doch an größerer Nähe zu Gott und zur Ewigkeit. Stattdessen wird die Gemeinde zu einem therapeutischen Zentrum mit egoistischer Unterhaltung. Eine Gemeinde, die nicht auf den Himmel ausgerichtet ist, wird versuchen, Sehnsüchte und Bedürfnisse auf der Erde zu stillen, statt ein aufopferndes Leben im christlichen Dienst für die Ewigkeit zu propagieren.

Ohne einen ewigen transzendenten Gott als treibende Kraft und ohne einen klaren Blick auf den Himmel werden wir unser Ich in den Vordergrund stellen, um das unser ganzes Universum kreist.

Über dieses Missverhältnis schreibt A. J. Conyers:

»Das Zentrum des Lebens befindet sich außerhalb unserer persönlichen Erfahrung: Gott ist das Zentrum, nicht der Mensch oder die Welt. Das bedeutet, wenn wir nach dem Himmel suchen, müssen wir unser ganzes Leben nach etwas ausstrecken, was außerhalb von uns liegt. Es bedarf der Erkenntnis, dass das Leben im Wesentlichen keine Selbstdarstellung ist, sondern Gnade; es hängt von etwas ab und konzentriert sich darauf, was außerhalb unserer sichtbaren Welt zu finden ist.«[4]

In einer Gemeinschaft, die nicht von der Realität des Himmels ergriffen ist, wird selbst das Evangelium zunehmend zu einem therapeutischen Mittel, durch das man ein *Gefühl* von Vergebung und Wiederherstellung vermittelt bekommt. Neue Gläubige erwarten oftmals große irdische Segnungen, weil sie Jesus als Heiler, Helfer und Freund gefunden haben – was er natürlich auch ist. Aber solange wir unsere Hoffnungen nicht auf die endgültige Heilung richten, die wir in vollem Umfang erst in der Ewigkeit erfahren werden, wird sich Ernüchterung breitmachen, sobald wir entbehrungsreiche und schwere Zeiten durchzustehen haben.

Diese Welt ist nicht mein Zuhause

In Jüngerschaftskursen für Neubekehrte wird nur selten die Realität des Himmels als unserem Zuhause und unsere Identität als Fremdlinge in dieser Welt erwähnt. Meistens, wenn nicht sogar immer, wird die Vergebung in den Mittelpunkt gerückt sowie die Notwendigkeit, ein vom Heiligen Geist geleitetes Leben zu führen, das dem Herrn vertraut und gehorsam ist. Ein Jüngerschaftstraining, das die Vorbereitung auf die Ewigkeit unberücksichtigt lässt, ist nicht viel mehr als ein »Kopf hoch und tue Gutes für Jesus«. Die Tatsache, dass wir bereits zum Himmel gehören und unser Leben auf dem Weg dorthin ist, wird selten, wenn überhaupt gelehrt. Doch genau das ist es, was dem Heiligungsprozess Gewicht, Bedeutung und Motivation gibt. Aus diesem Grund ruft uns die Bibel auf: »*Sinnt auf das, was droben ist*« (Kol 3,2).

Gerade weil ihre Herzen auf den Himmel gerichtet waren – »in der Ewigkeit verwurzelt«, wie Screwtape bemerkte –, trieben die frühen Christen eine so starke geistliche Revolution voran, die die ganze westliche Gesellschaft Jahrzehnte lang formte. Sie waren sich bewusst, dass der Himmel ihr Zuhause ist. Deshalb waren sie gewillt, Leiden zu ertragen, mit anderen zu teilen und bedingungslos zu lieben. Ihre Treue zu Gott beruhte nicht auf der Erwartung irdischer Belohnung. Sie machten sich nichts aus Besitz und waren bereit zu sterben – sogar auf brutalste Weise gefoltert zu werden. So brachten sie ohne Einschüchterung ihr Vertrauen und ihren Mut zum Ausdruck, dass die Drohungen einer vergänglichen und bereits verdammten Welt ihnen nichts anhaben konnten. Das war das Vermächtnis der frühen Gemeinde. Es sollte auch unseres sein.

Conyers beschreibt treffend die Kraft einer Gemeinde, die in der Ewigkeit verwurzelt ist:

»Solange den Menschen die Vorstellung gelehrt wurde ... dass unser wahres Zuhause woanders ist, lag in der Antwort selbst eine gewisse Befriedigung.«

Jahrhundertelang war es eine faszinierende und überzeugende Vorstellung, dass diese Welt nicht unser emotionales, geistliches und nicht einmal unser soziales Zuhause ist. Durch diese Vorstellung würde ein Geheimnis der menschlichen Existenz gelüftet, das zu dem zu passen schien, was jeder angesichts von menschlichem Leid, Sehnsucht und dem Wunsch nach einem Leben der aufopfernden

Liebe bereits spürte. Weder die Flamme der Verfolgung noch die allgegenwärtige Gefahr von Krankheit oder Krieg konnten diese neue Sicht des Lebens ersticken.

Conyers sagt weiter: »Armut war auch weiterhin sehr schmerzhaft, aber nicht hoffnungslos. Krankheit konnte zum Tod führen, aber der Tod war nicht das absolute Ende. Das Leben erhielt eine neue, kreative Energie, weil es ein allumfassendes Ziel verfolgte.«[5]

Obgleich unsere Generation den Himmel zwar für real hält, hat sie seine Bedeutung aus den Augen verloren und muss nun teuer dafür bezahlen. Die große Kluft zwischen hier und dort, zwischen jetzt und dann hat uns davon überzeugt, dass irdische Dinge keinen himmlischen Wert haben und umgekehrt.

Nichts könnte weiter von der Wahrheit entfernt sein.

Es ist so, als hätte Gott uns das Feld der Ewigkeit zu einem hohen Preis gekauft, wir aber sind nicht bereit, zu pflügen, zu säen und unsere Wurzeln darin zu schlagen.

Was würde es uns kosten, unsere Herzen im Himmel zu verwurzeln, und wie können wir wissen, dass der Himmel tatsächlich fest in unseren Herzen verankert ist? Wie können wir unser Wissen, dass der Himmel real ist, in unserem Leben umsetzen? Wie können wir die Mächte der Hölle einschüchtern und zu einer schrecklichen Armee werden, die in der Ewigkeit verwurzelt ist?

Das verlorene Paradies, John Miltons episches Gedicht über Gottes Schöpfung und die Rebellion des Menschen, endet mit Adams und Evas Vertreibung aus dem Garten Eden. Als Milton mit dem Manuskript fertig war, ließ er es seinen Freund Thomas Ellwood lesen. Ellwood gab Milton das Werk mit der Bemerkung zurück: »Du hast viel über das auf Erden verlorengegangene Paradies geschrieben, aber was hast du über das Paradies gesagt, das wir gefunden haben?«[6]

Wir teilen Miltons Dilemma. Die Folgen des verlorengegangenen Paradieses – Leid, Schmerz, Enttäuschung und Verzweiflung – nehmen unsere ganze Aufmerksamkeit gefangen und halten uns davon ab, uns mit dem Paradies zu beschäftigen, das uns die Erlösung gebracht hat. Dieser Gedanke veranlasste Milton zu seinem zweiten Werk mit dem Titel *Das wiedergewonnene Paradies*, in dem er die endgültige Lösung für Sünde, Gefallenheit und die Wiederherstellung der erlösten Menschheit zu allen von Gott beabsichtigten Freuden darstellt.

In den frühen 1990ern umfasste das amerikanische Geschäftsleben ein Konzept, das *Reengineering* genannt wurde. Managementexperten rieten der Industrie, ihre Strukturen und Prozesse zu reformieren, um einen effektiveren und effizienteren Arbeitsablauf und somit qualitativ verbesserte Produkte zu gewährleisten. Diesen Experten zufolge war *Reengineering* der einzige Weg, der es US-Firmen ermöglichte, ihre Position auf dem zunehmend umkämpften Weltmarkt zu halten. Wie die Industrie in den frühen 1990ern muss auch die Gemeinde ihren Fokus neu auf die Ewigkeit ausrichten, um effektivere christliche Arbeiter in einem zunehmend feindlichen und geistlich umkämpften Umfeld hervorzubringen.

Wir hoffen doch ...

Diese Neuausrichtung unserer Perspektive von der Erde hin zum Himmel kann am besten in einem Wort zusammengefasst werden, das die Bibel gebraucht, wenn sie vom Himmel spricht: *Hoffnung*.

Die Bibel liefert ein Konzept von Hoffnung, das über unseren normalen Sprachgebrauch hinausgeht. Für uns im 21. Jahrhundert bedeutet das Wort *Hoffnung*: etwas, das wir uns wünschen und in einem gewissen Maß auch erwarten. *Webster's New World Dictionary of the American Language* erklärt, dass Hoffnung »ein Gefühl ist, dass das, was man sich wünscht, auch eintreffen wird; ein von Erwartung getragener Wunsch.« Diese Definition und der allgemeine Gebrauch des Wortes verlangen es jedoch nicht, dass die Erwartung auf der Realität basiert.

Als Einwohner von Chicago könnte ich beispielsweise sagen: »Ich hoffe, die *Cubs* gewinnen die *World Series*« – ganz ehrlich, sie haben keine Chance! Trotzdem kann ich das Wort *Hoffnung* in diesem Zusammenhang gebrauchen. Ich könnte sagen: Ich hoffe, im Urlaub wird das Wetter gut. Diese Hoffnung muss nicht in der Realität gegründet sein. Sie kann ausdrücken, was wir uns wünschen, selbst wenn es nur »ein von Erwartung getragener Wunsch« ist.

Biblische Hoffnung hingegen ist immer in der Realität gegründet – in einem treuen Gott, dessen Verheißungen sicher sind. Wenn wir auf die zukünftige Welt hoffen – auf einen Himmel –, setzen wir unsere Hoffnung auf eine Realität, die bereits bestätigt wurde. Jesus Christus verbrachte in seinem Auferstehungsleib vierzig Tage auf der Erde und ging dann in die zukünftige Welt. Engel aus dieser Welt verkündeten, dass er zurückkommen werde, um uns zu sich in den Himmel zu holen.

Die Hoffnung auf die Ewigkeit ist in der Realität eines leeren Grabes und in dem verwurzelt, was der Apostel Johannes in Visionen sehen durfte, die uns in dem Buch der Offenbarung überliefert sind. Sie beruht auf dem Verständnis, dass der Gott, der den Erlösungsprozess in Gang setzte, ihn auch vollendet, nachdem er einen so hohen Preis bezahlt hat. Die biblische Hoffnung ist unsere nach vorne ausgerichtete Lebensperspektive. Sie ist auf eine zukünftige Realität gebaut, die wir durch den Glauben in Anspruch nehmen. Hebräer 11,1 sagt, dass »*der Glaube eine Verwirklichung dessen ist, was man hofft.*« Wir setzen unsere Hoffnung auf ein bestimmtes zukünftiges Ereignis, das so faszinierend ist, dass es unsere ganze Wahrnehmung des Lebens prägt und dabei unser Verhalten radikal verändert.

Der Unterschied zwischen unserem heutigen Sprachgebrauch von *Hoffnung* und der biblischen Bedeutung kann anhand der Reaktion eines jungen Mädchens veranschaulicht werden, das als Gast zum ersten Mal auf eine Hochzeit eingeladen ist. Ich schätze, sie würde selbst gerne eines Tages heiraten. Und das ist nicht zwangsläufig daran gebunden, dass sie sich darauf freut, einen Ehemann zu bekommen. Viel wahrscheinlicher ist es, dass sie sich das Ereignis selbst vorstellt. Sie träumt von ihrem Kleid, den Blumen, den Brautjungfern, der Kirche, den gesprochenen Worten und der ganzen Atmosphäre, die eine Hochzeit ausmacht. Früher sammelten Mädchen, die hofften, einmal zu heiraten, Dinge für diesen Tag in einer Truhe, die Aussteuertruhe (im Engl. *hope* chest – *Hoffungs*truhe) genannt wurde. Wenn ein Mädchen älter wird, vergrößert sich auch seine Hoffnung.

Diese ganze Hoffnung basiert nicht auf einer zukünftigen Gewissheit, sondern ist einfach nur ein Traum in ihrem Herzen. So nimmt ihr Leben den gewohnten Gang, und auch wenn die jetzt schon junge Frau sich regelmäßig eine Heirat wünscht und erhofft, verändert sich nicht viel in ihrem Leben.

Dann eines Tages kommt am Horizont ihres Lebens ihr Ritter ohne Furcht und Tadel auf einem weißen Hengst angaloppiert. Während sie auf ihn zugeht, fasst er sie um die Hüfte und legt seine Arme um sie. Sie schauen sich liebevoll in die Augen, während er ihr den Ring an den Finger steckt und ihr ins Ohr flüstert: »Vierter Juni.«

Jetzt hat sich alles dramatisch verändert. Die sichere Aussicht auf eine Heirat ist so überwältigend, dass sie alles im Leben radikal verändert. Die junge Frau sieht jeden Brautausstatter und jedes Brautmagazin mit anderen Augen – Augen, die sich durch die zukünftige Realität dieses herannahenden Tages verändert haben. Sie setzt ihre Freunde und Freundinnen auf die Gästeliste für ihre Hochzeitsfeier. Die Sicherheit und Realität des Eheversprechens erzeugt in ihr eine Hoffnung, die nicht nur ihre ganze Aufmerksamkeit in Anspruch nimmt, sondern auch alles andere in ihrem Leben von komplett auf den Kopf stellt.

Das ist biblische Hoffnung.

Eine aufregende Hoffnung

Genau diese Art von lebendiger Hoffnung bewegt jeden Gläubigen – die sichere Hoffnung der Wiederkehr Jesu und unser endgültiges, erfüllendes Zuhause im Himmel. Paulus schreibt in Römer 8: »*Denn auf Hoffnung hin sind wir errettet worden. Eine Hoffnung aber, die gesehen wird, ist keine Hoffnung. Denn wer hofft, was er sieht? Wenn wir aber das hoffen, was wir nicht sehen, so warten wir mit Ausharren*« (V. 24-25). Paulus zufolge erzeugt die Hoffnung auf die Realität des Himmels in uns ein erwartungsvolles Ausharren, das nicht getrübt wird oder abnimmt, sondern vielmehr durch die schwierigsten Lebenssituationen durchträgt. Das in diesem Text verwendete griechische Wort für Ausharren besteht aus zwei separaten Worten: *upô* und *menô*. *Upô* bedeutet *darunter* und *menô* bedeutet *bleiben*. Es zeigt anschaulich die Art von Ausharren, die Hoffnung in unseren Herzen erzeugt. Ganz gleich unter welchem Druck wir stehen, wir bleiben stark, weil unsere Hoffnung auf den Himmel gerichtet ist.

Petrus bricht in Jubel aus, wenn er von dieser Hoffnung spricht: »*Gepriesen sei der Gott und Vater unseres Herrn Jesus Christus, der nach seiner großen Barmherzigkeit uns wiedergeboren hat zu einer lebendigen Hoffnung durch die Auferstehung Jesu Christi aus den Toten zu einem unvergänglichen und unbefleckten und unverwelklichen Erbteil, das in den Himmeln aufbewahrt ist für euch, die ihr in der Kraft Gottes durch Glauben bewahrt werdet zur Rettung, die bereit steht, in der letzten Zeit geoffenbart zu werden*« (1Petr 1,3-5).

Beachten Sie, Petrus erkennt an, dass unsere Hoffnung auf den Himmel nicht statisch ist oder allein auf dem Verstand beruht, sondern *lebendig* ist. Eine Hoffnung, die uns, wie er im anschließenden Vers sagt, jubeln lässt, »*die ihr jetzt eine kleine Zeit, wenn es nötig ist, in mancherlei Versuchungen betrübt worden seid*« (V. 6). Diese belebende Aussicht in unseren Herzen schenkt uns über die Schwierigkeiten des Lebens hinaus die Gewissheit unserer Zukunft. Selbst wenn es auf dieser Seite einmal rau zugehen sollte, können wir uns inmitten von Versuchungen freuen, weil auf der anderen Seite etwas Wunderbares auf uns wartet. Das ähnelt der Perspektive des Herrn, »*der um der vor ihm liegenden Freude willen*« (Hebr 12,2) sogar das Kreuz auf sich nahm. Das biblische Wort *Hoffnung* wird von der griechischen Wortwurzel hergeleitet, die *Vertrauen* bedeutet. Unsere Hoffnung auf den Himmel ist nicht nur in der Realität gegründet, sie vertraut auch Gott, dass er sein Wort hält. Das ist kein »blindes Vertrauen«. Gottes Wort sagt: Wir wurden mit dem Heiligen Geist versiegelt, der uns garantiert, dass Gott das Erlösungswerk vollenden und uns in seiner Ewigkeit aufnehmen wird (Eph 1,13). Immer wenn wir das Drängen des Heiligen Geistes in uns spüren oder seine Gegenwart in uns wahrnehmen, werden wir an Gottes Zusicherung erinnert, dass wir es bis nach Hause schaffen.

So verwundert es nicht, dass Christus seinen traumatisierten Jüngern zuversichtlich sagen konnte: »*Euer Herz werde nicht bestürzt. Ihr glaubt an Gott, glaubt auch an mich! ... Ich gehe hin, euch eine Stätte zu bereiten. Und wenn ich hingehe und euch eine Stätte bereite, so komme ich wieder und werde euch zu mir nehmen, damit auch ihr seid, wo ich bin*« (Joh 14,1-3).

Die Fülle der Hoffnung

Im biblischen Sinne richtet Hoffnung somit unsere Aufmerksamkeit auf den Tag hin, an dem der Himmel uns gehört und wir tatsächlich dort sein werden. Dieser nach vorn gerichtete Blick verändert nicht nur unser christliches Leben, er ist auch Heilung für unsere Seele. Ein Leben ohne Perspektive ist leer und voller Verzweiflung. Nur die Hoffnung auf etwas, das über den Augenblick und über uns selbst hinausgeht, verleiht der Seele des Menschen Antrieb. Wenn wir nur den Augenblick haben, werden wir uns schließlich sagen: »Das Leben muss noch mehr zu bieten haben als das.« Und wenn wir nur uns selbst haben und nichts darüber hinaus, was Erfüllung verspricht, dann fühlen wir uns leer, unsicher und enttäuscht. Die Hoffnung ist unsere Verbindung zu einer größeren, besseren Welt. Die Hoffnung ist die Schnur, die unser Leben vorwärts und nach oben zieht.

Wir sind zur Hoffnung geboren. Der innere Antrieb in unseren Herzen zu etwas, das über den Augenblick und über uns selbst hinausgeht, ist die Sehnsucht in unserer Seele nach dem Himmel. Wenn unsere Hoffnung jedoch auf irdische Dinge gerichtet ist, verblasst das, worauf wir gehofft haben, häufig schnell zu einer Erinnerung und ist meistens nicht halb so aufregend, wie erwartet. In Wirklichkeit ist das Warten auf ein Ereignis oft aufregender als die Erfahrung selbst, und dann fangen wir an, wieder nach etwas Neuem zu suchen.

Unsere Hoffnung auf ihn setzen

Die besten Erfahrungen im Leben machen wir, wenn wir unsere Hoffnung auf unseren transzendenten Gott und seine herrliche und sichere Zukunft setzen. Eines Abends fuhren meine Frau Martie und ich aufs Land, wo der Lichtschein der Stadt Chicago nicht den Sternenhimmel verdeckte, der die Herrlichkeit Gottes widerspiegelt. Es war nicht eine Wolke am Himmel. Während wir uns den Sternenteppich anschauten, wurde mein Herz zum Schöpfer all dieser Dinge hingezogen. Die Größe des Universums erinnerte mich an die Größe meines Schöpfers. Die Tatsache, dass diese Sterne *hier* sind, weil er *dort* ist, ließ mich über die Sterne und seine Schöpfermacht hinaussehen auf meine Beziehung zu ihm – hinaus über diesen vergänglichen Augenblick meines Daseins zu der Zeit, wenn ich ihn von Angesicht zu Angesicht sehen und ewig zu seinen Füßen sitzen werde, während er die großen und kleinen Geheimnisse und Wunder seines großartigen, weisen und komplexen Plans enthüllt.

Schließlich fiel mein Blick wieder auf die Erde. Als wir den vor uns liegenden Weg entlangspazierten, begann ich mich nach etwas zu sehnen, das über diesen Moment hinausging. Etwas, das weiter reicht als ich selbst – ein Gefühl der Erwartung und Freude, das nur die Hoffnung auf Gott und den Himmel erzeugen kann.

Vielleicht stellte sich Dante deshalb in seinem Werk *Die göttliche Komödie* vor, dass die Worte über dem Tor zur Hölle lauteten: »Lasst alle Hoffnung fahren, die ihr eintretet."

Erst wenn wir unsere Hoffnung auf die andere Seite richten, bekommt unser Leben auf dieser Seite einen Sinn und wir können das Beste dieses Lebens hier genießen. Und wenn die besten Augenblicke des Lebens vorbei sind, können sich unsere Herzen über die wunderbare Tatsache freuen, dass noch etwas Besseres vor uns liegt.

Unsere Hoffnung auf den Himmel ist in Gott selbst gegründet – ungefährdet und unwiderruflich. So wie Paulus kraftvoll sagt:

»Wer wird uns scheiden von der Liebe Christi? Bedrängnis oder Angst oder Verfolgung oder Hungersnot oder Blöße oder Gefahr oder Schwert? ... Aber in diesem allen sind wir mehr als Überwinder durch den, der uns geliebt hat. Denn ich bin überzeugt, dass weder Tod noch Leben, weder Engel noch Gewalten, weder Gegenwärtiges noch Zukünftiges, noch Mächte, weder Höhe noch Tiefe, noch irgendein anderes Geschöpf uns wird scheiden können von der Liebe Gottes, die in Christus Jesus ist, unserem Herrn« (Röm 8,35-39).

Geringere Hoffnungen

Unser Fehler ist nicht, dass wir keine Hoffnung hätten, sondern dass wir uns damit zufrieden gegeben haben, auf geringere Dinge zu hoffen. Sie sind nicht unbedingt schlecht oder böse – einfach nur geringer. Und es ist auch nicht so, dass wir keine irdischen Ziele haben sollten. Paulus hoffte, Timotheus nach Philippi senden zu können (Phil 2,19.23) und ihn zu besuchen (1Tim 3,14). Unsere größte Hoffnung aber muss der Himmel sein und alles, was er verspricht. Wenn das nicht der Fall ist, werden unsere geringeren Hoffnungen zur treibenden Kraft in unserem Leben und lassen uns leer, sorgenvoll und oftmals enttäuscht zurück. Richten wir unsere Hoffnung jedoch auf die andere Seite, werden unsere kleineren Hoffnungen neu definiert, häufig korrigiert und erhalten einen Sinn. Und wenn sich irdische Hoffnungen nicht erfüllen oder unsere Träume zu Albträumen werden, können wir sagen: Wir sind »*niedergeworfen, aber nicht vernichtet*« (2Kor 4,9).

Auf der Beerdigung des früheren Präsidenten Richard Nixon beendete Reverend Billy Graham seine Predigt mit einer interessanten Geschichte aus dem Leben von Winston Churchill. Als der britische Premierminister Pläne für seine eigene Beerdigung machte, bat er darum, im Herzen Londons aufgebahrt zu werden, in diesem großen architektonischen Meisterwerk von Sir Christopher Wren, der *St. Paul's Cathedral*. Er wollte, dass man seinen Sarg unter der massiven Kuppel in der Mitte der Kathedrale platzierte. Des Weiteren sollte ein Trompeter an jeder Seite der Empore stehen, die rund um die Kuppel der *St. Paul's Cathedral* führt. Sein Wunsch war es, dass nach dem Gottesdienst der Trompeter auf der einen Seite das Signal zur Nachtruhe spielte und anschließend der auf der anderen ein Wecksignal ertönen ließ.

Christen, die sich mit dem Paradies beschäftigen, leben in der ständigen Hoffnung, Gottes Weckruf zu hören, mit dem er uns zu Hause begrüßen wird.

Kapitel 5
Warum der Himmel so dunkel erscheint
Was ist mit dem Licht am Ende des Tunnels passiert?

Mein erster geistlicher Impuls bezog sich auf den Himmel. Ich kann mich noch daran erinnern, wie ich im Silvestergottesdienst in der *First Baptist Church* in Hackensack, New Jersey, saß. Ich war sechs, und mein Vater predigte über das zweite Kommen Jesu. Er sagte: »Dies könnte das Jahr sein, in dem Christus wiederkommt, um uns nach Hause zu holen.« Ich fragte mich: *Wenn das passiert, wäre ich dann dabei?* Ganz offen, mir schien der Himmel nicht so verlockend; ich hatte vielmehr Angst, meine Eltern und Schwestern würden dort hinkommen (bei meinen Schwestern war ich mir eigentlich nicht so sicher) und ich müsste zurückbleiben. Ich hatte aber nicht wirklich Angst vor der Hölle. Ich wollte nur wissen, wo meine Familie hingehen würde, wenn Christus sie zu sich holte. Wenn das der Himmel war, wollte ich auch dort hin.

In seiner Gnade benutzte Gott diesen Wunsch, um mein Herz zu sich zu ziehen. Als mein Vater von der Gemeinde nach Hause kam, hatte ich schon meinen Schlafanzug an und fragte, wie ich mit ihnen zu Gott kommen könnte. Mein Vater erklärte mir das Problem der Sünde (ich wusste, dass es keinen Sinn hatte, ihm vorzumachen, ich wäre kein Sünder), schlug Gottes Wort auf, nahm mich bei der Hand und betete mit mir. In dieser Nacht machte sich dieser Junge auf den Weg zum Himmel.

Ich muss allerdings eingestehen, dass ich mich mit den Jahren an die Privilegien dieses Ziels gewöhnt habe. Wie Sie habe ich mich durch irdische Sorgen und Freuden leicht von der Geschäftigkeit des Lebens mitreißen lassen. Und wie Sie stehe ich ständig vor der

Herausforderung, alles, was ich bin und tue, in Bezug auf den Himmel zu hinterfragen. Meine Sorgen, Enttäuschungen und Unsicherheiten erscheinen manchmal so übermächtig, als wäre diese Welt alles, was ich habe. Wie schnell vergesse ich, dass mein himmlischer Vater wirklich existiert und mit seinem Sohn auf seinem souveränen Thron sitzt. Und er schenkt Gnade, Perspektive, Segen und Hilfe in der Stunde der Not sowie die Hoffnung auf eine bessere, zukünftige Welt.

Erst vor Kurzem habe ich bemerkt, wie sich mein Herz nach dem Himmel sehnte, weil ich nicht nur für den Himmel geschaffen, sondern auch für ihn erlöst wurde. Mich beeindruckte von neuem die Wahrheit, dass das ganze Leben auf der Erde nur eine Vorbereitung auf und eine Investition in den Himmel ist.

Ich denke gerne zurück an die Zeit, als ich sechs Jahre alt war und mein Herz auf den Himmel ausrichtete als den Ort, den ich ersehnte und mit dem mein Leben verbunden sein sollte.

Wer will den Himmel?

Bei vielen von uns war der Himmel nicht der erste Impuls, der zur Bekehrung führt. Einige von uns hat die Furcht vor der Hölle motiviert. Andere erkannten die Notwendigkeit eines Heilands, weil ihr Leben so von der Sünde zerstört war. In gewisser Hinsicht war die Errettung für uns eine letzte Zuflucht, und wenn Christus uns nicht helfen könnte, hätte es niemand gekonnt. In Wirklichkeit haben wir uns nicht so sehr nach dem Himmel gesehnt, sondern danach, dass er für uns ein Stück Himmel und ein Stück Erde neu gestaltet. Einige von uns fühlten die Leere im Leben, und er versprach uns zu füllen. Wir kannten Freunde, die ein zufriedeneres Leben führten, und wir wollten auch das, was sie in Christus gefunden hatten. Oder vielleicht haben wir auch aufrichtig gesucht. Wir haben uns gefragt, ob es etwas gibt, das über die menschliche Existenz hinausgeht. Und wir wollten wissen, ob hinter dem Wunder der Schöpfung auch ein Schöpfer steckt, und wenn das stimmt, ob wir das in unsere Überlegungen mit einbeziehen sollten, falls wir ihm eines Tages gegenüberstehen.

Es finden sich dutzende von Gründen, die uns zu Christus als unserem Erlöser gezogen haben. Ich schätze, nur sehr wenige von uns sind zu Jesus gekommen, weil sie erkannten, dass der Himmel auf uns wartet, wo Christus und der Vater herrschen und eine Beziehung zu uns wollen, um die Sehnsucht unseres Herzens zu stillen.

Ungeachtet der Gründe, die uns in eine Beziehung zu Christus brachten, das Werk Christi in unserem Leben ist letzten Endes vom Himmel bestimmt. Auf jeden Fall wird das Erlösungswerk im Himmel vollendet. Wenn ich Sie fragen würde, ob Sie vollständig erlöst sind, würden Sie zweifelsohne denken, dass es entweder eine Fangfrage oder etwas von großer theologischer Tiefe ist. Wenn Sie sagen, dass wir vollständig erlöst sind, haben Sie Recht. Sagen Sie nein, wir sind noch nicht vollständig erlöst, haben Sie auch Recht. Wir sind insofern vollständig erlöst, weil das Werk am Kreuz vollbracht ist, und es gibt nichts mehr, was Christus tun muss oder wir tun können. Dennoch haben wir noch nicht das ganze Ausmaß unserer Erlösung erfahren. Wir spüren nach wie vor die Last der Sünde. Eine gewöhnliche Erkältung oder eine Grippe erinnern uns, dass die Folgen unseres gefallenen Zustandes nicht aufgehoben sind. Noch immer haben wir mit Tod und Leid zu tun. Aber in der zukünftigen Welt wird die Erlösung vollends verwirklicht sein.

Im Himmel werden wir völlig befreit von allen Folgen des Sündenfalls und können eine ewige, ungehinderte Beziehung zu unserem Gott genießen. Der Himmel ist das Ziel, zu dem uns das Werk Jesu führt, und er will, dass wir ihn zum Mittelpunkt unseres Lebens machen.

Eine ewige Sonnenfinsternis

Conyers vergleicht den Verlust des Himmels als Bezugspunkt mit einer Sonnenfinsternis. Er stellt fest, dass sich beim Beginn einer Sonnenfinsternis alles verdunkelt; ein unheimliches Licht erfüllt die Atmosphäre, und alles auf der Erde erscheint grauer. Er kommt zu dem Schluss, dass sich alles in unserem Leben verdunkelt, wenn geringere Dinge unseren Blick auf den Himmel verfinstern – Dinge von weitaus weniger Wert, so wie der Mond die Sonne verdunkelt. Conyers' Vergleich ist ein passendes Bild für uns, die wir an die Existenz des Himmels glauben. Da der Teufel uns nicht dazu bringen kann, die Realität des Himmels zu leugnen – denn er gehört zu unseren Glaubensinhalten –, versucht er seine Wirkung zu beeinträchtigen, ihn mit Dingen zu verfinstern, die an sich nicht schlecht sind (so wie der Mond seinen Nutzen hat, wenn er das Sonnenlicht reflektiert).

Aber der Mond hat nicht die Aufgabe, der Sonne im Weg zu stehen, ebenso wenig ist das Leben dazu da, den Himmel zu verdunkeln, sondern seine Herrlichkeit widerzuspiegeln. Ist der Himmel verdunkelt, bleibt nur dieser trübe, gefallene und vergängliche Planet.

Die Verdunklung des Himmels

Es gibt mindestens sechs Möglichkeiten, wie geringere Dinge den Himmel verdunkeln können.

Die Träume der Jugend

Manchmal verdunkeln wir den Himmel ohne böse Absicht durch *unsere Jugendträume*. Als ich verlobt war, kam mir der Gedanke: Was wäre, wenn Christus mich vor der Hochzeit in den Himmel nehmen würde. Meine Gefühle rissen mich hin und her, da ich wusste, dass ich mich mehr nach dem Himmel sehnen sollte als nach allem anderen. Aber als ich Martie traf und mich in sie verliebte, schien es mir eine Schande, um sie zu werben, sie aber nicht als Ehemann kennenlernen zu können. Ganz ehrlich, ich war froh, dass der Herr noch nicht kam und wir heiraten konnten. Dann wurden unsere Kinder geboren, und viele andere Träume schienen damals das Wunder und die Vorfreude auf den Himmel in meinem Herzen zu trüben.

Aber ich glaube, Gott versteht das. Wären Martie und ich in diesen frühen Tagen reif und weise genug gewesen, um zu erkennen, dass die Freude unserer erfüllten Träume nicht verglichen werden kann mit den Freuden des Himmels, hätten wir uns für den Himmel entschieden.

Jetzt, wo viele meiner Träume in Erfüllung gegangen sind und ich viel Gutes im Leben erfahren habe, bemerke ich, dass sich mein Herz mehr dem Himmel zuneigt. Obwohl das Leben oft erfüllend war, hat es doch nicht meine tiefsten Sehnsüchte und Bedürfnisse stillen können. Je länger ich lebe, umso tiefer und größer wird meine Freude auf den Himmel. Unsere Zukunftsträume sind zwar normal und sogar von Gott gegeben, aber wenn sie unseren Blick auf die Ewigkeit verfinstern, stehen sie uns im Weg.

Eine verzerrte Vorstellung von unserem zukünftigen Zuhause

Der strahlende Glanz des Himmels kann durch *eine verzerrte Vorstellung von unserem zukünftigen Zuhause* getrübt werden. Gedanken, dass wir im Himmel auf Wolken sitzen, Harfe spielen, im Chor singen, einen Heiligenschein auf dem Kopf und Flügel haben, sind alles andere als unwiderstehliche Bilder vom Himmel.

Mark Twain, der nie gut über Gott oder den Himmel dachte, schreibt in »*Captain Stormfield's Visit to Heaven*«:

»Innerhalb von fünfzehn Minuten hatte ich eine Meile auf dem Weg zu den Wolkenwänden zurückgelegt und mit mir etwa eine

Million Menschen. Die meisten von uns versuchten zu fliegen, aber einige stürzten ab und keiner war richtig erfolgreich. ...

Uns begegneten Scharen von Menschen, die auf dem Rückweg waren. Ein paar hatten Harfen und sonst nichts; einige hatten Liederbücher und sonst nichts; andere hatten gar nichts; sie alle sahen unterwürfig und unzufrieden aus; ein junger Bursche hatte nichts mehr als seinen Heiligenschein, und den trug er auch noch in der Hand; ganz plötzlich bot er ihn mir an und sagte:

Würden Sie ihn bitte eine Minute für mich halten?

Dann verschwand er in der Menge. ...

Als ich mich schließlich mit einer Million anderer Menschen auf einer Wolke niederließ, fühlte ich mich so gut wie noch nie in meinem Leben ... Ich winkte ein oder zwei Mal mit meinem Palmenzweig, spannte die Saiten meiner Harfe und zupfte los ... Nach etwa sechzehn oder siebzehn Stunden, in denen ich hin und wieder ein bisschen spielte und sang – immer dieselbe Melodie, weil ich keine andere kannte –, legte ich meine Harfe hin und fächerte mir mit dem Palmenzweig etwas Luft zu.«[1]

Im Himmel trifft Captain Stormfield einen alten Freund namens Sam Bartlett und fragt ihn: »Sag mir mal, soll das immer so weitergehen? Gibt es denn keine Abwechslung?«[2]

In der Bibel sucht man vergebens nach solchen Beschreibungen. Obschon wir Gott dort anbeten, werden wir nicht so sein wie die Engel im Himmel. Unsere Anbetung wird zwar ein Ausdruck unserer Dankbarkeit sein und uns tiefe Befriedigung schenken sowie geistlichen und emotionalen Lohn, aber es gibt keinen Hinweis, dass diese Anbetung im Rahmen von organisierten Chorproben stattfindet.

Peter Kreeft bemerkt scharfsinnig, dass wir die kraftvollen, bewegenden und biblischen Bilder vom Himmel außer Augen verloren haben – ein Thron, erfüllt von der eindrucksvollen Herrlichkeit Gottes und ehrfurchtsvolle Anbeter, die in seiner Gegenwart spontan jubeln. Wir denken nicht an Scharen von mächtigen, wunderbaren Engeln, die die souveränen Pläne des Gottes der Geschichte ausführen; an einen Ort voller Heiliger und Märtyrer und an die treuen Gläubigen aus allen Zeitaltern, die endlich erfahren, was Glückseligkeit ist. Und all das eingerahmt von himmlischen Trompetenstößen und Gesang zum Lob Gottes, um sein Geschenk der Erlösung zu bejubeln. Wir haben das Wunderbare gegen schwache, kraftlose Bilder von Cherubim und himmlischer Bedeutungslosigkeit eingetauscht. »Modernere, aktuellere Ersatzbilder – der Himmel als ein angenehmes Gefühl von Frieden und Freundlichkeit, Süße und Licht, und Gott als einen vage großväterlichen und senilen Menschenfreund – sind sogar noch stumpfsinniger.«[3]

Vielleicht ist es leicht, solch verzerrte Bilder vom Himmel zu schaffen, da er in der Bibel nur selten beschrieben wird. Obwohl wir lesen, dass es dort Straßen aus Gold und Tore aus Perlen gibt, werden wir uns im Laufe der Ewigkeit wahrscheinlich daran gewöhnen. Und verglichen mit der herrlichen Gegenwart Gottes werden sie nahezu zur Bedeutungslosigkeit verblassen. Aus der Bibel wissen wir, dass Christus eine Wohnung für uns bereitet. Wir wissen, dass Gott dort sein wird und wir uns ungehindert an ihm erfreuen werden. Aber darüber hinaus wissen wir nicht viel. Jemand hat mal angedeutet, dass Gott uns möglicherweise nicht viel über den Himmel mitgeteilt hat, weil wir uns ansonsten vom Hochhaus stürzen würden, um schneller dort hinzukommen.

Gott möchte, dass wir diese Erde zu schätzen wissen und genießen, bis er uns nach Hause ruft. Doch im Vergleich zum Himmel kommt das Beste, was wir hier haben, nicht annähernd an das heran, was wir dort haben werden. Interessanterweise ist diese gefallene Welt voller wunderschöner, scheinbar unberührter Flecken, die wir genießen können – die Karibischen Inseln, ein Strand in Florida, die Felsküsten Kaliforniens, die sonnenüberfluteten hawaiianischen Inseln, die englische Landschaft oder das bunte Treiben in Städten wie Paris und

New York. Und diese Welt bietet viele Vergnügungen – ein Abend mit gutem Essen, die Kameradschaft guter Freunde, die Gesellschaft eines treuen Hundes. Doch all diese irdischen Erfahrungen wurden vom Sündenfall in Mitleidenschaft gezogen.

Stellen Sie sich vergleichsweise vor, wie die neuen Himmel, die neue Erde und das Neue Jerusalem sein werden: unversehrt und rein von Sünde. Denken Sie an das Beste, was wir haben, was ihnen einen schönen Tag beschert oder was ihre Sinne anregt und erfüllt. Und dann denken Sie daran, dass der Himmel weitaus besser ist.

»Weit besser« ist die umfassendste, biblische Beschreibung unseres ewigen Zuhauses. Wenn Paulus im ersten Kapitel des Philipperbriefes sagt, dass er den Wunsch verspürte, zu sterben und bei Christus zu sein, weil dies weit besser ist (vgl. Phil 1,23), erklärt er damit, dass der Himmel über unsere besten Erfahrungen auf der Erde hinausgeht. Und berücksichtigen Sie, selbst unsere besten Erfahrungen reichen nicht ganz an unsere Erwartungen heran, und außerdem sind sie nur von kurzer Dauer.

Martie und ich haben ein paar besondere Orte, die wir gerne aufsuchen, und wir lachen über die Tatsache, dass wir manchmal, noch bevor wir unser Ziel erreicht haben, schon traurig sind, sie bald wieder verlassen und zur Routine zurückkehren müssen. Stellen Sie sich vor, wie es wäre, wenn Sie etwas weit Besseres erleben – und das für immer.

Der Teufel greift mit Vorliebe Dinge heraus, die wahr sind und an die wir glauben, und verzerrt dann die Art, wie wir sie wahrnehmen, und raubt uns dadurch ihre Wirkung und ihren verändernden Einfluss auf unser Leben. Kreeft bemerkt:

»Unsere Vorstellungen vom Himmel berühren uns einfach nicht ... Es ist ... unser Bild vom Himmel und von Gott, das den Glauben heute am stärksten bedroht. Unsere Vorstellungen vom Himmel sind langweilig, nichtssagend und sentimental; deshalb sind auch unser Glaube, unsere Hoffnung und unsere Liebe zum Himmel nicht anders.

Es ist sicher ein großer Triumph des Teufels, die Anziehungskraft einer Lehre zu rauben, wobei offen bleibt, ob es sich um eine Lüge oder Tatsache handelt. ... Wenn die Lehre langweilig ist, ist es egal, ob es eine Lüge oder Tatsache ist. Diese Langeweile einer Lehre ist zweifelsohne der größte Feind des Glaubens.«[4]

Glauben wir wirklich, dass Gott, der uns für eine ungehinderte Beziehung zu ihm geschaffen hat, der sich danach sehnt – und dementsprechend seinen Sohn in den Tod gab –, uns das größtmögliche Maß an Zufriedenheit zu geben, eine langweilige Ewigkeit für uns geplant hat?

Das bezweifle ich!

Die alltäglichen Dinge des Lebens

Die alltäglichen Dinge des Lebens verleiten dazu, unseren Blick auf den Himmel zu trüben. Hunderte von irdischen Anliegen drohen unsere Gefühle zu vereinnahmen, unsere Aufmerksamkeit in Anspruch zu nehmen und uns gute, aber weniger wichtige Prioritäten vor Augen zu stellen. Ob es nun unser Beruf ist, unsere Familie, unsere Freunde oder unsere Enttäuschungen, es gibt viele Dinge, die uns davon abbringen wollen, unseren Blick auf den Himmel zu richten.

Natürlich möchte Gott, dass wir uns mit Herz und Verstand um die alltäglichen Dinge kümmern, um unseren Pflichten verantwortungsbewusst nachgehen zu können. Aber es war nie seine Absicht, dass sie den Himmel in unseren Herzen ersetzen. Vielmehr will Gott, dass unser Beruf ein Sprungbrett für ewigen Gewinn darstellt; dass sich unsere Familie durch unser Beispiel als Eltern und Eheleute zum Himmel hingezogen fühlt; dass unsere Freunde in unserem Leben die Herrlichkeit des auferstandenen Christus' und die Realität unseres himmlischen Vaters sehen; dass unsere Feinde einen Vater kennenlernen, der im Himmel ist und dass sie die Vergebung erfahren, die die Tür des Himmels aufschließt, indem wir ihnen Mitgefühl entgegenbringen und ihnen den Weg zur Erlösung zeigen.

Gott hat uns nicht dazu berufen, uns so sehr mit dem Himmel zu beschäftigen, dass wir uns in der Erwartung, dieses Ortes von allem abschirmen. Sein Plan war es, dass alle unsere vorübergehenden Ziele auf die zukünftige Welt ausgerichtet sind.

Die Verlockung des Greifbaren

Wir neigen dazu, uns durch *rationale und materielle* Dinge vom Himmel ablenken zu lassen. Der Himmel an sich ist ein übernatürlicher Ort. Hier auf der Erde findet sich nichts, was ihm entspricht. Doch da unser Zeitalter nur akzeptiert, was wissenschaftlich bewiesen werden kann, legen viele Leute, einschließlich Christen, nur auf das Wert, was überprüfbar ist. Transzendente Realitäten wie der Himmel werden schnell bedeutungslos und als törichte Fantasien von schwachen, abergläubischen Menschen angesehen, die mit dem Leben auf der Erde nicht zurechtkommen.

Sogar diejenigen unter uns, die die philosophische Grundlage des Materialismus' nicht verstehen, werden davon vereinnahmt. Wir legen viel Wert auf das Ansammeln von irdischen Schätzen. Obwohl uns Gott alle guten Dinge zum Genuss geschenkt hat, war es nie seine Absicht, dass die Dinge in unserem Umfeld unser Sehnen nach dem Himmel verdrängen. Wir haben es nicht gelernt, dass die gegenwärtige Welt trotz ihrer vielen materiellen Vorteile nicht imstande ist, alle unsere Sehnsüchte zu stillen.

Religiöser Temporalismus

Dieser Faktor, der den Himmel in unseren Herzen verdunkelt, ist sogar noch subtiler. Ich nenne ihn *religiösen Temporalismus* – das Erreichen von geistlichen Zielen, die auf einem zeitlichen statt auf einem ewigen Maßstab basieren. Leider lassen sich geistliche Führungspersonen oft von der Vorstellung verleiten, dass das Reich Gottes aus Bauvorhaben, Budgets, Mitgliederzahlen und einer ganzen Reihe anderer irdischer Statistiken besteht.

Interessanterweise bewertete die neutestamentliche Gemeinde ihren Erfolg nie anhand von Zahlen. Er lag vielmehr in ihrer Fähigkeit, die Welt zu überwinden, nach den Werten des Himmels zu leben und neue Gläubige für Christus zu gewinnen.

Die Apostel schenkten Größe und Zahlen der frühen Gemeinde wenig Aufmerksamkeit. Alle Anerkennung gebührte dem Gott des Himmels und dem Christus der Herrlichkeit. Die frühen Gläubigen maßen ihren Erfolg in dieser Welt nach ihrem ewigen Gewinn.

Die gefährlichste Lüge des *religiösen Temporalismus'* ist die Auffassung, dass man mit genügend Glauben Wohlstand, Gesundheit und Glück hier auf Erden finden kann. Diese Irrlehre besitzt nicht einen Funken Wahrheit. Die Menschen, die von der Realität des Himmels am meisten verändert wurden, haben oftmals den Verlust von Glück und Gesundheit erlitten, und manchmal verarmten sie sogar aufgrund ihres Glaubens. Gott hat uns den Himmel dort verheißen und nicht hier und jetzt. Wir müssen lernen, dass diese gefallene Welt kein Freund der Gnade ist. Christus hat deutlich vorausgesagt, dass wir in dieser Welt Schwierigkeiten bekommen würden (Joh 16,33).

Als Jesus auf die Erde kam, waren die Jünger interessanterweise schrecklich naiv in Bezug auf den Himmel. Da sie im Judentum aufgewachsen waren, könnte man annehmen, dass sie ein gutes Verständnis von der zukünftigen Welt besaßen. Aber ihre Gedanken an ein zukünftiges Paradies kreisten um den Traum, dass ein Messias kommen und die römische Besatzung beendet, seine Herrschaft auf Erden aufrichtet und Israels früheren Glanz wiederherstellt. Sie erwarteten nicht den Himmel einst dort, sondern hier auf Erden.

Zur Zeit Jesu hatte das ganze religiöse Umfeld den Gedanken an den Himmel auf ein Minimum reduziert. Von den Sadduzäern wird berichtet: »Den Sadduzäern ging es nicht nur in materieller Hinsicht gut – was ein gesegnetes Leben nach dem Tod überflüssig machte –, sie konnten auch die Gegenwart Gottes hier auf Erden in vollem Umfang erfahren.«[5] Tatsächlich glaubten die Sadduzäer nicht einmal an ein Leben nach dem Tod. Aufgrund ihrer Theologie und ihres Wohlstands konnten sie darauf verzichten. Die Pharisäer hingegen glaubten an ein zukünftiges Leben. Doch wie McDannell und Lang bemerken: »Wir können nur darüber spekulieren, wie die Pharisäer über die Möglichkeit eines Lebens nach dem Tod dachten. Da sie sich in erster Linie mit der rituellen Seite des Judentums beschäftigten, finden sich in alten Quellen nur flüchtige Hinweise auf ihre Glaubensüberzeugungen.«[6]

Angesichts dieser vorherrschenden religiösen Haltungen ist es kein Wunder, dass die Meinung der Jünger vom Himmel getrübt war. Ihr physisches wie religiöses Umfeld unterstützte es, dass ihnen der Blick auf den Himmel fehlte.

Wir stehen unter ähnlichen Einflüssen. Unser Wohlstand lässt den Himmel weniger attraktiv erscheinen. Unsere Beschäftigung mit irdischen Regeln und Programmen sowie die Teilnahme an religiösen Aktivitäten benebeln unsere langfristige Sicht. Häufig werden wir zu sehr von unserem christlichen Leben vereinnahmt.

Die Sicht auf den Himmel war nicht immer so getrübt. Und wir sollten betonen, dass der Welt in diesen Glanzzeiten die Wirkung nicht entging.

Im Mittelalter war der Gedanke an den Himmel und an ein Leben nach dem Tod eine treibende gesellschaftliche Kraft. In dieser Zeit fand der Himmel Eingang in die Schriften der Philosophen, in große musikalische Werke und in die schönen Künste. Aber seither, und besonders im Zeitalter der Aufklärung und seit dem 19. Jahrhundert, verlor der Glauben an ein Leben nach dem Tod zunehmend die theologische, philosophische und wissenschaftliche Unterstützung.

Die Skepsis der Gesellschaft

Dieser abnehmende Glaube führte zum sechsten Grund, weshalb die Realität des Himmels in unseren Herzen nicht mehr so präsent ist: *die Skepsis der Gesellschaft*. Wir leben in einer Kultur, die den Himmel als zwingende Realität leugnet.

Obwohl die Philosophen Descartes und Kant an ein Leben nach dem Tod glaubten, ließen sie in ihren Schriften ausführlichere Berichte über dieses Leben unberücksichtigt und erklärten, der Mensch könne mit seinen Sinnen und seinem Verstand das Leben nach dem Tod nicht erfassen. Auch der Gründervater des protestantischen Liberalismus, Friedrich Schleiermacher, griff in seinen einflussreichen Schriften die Realität des Himmels an. Obwohl er die Existenz des Himmels nicht öffentlich bestritt, führte Schleiermacher Kants Skepsis über das Leben nach dem Tod fort.

Im säkularen Bereich ließen Philosophen wie Hume, Hegel und Feuerbach allesamt die Hoffnung auf ein Leben nach dem Tod fallen, ebenso wie die russischen Theoretiker Marx und Lenin und der Begründer der Psychoanalyse Sigmund Freud. Viele Wissenschaftler, einschließlich Charles Darwin mit seiner Evolutionstheorie, bestritten sowohl die Existenz Gottes als auch die Unsterblichkeit.

Kreeft zeigt auf, wie der Himmel als wichtigster Bezugspunkt für uns an Bedeutung verloren hat. Im Mittelalter »war die Erde der Mutterleib des Himmels, der Kindergarten des Himmels, die Generalprobe des Himmels.« Er sagt: »Der Himmel war der Sinn der Erde.« Gegen Ende des 20. Jahrhunderts sah es so aus, dass die »Herrlichkeit verschwunden war« – dass wir nicht länger »gewohnheitsmäßig in dieser mittelalterlichen Haltung leben.« Kreeft kommt zu dem Schluss:

»Wenn wir typisch modern sind, sind wir gelangweilt, übersättigt, zynisch, oberflächlich und ausgebrannt ... Wären wir nicht so gelangweilt und leer, müssten wir uns nicht mit zunehmend größeren Dosen von Sex und Gewalt stimulieren – oder auch mit ständiger Beschäftigung. Wir leben in der fantastischsten Spiel- und Spaßfabrik, die es jemals gab – der modernen Technologie Gesellschaft –, und wir sind noch immer gelangweilt wie ein reiches, verzogenes Kind, das in seiner Villa von tausend teuren Spielsachen umgeben ist. Verglichen damit waren die Menschen im Mittelalter wie Bauern in armseligen Hütten ohne Spielsachen – und sie waren fasziniert. Sie hatten reichlich Gelegenheit zum Staunen: Geburt, Tod, Liebe, Licht, Dunkelheit, Wind, Meer, Feuer, Sonnenaufgänge, Sterne, Bäume, Vögel, der menschliche Verstand – Gott und der Himmel. All diese Dinge haben sich nicht verändert, wir sind es, die sich verändert haben. Das Universum ist nicht auf einmal leer und wir erfüllt worden; er bleibt voll, aber wir sind leer, unempfindlich und gefühllos für seine Fülle.«[7]

Unsere Gesellschaft ist ein Nebenprodukt dieses materialistischen, rationalistischen Denkens, und da uns niemand darin unterstützt, den Himmel als eine natürliche Fortsetzung unserer Existenz zu akzeptieren, verwundert es nicht, dass wir Schwierigkeiten haben, unsere Aufmerksamkeit auf die zukünftige Welt zu lenken. Wie der deutsche Theologe Karl Rahner beklagt: »Der Glaube an ein ewiges Leben ist im Bewusstsein der Menschen heute schwächer geworden.« Er trauert ebenso über diesen Niedergang in der Gemeinde: »Es gibt Christen, die sich der Existenz Gottes sicher sind ... aber sie halten es nicht für nötig, ein Interesse an der wichtigen Frage nach dem ewigen Leben zu zeigen.«[8] Das Bewusstsein vom Himmel wurde zudem durch die höchst einflussreichen Werke und Lehren von moderneren Theologen wie Niebuhr, Tillich und Bultmann geschwächt, die es ablehnten, ein buchstäbliches Leben nach dem Tod an einem ganz konkreten Ort namens Himmel zu bestätigen. Stattdessen hielten sie die biblischen Lehren über ein Leben nach dem Tod für symbolisch, und in manchen Fällen für mythologisch.

Das hat einem Großteil der Christen in der westlichen Welt die Hoffnung auf den Himmel geraubt, ihnen fehlt es an Hingabe für die Ewigkeit. Für diese Überzeugungen müssen sie den Spott der philosophischen, wissenschaftlichen und religiösen Welt ertragen. Sie werden als Relikte einer abergläubischen, engstirnigen, nichtintellektuellen und mittelalterlichen Denkweise angesehen.

Nachdem wir das Zeitalter der Aufklärung, den Modernismus und das, was heute als postmoderne Ära bezeichnet wird, hinter uns gelassen haben, gibt es ein neues Interesse am Leben nach dem Tod. Im postmodernen Denken werden der klassischen Vernunft und der Logik nur wenig Bedeutung beigemessen. Man meint, der Geschichte nicht trauen zu können angesichts der beeinträchtigten Perspektive derer, die sie geschrieben hätten. Wenn Vernunft, Logik und Geschichte nicht länger die Bezugspunkte für unser Verständnis von der Welt um uns herum sind, sind wir frei, alles über die Vergangenheit, Gegenwart und Zukunft zu denken, was wir wollen. Innere Ahnungen von dem, was nach diesem Leben kommt, ziehen unsere Gedanken in den Bann. Allerdings schließen diese Gedanken nicht eine biblische Zukunft ein, in der es eine Hölle und einen Himmel gibt. Vielmehr sind fernöstliche Vorstellungen von Reinkarnation und einem mystischen Nirwana, wo nur Freude und Frieden existieren, in das heutige Gedankengut eingedrungen.

Von allen falschen Philosophien, die in der amerikanischen Gesellschaft heute vorherrschen, beinhaltet keine eine Beziehung zu dem realen Gott des Universums, der die Lebenden und die Toten richten wird und der denen, die seine Erlösung angenommen haben, eine buchstäbliche Ewigkeit mit ihm zusichert. Es ist so, als hätte die moderne Gesellschaft festgelegt, für welche Erfahrungen die Menschen geschaffen wurden, und diese dann nach ihren eigenen Vorstellungen entworfen.

Bestsellerbücher versuchen, die Ewigkeit nach persönlichen Launen neu zu gestalten, ob es nun Shirley MacLaine ist, die von einem Leben nach dem Leben nach dem Leben durch Reinkarnation schreibt; oder Betty Eadie, die von einem Gott spricht, der in sie – und jeden willigen Leser – kommt, wenn man nur »das Licht in sich aufnimmt«. Die Leser können wählen, was immer sie glauben wollen, und sie können ablehnen, was sie nicht mögen, einschließlich der Gedanken an Sünde, einen heiligen und gerechten Gott, der Sünde richten muss, und der Möglichkeit einer persönlichen Beziehung zu Gott.

Aber die Bibel macht ganz klar, dass Gott persönlich ist und der Himmel real. Und obwohl wir nur ein paar Dinge über unser zukünftiges Zuhause wissen, schenkt uns das eine große Hoffnung – eine Hoffnung, die unseren Fokus neu ausrichtet und es geringeren Einflüssen verwehrt, die Ewigkeit zu verdunkeln.

Was braucht es also, um die Realität des Himmels in unseren Herzen neu zu beleben?

Kapitel 6
Die Realität neu beleben
Der Himmel in unserer eigenen Geschichte

Nachdem Orestes Lorenzo Perez in die Vereinigten Staaten geflüchtet war, wusste er, dass er seine Familie aus Kuba retten musste. Deshalb flog er eines Samstagnachmittags mit einer geliehenen Cessna unter dem Radar her nach Kuba und landete in der Nähe seiner früheren Nachbarschaft auf einer Küstenstraße. Seine Familie lief auf das Flugzeug zu, und sie verließen die kubanische Küste in Richtung Freiheit.

Seine Frau Victoria hatte geduldig gewartet, obwohl es nicht leicht war. Die Einreise nach Amerika erschien ihr, wie in den Himmel zu kommen. »Als ich das Flugzeug sah, rief ich meinen Kindern zu: ›Das ist euer Vater!‹«

»Ich schnappte mir die beiden, und wir rannten los«, erzählte sie. Während sie rannten, verlor eines der Kinder einen Schuh. »Vergiss den Schuh!«, schrie Victoria. »Papa ist im Flugzeug!«

Nach zwei Jahren der Trennung war die Familie wieder vereint. Für Victoria und Orestes ist ihr neues Zuhause in den USA wie der Himmel: ein Ort, wo sie frei leben und ihre Träume verwirklichen können.

Aus Victorias Sicht war Amerika eine verschwommene Realität. Sie wusste, dass ihr Mann dort war, und dass es dort besser wäre, aber sie kannte nur wenige Einzelheiten, so dass es ihr unwirklich vorkam.

Für uns ist der Himmel oftmals ebenso unwirklich. Er erscheint uns wie ein ferner Traum, so wie Amerika für Victoria. Eine biblische Fabelwelt. Ein religiöses Disneyland im Himmel. Um den Himmel wieder in unser Blickfeld zu rücken, müssen wir ihn tiefer in unsere Herzen aufnehmen.

Bilder vom Himmel gibt es viele. Normalerweise denken wir an Wolken, Engel, Anbetung, Gottes Gegenwart und unbegrenzte Freude und Frieden. Es mag für Sie ein Ort sein, an dem sich all Ihre Träume erfüllen. Oder wo Sie zu den Füßen des Apostels Paulus sitzen und in theologischen Feinheiten unterrichtet werden. Oder Sie stellen sich vor, wie Sie mit Petrus darüber reden, dass man im Himmel andere Gefühle hat, oder Sie verbringen einfach viel Zeit mit alttestamentlichen Heiligen wie Noah, Mose und David und fragen sie nach ihren Glaubenskämpfen in schweren Zeiten.

Unsere Versionen vom Himmel sind ein bisschen unrealistisch, aber die Bibel liefert uns viele Hinweise, wie der Himmel wirklich sein wird. Eine realistische Sicht vom Himmel und unserem dortigen Zustand ist wichtig, um uns wieder für ihn begeistern zu können.

Was Jesaja, Paulus und Johannes sahen

Dreien seiner Nachfolger schenkte Gott ein genaueres Bild von sich selbst und vom Himmel. Der Prophet Jesaja bekam eine Vision von Gott dem Vater auf seinem Thron (Jes 6). Jesaja sah Gott so eindrucksvoll und herrlich, dass er ausrief: »*Wehe mir, denn ich bin verloren. Denn ein Mann mit unreinen Lippen bin ich*« (6,5). Der Apostel Paulus wurde »*bis in den dritten Himmel entrückt ... in das Paradies ... und hörte unaussprechliche Worte, die auszusprechen einem Menschen nicht zusteht*« (2Kor 12,2.4).

Im letzten Buch der Bibel beschreibt der Apostel Johannes eine Offenbarung, die sich nicht nur auf die Endzeit, sondern auch auf den zukünftigen Himmel bezieht. In seiner Vorschau auf den Himmel sieht Johannes, wie alle Geschöpfe dem verherrlichten Christus Ehre bringen und die Gemeinde mit ihm Hochzeit feiert. Johannes schließt mit einer wunderbaren Beschreibung der Schönheiten des Neuen Jerusalems (Offb 22,1-5).

Diese Berichte geben uns die Sicherheit, dass der Himmel dort ist, wo Gott ist, wo Christus als König die angemessene Ehre zuteil wird, und wo es keine Sünde gibt. Wenn Sie über diese kurzen Eindrücke nachdenken, meinen Sie vielleicht: *Wenn ich eine solch präzise Vision vom Himmel hätte, würde die Ewigkeit mein Leben in dieser Welt stärker beeinflussen.* Das stimmt wahrscheinlich. Diese drei Gläubigen haben unsere Vorstellung geprägt. Ebenso wie Christus, der nicht nur aus dem Himmel kam, sondern auch dorthin zurückgekehrt ist. Verwundert es, dass ein wichtiger Teil seines Dienstes von dem Versuch geprägt war, unseren Blick von der Erde auf die Realität einer besseren Welt zu lenken?

Aber Gott hat uns einen Schlüssel gegeben, der die Tür öffnet zu einem tieferen Verständnis der Realität des Himmels.

Vierzig erstaunliche Tage

Unser Bewusstsein von der Ewigkeit wird gestärkt, wenn wir uns eine wichtige Zeitspanne in der Geschichte in Erinnerung rufen: die Zeit, als *der Himmel auf Erden* war, als Christus nach seiner Auferstehung und vor seiner anschließenden Rückkehr in den Himmel seinen Jüngern erschien. In seinem Auferstehungsleib war Christus vierzig Tage lang auf der Erde (Apg 1,3). Die Gegenwart seiner ewigen Gestalt beweist unwiderlegbar die Realität der zukünftigen Welt. Dies sollte unseren Glauben am Anfang des 21. Jahrhunderts stärken.

Wenn wir die Stellen lesen, die von der Zeit nach der Auferstehung Jesu handeln, finden wir viele Gründe, uns über den Himmel und unsere Zukunft dort zu freuen. Wir sehen Christus in seiner neuen, ewigen Gestalt im Garten mit Maria. Er begleitete zwei Jünger auf dem Weg nach Emmaus. Er erschien den Jüngern in einem verschlossenen Raum. Acht Tage später forderte er Thomas auf, seine Wunden zu berühren, und bestätigte, dass er wirklich der Christus war. Auch wenn sein Körper wiederhergestellt war, waren seine Kreuzesmale noch immer sichtbar.

Später erschien Jesus in seinem Herrlichkeitsleib am See von Galiläa. Petrus und den anderen Jüngern, die nichts gefangen hatten, gab er den Auftrag, das Netz auf der rechten Bootsseite auszuwerfen. Dann fingen sie mehr, als das Netz fassen konnte.

Sein wirklicher Auferstehungsleib

Bei jeder dieser Begebenheiten erschien Christus anders, aber trotzdem war er erkennbar als der Christus, den seine Nachfolger drei Jahre lang gekannt und geliebt hatten.

Wir freuen uns über die Menschwerdung Jesu und sein Opfer am Kreuz für unsere Sünden. Dennoch schenken wir seiner Rückkehr zur Erde in seinem Auferstehungsleib weit weniger Aufmerksamkeit. Aber dieser vierzigtägige Aufenthalt – in einem neuen, und dennoch realen Körper – zeigt uns die Realität der zukünftigen Welt.

Jesus veranschaulichte eine wichtige Wahrheit: Die Erlösung ist am Kreuz oder mit seiner Auferstehung nicht abgeschlossen, sie wird erst vollständig verwirklicht, wenn wir bei ihm sind.

Jesu Erscheinen in seinem Herrlichkeitsleib zeigte, dass der Himmel ein realer Ort ist. In einem dramatischen Augenblick fuhr Christus vor den Blicken seiner verblüfften Jünger in den Himmel auf. Zwei Engel erschienen und verhießen, dass er zurückkommen würde, um seine Nachfolger zu sich zu holen. In Apostelgeschichte 1,11 berichtet Lukas, dass diese Engel sagten: »*Männer von Galiläa, was steht ihr und seht hinauf zum Himmel? Dieser Jesus, der von euch weg in den Himmel aufgenommen worden ist, wird so kommen, wie ihr ihn habt hingehen sehen in den Himmel.*«

Diese Engel erschienen, um zu verkünden, dass Jesus zum Himmel, einem *realen* Ort, aufgefahren war, wo er als *reale* Person leben würde.

All das war großes göttliches Schauspiel. Mit der Welt als Bühne sandte Gott seinen Sohn zurück zu uns in seinem Herrlichkeitsleib, in einer realen, aber andersartigen Gestalt, wie sie diese Welt noch nicht gesehen hatte. Am Ende dieser vierzigtägigen Begegnung mit der zukünftigen Welt fuhr Christus inmitten seiner Jünger in den Himmel auf; und zwei Engel erschienen, um ihnen zu versichern, dass diese reale Person an einen realen Ort gegangen war. An diesem Punkt hätte die ganze Welt in donnernden Applaus für die besten *Special-Effects* ausbrechen müssen, und dann, als der Vorhang fiel, wäre sie wieder zu ihrem Alltag zurückgekehrt.

Interessant ist aber, dass die Nachfolger Jesu, nachdem sie die Offenbarung des ewigen Christus' gesehen hatten, nicht wieder zu ihrem gewohnten Trott zurückkehren konnten. Von der Realität der zukünftigen Welt ergriffen – der Tatsache, dass auch sie einst reale Personen an einem realen Ort mit einem realen Heiland sein würden –, wurde ihr ganzes Handeln von diesem Zeitpunkt an von ihrer Vision des Himmels angetrieben und bestimmt. Die Tatsache, dass die zukünftige Welt nicht nur real war, sondern auch ihnen gehörte, gab ihnen Hoffnung, Mut und Zuversicht in einer Welt, die sie verspottete, verlachte, schlecht behandelte, an den Rand drängte und verfolgte. Diese Offenbarung schenkte ihnen ein tieferes Empfinden für Gemeinschaft, Liebe und Hingabe. Es trieb sie an, ihre Mitmenschen mit dem Evangelium zu erreichen, denen einen Erlöser vorzustellen, die auf dem Weg in die Hölle waren.

Reale Personen an einem realen Ort

Den Jüngern wurde zugesichert, dass auch sie nach ihrem Tod reale Personen an diesem realen Ort sein würden. Das Neue Testament sagt uns, dass Christus der Erstgeborene unter vielen Brüdern war (Röm 8,29; Kol 1,18; Hebr 1,6). Was bedeutet, dass er als Erster leiblich auferstand in einem Körper, der für die zukünftige Welt geeignet ist, und dass all jene, die zum ewigen Leben auferweckt werden, ebenfalls ewige Körper empfangen. Johannes versichert uns, dass wir ihm gleich sein werden, wenn wir ihn sehen, wie er ist (1Jo 3,2). Paulus unterstreicht unsere Existenz auf der anderen Seite, indem er schreibt, dass unser irdischer Körper wie ein Zelt ist, etwas Vorübergehendes in diesem Leben, und dass unser Herrlichkeitsleib von Gott kommt und passend für die Ewigkeit im Himmel ist (2Kor 5,1-5). In diesem Kapitel, das sich mit der Auferstehung beschäftigt, spricht er ausführlich über die Realität unseres auferstandenen Körpers. Er sagt, er wird anders sein und doch unserem irdischen Körper ähneln, so wie eine Pflanze dem ausgesäten Samen ähnelt und doch anders ist, wenn sie zur Pflanze wird. Paulus stellt unseren irdischen Körper unserem himmlischen gegenüber: Der irdische Körper ist vergänglich, der himmlische nicht; es wird gesät in Unehre, aber auferweckt in Herrlichkeit; in Schwachheit gesät, in Kraft auferweckt; als natürlicher Leib gesät, als geistlicher Leib auferweckt (1Kor 15,35-44).

Gegen Ende von 1. Korinther 15 erklärt Paulus, dass unsere Leiber »*in einem Nu, in einem Augenblick*« verwandelt werden, und dass der Tod nicht über uns herrschen wird (V. 50-57).

Eine nachgewiesene Realität

Das Erscheinen Christi in seiner ewigen Gestalt beweist, dass wir im Himmel als reale Personen existieren werden. Wenn Sie sich fragen, wie Sie im Himmel aussehen werden, dann schauen Sie sich Christus in Apostelgeschichte 1,3-4 an und in dem Bericht seines Erscheinens am Ende der Evangelien.

Denken Sie besonders an all das, was Christus mit seinem Herrlichkeitsleib tun konnte.

Sein Körper konnte mit den Händen angefasst werden. In dem verschlossenen Raum mit den Jüngern forderte er den skeptischen Thomas auf, seine Wundmale zu berühren, um die Realität des auferstandenen Herrn selbst zu überprüfen. Maria erkannte im Garten seine Stimme. Mich fasziniert, dass sein neuer Körper die Grenzen von Materie überwinden konnte. Er war imstande, in einem Raum zu erscheinen, dessen Türen und Fenster fest verschlossen waren. (Die einzige andere mir bekannte Person, die Ähnliches konnte, war meine Mutter. Sie konnte plötzlich aus dem Nichts auftauchen.) Die Bibel berichtet, dass er nach seiner Auferstehung mit den Jüngern aß. Stellen Sie sich vor, wie Essen auf der anderen Seite wohl aussehen muss: kalorienfreie Schokolade und fettfreie Beefsteaks! Obschon wir nicht mit Sicherheit sagen können, ob im neuen Himmel und auf der neuen Erde gegessen wird, wissen wir, dass unsere ewigen Körper dazu in der Lage sind. Vielleicht ist es so, wie Augustinus vermutete: Obwohl unser Körper essen könnte, werden wir von der Notwendigkeit der Nahrungsaufnahme befreit sein. Dann werden wir nur noch essen, wenn wir es wollen oder es angebracht ist.[2]

Entscheidend ist nicht, ob wir all diese Dinge regelmäßig tun, sondern dass unser Auferstehungsleib so real sein wird, um all dies tun zu können. Jeglicher Gedanke, dass wir kosmischer Staub sein werden, der durch ätherische Welten schwebt, ist nicht biblisch. Wenn wir dort ankommen, werden wir reale Menschen vorfinden.

C. S. Lewis beschreibt die Realität unserer andersartigen Gestalt so:

> »Es ist nicht das Bild von einer Flucht vor jeder Art von Beschaffenheit in irgendein unbestimmtes und völlig transzendentes Leben. Es ist das Bild von einer neuen menschlichen Natur, und einer neuen Natur im Allgemeinen, die ins Dasein gerufen wird ... Das Bild spricht nicht von Zerstören, sondern von Neuerschaffen. Das alte Feld von Raum, Zeit, Materie und Sinneswahrnehmung

muss für eine neue Ernte gejätet, umgegraben und besät werden. Wir mögen dieses alten Feldes überdrüssig sein, Gott ist es nicht.«[3]

Die Ewigkeit in uns

Es ist faszinierend, dass unsere Seele zu einem ewigen Dasein geschaffen wurde. Unser Auferstehungsleib wird das ewige Zuhause unserer Seele sein. Unsere Seele ist durch Persönlichkeit gekennzeichnet. In ihr sind Erinnerungen gespeichert, und sie trägt die Einzigartigkeit unseres Wesens in sich. Mit unserer Seele beten wir Gott an, träumen wir und denken nach. In unserer Seele, die in neuartigen, aber trotzdem ähnlichen Körpern wohnen wird, wird sich auch dann unsere Persönlichkeit spiegeln.

In ganz realer Hinsicht ist der Himmel eine Fortsetzung von all dem, was auf dieser Seite begann, die Fortführung meiner Seele in einem Körper, der für die Ewigkeit passend gemacht wurde. Befreit von den Spuren und der Sklaverei der Sünde, können wir in uneingeschränkter Freiheit den Gott des Himmels und seinen Sohn, unseren Erlöser, anbeten und preisen. Dann werden wir die ungehinderte Freude, Befriedigung und Erfüllung erleben, die Gott uns geben wollte, bevor Sünde, Enttäuschung und Verzweiflung ins Leben kamen.

Vor Kurzem sagte mir eine Freundin, die sich dem 80. Lebensjahr nähert: »Körperlich bin ich jetzt viel langsamer, aber innerlich fühle ich mich nicht älter.« Das habe ich schon von vielen älteren Leuten gehört. Ist es möglich, dass ihr Gefühl das ewige Wesen der Seele widerspiegelt? Unsere Seele wird nicht alt, sondern setzt sich in unserem ewigen Körper fort. Ein faszinierender Gedanke: Die Ewigkeit ist bereits in uns als ein Versprechen auf die zukünftige Welt. Jetzt ist es unser Privileg, unsere Seele auf die zukünftige Welt vorzubereiten. Unsere Seele trägt unsere persönliche Identität in sich und stellt sicher, dass wir auf der anderen Seite wiedererkannt werden.

Die Realität unserer ewigen Wohnung

Auf der anderen Seite werden wir nicht nur reale Menschen sein, sondern uns auch an einem realen Ort befinden. Der Himmel ist keine Erfindung göttlicher Fantasie, irgendein mystisches, schwebendes, himmlisches Traumland. Wie die Engel in Apostelgeschichte 1 deutlich machten, ist er ein ganz realer Ort. Und, was noch wichtiger ist, er wird für immer unser Zuhause sein. Ich frage mich, ob die Jünger nach der Ankündigung der Engel in Apostelgeschichte 1,11 – *»Dieser Jesus, der von euch weg in den Himmel aufgenommen worden ist, wird so kommen, wie ihr ihn habt hingehen sehen in den Himmel«* – daran dachten, was Christus ihnen ein paar Tage zuvor zugesichert hatte: *»Im Hause meines Vaters sind viele Wohnungen. Wenn es nicht so wäre, würde ich euch gesagt haben: Ich gehe hin, euch eine Stätte zu bereiten? Und wenn ich hingehe und euch eine Stätte bereite, so komme ich wieder und werde euch zu mir nehmen, damit auch ihr seid, wo ich bin«* (Joh 14,2-3).

Erfassen Sie diese Realität im Glauben. Er bereitet jetzt einen realen Ort für uns, an dem wir dann als reale Menschen leben werden. So wie Christus das Universum erschuf und es im Großen und Kleinen vollkommen machte, bereitet seine schöpferische Kraft jetzt eine persönliche Wohnung für mich vor, ebenso wie für Sie und alle anderen Erlösten.

Wirklich zu Hause

Dass ich im Himmel eine reale Person an einem realen Ort sein werde und in der Gegenwart meines auferstandenen Herrn und Heilands lebe, beinhaltet zwei tiefe Wahrheiten.

Die erste lautet: Der Himmel ist mein wirkliches Zuhause. Diese Erkenntnis führt zu der zweiten Wahrheit: Hier auf der Erde bin ich ein Fremdling und Pilger. Ein Gläubiger des Mittelalters drückte es am besten aus: »Gott ist zu Hause; wir sind in einem weit entfernten Land.«

Webster's Ninth New Collegiate Dictionary stellt fest, dass zu Hause der Ort ist, wo deine »Zuneigungen liegen«. Oder wie wir zu sagen pflegen: »Zu Hause ist, wo dein Herz ist.« Deshalb kann ein Cowboy singen: »Zu Hause, zu Hause in der Prärie.« Und jemand, der weit weg ist von zu Hause, kann ausrufen: »Ich liebe diesen Ort; ich fühle mich hier wie zu Hause.« Das ist der Grund, weshalb Christen gesungen haben: »Diese Welt ist nicht mein Zuhause.«

Christen, die auf dem Weg zum Himmel sind, sind auf diesem Planeten wirklich heimatlos. Christus betrachtete die Erde nie als sein Zuhause. Er wusste, dass er aus dem Himmel gekommen war und dorthin zurückkehren würde, da der Himmel sein wahres Zuhause war. Dadurch konnte er den Auftrag seines Vaters ungehindert ausführen. Auch die Jünger waren in gewisser Hinsicht heimatlos geworden. Sie hatten ihr Zuhause, ihren Beruf, ihre vertraute Umgebung und ihre Familie aufgegeben, um mit Christus zu ihrem ewigen Zuhause aufzubrechen.

Wie wir bereits festgestellt haben, war es nie beabsichtigt, dass der Auftrag Jesu am Kreuz enden sollte. Das Kreuz und das leere Grab waren nur Mittel, um uns die Tür zum Himmel zu öffnen, damit wir mit ihm nach Hause gehen konnten. Zuhause ist dort, wo man sich sicher und wohlfühlt, wo man Ruhe genießt. In ganz realer Hinsicht wurde Jesus Christus ein solcher Ort für seine Jünger, obschon sie von ihrem Zuhause entfernt waren. Solange sie bei ihm waren, hatten sie das Gefühl von Heimat. Genau aus diesem Grund waren sie beunruhigt, als er ihnen mitteilte, dass er sie verlassen würde (Joh 13-14).

Christus sagte ihnen, wie sie nach seinem Weggang leben sollten. Da sie aber durch seinen bevorstehenden Abschied beunruhigt waren, waren sie nicht in der Lage zuzuhören, als er ihnen Anweisungen über ihr Leben und ihren Dienst ohne ihn gab. Daher unterbrach er seine Belehrungen und beantwortete die Fragen von Petrus und Thomas bezüglich seines Abschieds. Wir dürfen nicht übersehen, dass er sich große Mühe gab, um ihnen zu versichern, dass er in sein himmlisches Zuhause zurückkehren und Wohnungen für sie vorbereiten würde (Joh 14,1-6). Solange sie das glauben und den Himmel als ihr Zuhause betrachten würden, wären sie imstande, ihm auf der Erde zu dienen. Christus machte ganz deutlich, dass er auf die Erde kam, um uns zu sich in den Himmel zu nehmen. Der Himmel ist unser wahres Zuhause.

Endlich frei

Diese Wahrheit hat nicht nur enorme Auswirkungen auf unseren ungehinderten Dienst für Jesus, ohne Rücksicht auf Bequemlichkeit und Sicherheit, sondern verändert auch unsere Selbstwahrnehmung radikal. Wir sind, wie Petrus sagte, Fremde in diesem Land. Und Paulus schreibt im Philipperbrief, dass wir Bürger des Himmels sind, die sich nur auf der Durchreise befinden. Als Bürger sollen wir die Herrlichkeit des Landes zeigen, zu dem wir gehören, um den Namen unseres Königs in unserem Verhalten und unseren Einstellungen groß zu machen. Unsere Verhaltensweisen, Ansichten, Gedanken und Meinungen über Leben und Freiheit unterscheiden sich völlig von denen der Welt. Als Bürger des Himmels, die auf ihrem Weg nach Hause sind, stammen wir aus einer anderen Kultur mit anderen Maßstäben, Werten und Moralvorstellungen.

Als Reisende mit dem Blick Richtung Heimat versuchen wir, andere zu Christus zu ziehen und sie zu überzeugen, sich unserem Weg nach Zion anzuschließen.

Wir haben nichts, was uns hindert. Wir sind frei, ihm zu dienen, weil wir *hier* nichts verlieren und *dort* alles gewinnen können. Wir können unser Haus oder unsere Arbeitsstelle verlieren, aber wir verzweifeln nicht, da diese Dinge keine dauerhafte Sicherheit oder Frieden bringen. Wenn der Heilige Geist das Wertvollste von uns nimmt – unsere Fähigkeiten, unser Geld oder sogar unsere Kinder –, sind wir dennoch nicht zerstört. Wir können *hier* unbeirrbar treu sein, weil unser Zuhause *dort* ist.

Diese Lektion haben viele Gläubige in China gelernt, als sie um ihres Glaubens willen litten. Der mögliche Verlust von irdischen Gütern spielte keine Rolle. Für sie zählte nur, Christus zu ehren. Der Gemeindeleiter Lin Xiangao wurde zu sechzehn Monaten Gefängnis verurteilt und kurz nach seiner Entlassung erneut inhaftiert. Dieses Mal lautete das Urteil zwanzig Jahre Strafdienst in einem Kohlebergwerk in einer nördlichen Provinz. Er musste Kohlewagen aneinander koppeln, während Bergarbeiter sie füllten. Ein Ausrutscher konnte für ihn Verletzungen oder den Tod bedeuten.

Bei mehreren »politischen Untersuchungen« während seiner Inhaftierung verlangten Beamte von Lin, andere Christen zu denunzieren. Dafür versprachen sie ihm, ihn zu belohnen. Er weigerte sich. Einmal versuchten sie, Pastor Lin dazu zu bringen, Christus zu verleugnen. Er zeigte sich ungerührt. »Selbst wenn ihr meine Strafe verlängert oder mich tötet, ich kann Christus nicht abschwören.« Lin blieb die ganzen zwanzig Jahre im Gefängnis.

Vor ein paar Jahren besuchte der Autor Fergus Bordewich eine Untergrundgemeinde in der dritten Etage eines Hauses, im Herzen von Kanton. Jeder in der Gemeinde wusste, dass die Zusammenkunft verboten war. Die Polizei konnte jeder Zeit hereinplatzen, sie schlagen und wegschleppen. Pastor Lin leitete den Gottesdienst.[4]

Weder Lin noch seine Gemeindeglieder zögerten, Gott an diesem Ort anzubeten, obwohl ihnen Leiden und Gefängnis drohten. Warum? Weil ihre Hoffnung auf den Himmel gerichtet war.

Menschen machen den Ort aus

Wir sollten festhalten, dass Christus den Himmel nicht als einen Ort beschrieb, an dem es exotische Landschaften gibt, Filme, Whirlpools oder Mehrfachgaragen. Er sprach vom Himmel, als dem Ort, an dem er lebt und wo wir uns einmal über seine Gegenwart freuen werden.

Vor langer Zeit habe ich gelernt, dass Menschen den Ort ausmachen. Meine Frau hat ein Händchen dafür, unser Zuhause in eine schöne, angenehme und einladende Umgebung zu gestalten, in der man gerne lebt. Von der Farbauswahl bis hin zu den Bildern an den Wänden umgibt sie unsere Familie mit einem Gefühl der Wärme und Schönheit. Ich komme gerne nach Hause in die Umgebung, die sie gestaltet hat ... es sei denn, ich komme nach Hause und sie ist nicht da. In diesen seltenen Augenblicken spüre ich eine Leere, die die Freude am Nachhausekommen schmälert. Das gilt für uns alle – ganz gleich wie schön unser Zuhause ist; Menschen machen den Ort aus. Fragen Sie die Witwe, den einsamen Single oder die Ehefrau, deren Mann auf einer langen Geschäftsreise ist, sie alle werden Ihnen dasselbe sagen: Menschen machen den Ort aus.

Für Victoria und ihre Kinder war die Wiedervereinigung mit dem Ehemann und Vater das wichtigste an ihrer Rettung. Als das Flugzeug landete, rief Victoria nicht: »Auf nach Amerika!«, sondern: »Das ist euer Vater!«

Und unser himmlisches Zuhause wird etwas Besonderes, weil Christus und unser Vater dort sein werden.

Tatsache ist: Je vertrauter unser Umgang und unsere Erfahrungen mit Christus hier auf der Erde sind, desto mehr sehnen wir uns nach dem Himmel. Kann es sein, dass der Himmel uns so unwirklich erscheint, weil unsere Beziehung zu Christus so alltäglich geworden ist? Erscheint er uns unwirklich, weil wir uns nicht länger sehnen, nach Hause zu kommen und bei ihm zu sein, was weit besser wäre, wie Paulus sagte (Phil 1,23)?

Möchten Sie sich nach dem Himmel sehnen? Dann pflegen Sie eine immer tiefer werdende Beziehung zu Christus.

Wenn sich unsere Herzen zu Christus neigen, der im Himmel ist, werden unsere Gedanken und Gefühle dort hingezogen. Wenn unsere Herzen aber mit der Erde verbunden sind, wird der Himmel für uns unwirklich, entfernt und trübe sein.

Durch die befreiende Erkenntnis, dass der Himmel unser Zuhause ist, sagte G. K. Chesterton, dass der Optimismus für Christen auf der Tatsache beruhe, dass sie in dieser Welt nicht zu Hause seien. Er schreibt: »Die modernen Philosophen haben mir immer und immer wieder gesagt, dass ich mich am richtigen Ort befinde, und selbst wenn ich ihnen zustimmte, fühlte ich mich doch deprimiert.« Als er aber »hörte, dass ich am falschen Ort war ... sang meine Seele vor Freude wie ein Vogel im Frühling.« Er schreibt: »Ich weiß jetzt ... warum ich Heimweh haben kann, obwohl ich doch zu Hause bin.«[5]

Die Tatsache, dass der Himmel unser Zuhause ist, veranlasste Malcolm Muggeridge zu der Bemerkung: »Die einzige wirkliche Tragödie, die wir auf der Erde erleben können, ist, uns hier zu Hause zu fühlen.«

Sind wir schon zu Hause?

Ich erinnere mich an ein älteres Missionarsehepaar, das nach jahrelangem treuem Dienst in seinem Heimathafen ankam. Am Kai wurden ein Botschafter und seine Frau, die ebenfalls mit dem Schiff nach Hause kamen, von einer Menschenmenge umringt. Während Fotografen ihre Aufnahmen machten, wurden der Frau des Botschafters Rosen überreicht, und eine aufmerksame, bewundernde Presse und Öffentlichkeit notierte jedes Wort, als er von der Freude sprach, seiner Regierung gedient zu haben und jetzt wieder zu Hause zu sein. Als das Missionarsehepaar unbemerkt durch die Menge ging, fragte die Frau, der heiße Tränen über die Wangen liefen, ihren Mann laut: »Wie kann es sein, dass wir unser ganzes Leben Christus gegeben haben und trotzdem ist niemand hier, um uns zu ehren und uns zu Hause willkommen zu heißen?« Ihr verständnisvoller Ehemann sah über diesen einsamen Augenblick hinaus und sagte zu ihr: »Schatz, wir sind noch nicht zu Hause.«

Wenn wir unseren Verstand und unser Herz neu ausrichten, begreifen wir Paulus' Aussage in Philipper 1: »*Denn das Leben ist für mich Christus und das Sterben Gewinn*« (V. 21). Ohne den Himmel als einzig realen und vernünftigen Bezugspunkt würden wir wie die Welt davon ausgehen, dass das Leben für uns Gewinn und das Sterben Verlust ist.

Sterben ist Gewinn

Wir müssen Paulus' Aussage verstehen, wenn wir uns neu auf die Realität der Ewigkeit ausrichten wollen. Unser gefallener Zustand verlangt nach Erfüllung. Da wir verloren haben, wozu wir bestimmt waren, sind wir unvollständig. Wenn wir den Verlust spüren, hungern wir nach Erfüllung – nach mehr, als wir haben. Aber das Problem ist nicht unser Hunger, sondern dass wir ihn auf dieser Seite der Ewigkeit zu stillen versuchen. Wir meinen, wir wären glücklich, erfüllt und sicher, wenn wir nach Gewinn und Erfolg streben und dies festhalten.

Was dieses unangebrachte Streben verkompliziert, ist der schleichende Verdacht, dass Christus unseren Gewinn auf dieser Seite zunichte macht; dass unsere Zugehörigkeit zu Christus Verlust auf der Erde bedeutet. Und das, obwohl er uns den Himmel auf der anderen Seite zugesichert hat. Wenn wir ihn ernst nehmen und uns seiner Führung unterstellen, fürchten wir, dass er unser Geld will oder unsere Kinder in seinen Dienst in der Gemeinde beruft – oder sogar in die Auslandsmission. Christus wird zu einer möglichen Belastung, wenn wir meinen, wir müssten unsere irdischen Annehmlichkeiten aufgeben, um ihm ganz zu gehören. Dieses quälende Misstrauen, dass Christus Verlust bedeuten könnte, hält uns oft von einer unbeirrbaren Hingabe an seinen Dienst ab.

Tief in uns haben wir die Lüge des Teufels geschluckt: »Wahrer Gewinn ist nur auf der Erde zu bekommen.« Wahrer Gewinn ist jedoch, wenn wir zu unserem ursprünglichen Lebensziel gelangen: zu einer ungehinderten, erfüllenden Beziehung zu dem Gott des Universums. Da er unsere Seele liebt, hat er den Himmel zu dem Ort bestimmt, an dem wir ewigen Gewinn und Erfüllung finden.

Der Missionar Jim Elliot machte den Himmel zu seinem Lebensinhalt. »Der ist kein Narr, der verliert, was er nicht behalten kann, um zu gewinnen, was er nicht verlieren kann«, schrieb er in sein Tagebuch. Diese Lebenseinstellung befreite ihn für den Dienst Christi, sogar im Angesicht des Todes, als er blutend im Curaray-Fluss lag, der sich durch den Dschungel von Ecuador schlängelt. Für Jim bedeutete die völlige Hingabe an Christus hier auf Erden Verlust, aber Gewinn für die Ewigkeit. Er war zu Hause. Sterben ist Gewinn. Und nicht nur für ihn, sondern auch für den Stamm in Ecuador, der letzten Endes Christus kennenlernte.

Ein Leben für Christus ist erst dann möglich, wenn wir die Tatsache, dass Sterben Gewinn ist, verstanden und in uns aufgenommen haben. Und das können wir nur mit der Realität des Himmels fest vor Augen. Wenn wir diese Wahrheit tief in unserer Seele verankern, sind wir schließlich zu einem Leben für Christus befreit, auch wenn dies irdischen Verlust bedeutet.

Ist es nicht das, was Paulus im Sinn hatte, als er all den Gewinn in seinem Leben für unbedeutend hielt im Vergleich mit einem Leben für Christus? Nachdem er sich all seine vermeintlichen Leistungen angeschaut hatte, kam er zu dem Schluss:

»Ich halte auch alles für Verlust um der unübertrefflichen Größe der Erkenntnis Christi Jesu, meines Herrn, willen, um dessentwillen ich alles eingebüßt habe und es für Dreck halte, damit ich Christus gewinne und in ihm gefunden werde – indem ich nicht meine Gerechtigkeit habe, die aus dem Gesetz ist, sondern die durch den Glauben an Christus, die Gerechtigkeit aus Gott aufgrund des Glaubens« (Phil 3,8-9).

Alle guten Dinge zum Genießen

Das heißt aber nicht, dass wir uns schuldig fühlen müssen, wenn Gottes Gnade uns auf der Erde gute Dinge zum Genießen schenkt. So schrieb Paulus an Timotheus, dass Gott »*uns alles reichlich darreicht zum Genuss*« (1Tim 6,17). Das bedeutet, wir sollen uns nicht an unseren Gewinn klammern, sondern bereit sein, ihn aufzugeben. Alles, was wir haben, sollen wir als vorübergehenden Segen betrachten. Wenn Christus von uns verlangt, dass wir ihn zu seiner Verherrlichung und zur Ehre seines Reiches aufgeben, werden wir ihm gerne gehorsam sein. Der Kern unseres Lebens ist eine persönliche Beziehung zu Jesus Christus, der uns ewigen und erfüllenden Gewinn auf der anderen Seite garantiert.

Wenn wir von der Realität des Himmels ergriffen sind, kann Christus uns auf der Erde ganz für sich gebrauchen. Wenn wir erkennen, dass es dort ewigen Gewinn geben wird, können wir für ihn im Hier und Jetzt leben. Wenn wir diesem Gewinn seinen angemessenen Stellenwert geben, fangen wir an, Christus richtig zu schätzen – als den entscheidenden Mittelpunkt unseres Lebens.

Wenn wir den Himmel zu unserem alles durchdringenden Lebensziel machen, haben wir wirklich das Beste aus beiden Welten: Christus hier und Gewinn dort. Uns ist Jesu Gegenwart und Schutz hier sicher und das Paradies dort, wo er das Zentrum unseres ewigen Gewinns ist.

Das könnte der Grund sein, weshalb C. S. Lewis in *Pardon, ich bin Christ* so treffend bemerkte: »Mache dir den Himmel zum Ziel, und du bekommst die Erde hinzugefügt. Mache dir die Erde zum Ziel, und du bekommst beides nicht.«[6]

Kapitel 7
Um des Himmels willen
Überprüfung der Realität

Im Jahr 1988 schrieb ein Bibellehrer in seinem Büchlein *88 Gründe, warum Jesus 1988 wiederkommen wird (Eightyeight Reasons Why Christ Will Return in '88)*, dass das zweite Kommen Christi im September dieses Jahres stattfinden würde. Das Buch erregte große Aufmerksamkeit und zog viele Leser an. Die Anhängerschaft schloss sich der Überzeugung des Autors an, dass Christus in diesem Jahr zurückkehren würde. Ein Video wurde veröffentlicht, in dem der ausführliche Beweis für die Prophezeiung dramatisiert wurde. Da ich zu jener Zeit Präsident des *Moody Bible Institutes* war, sandten mir Menschen Exemplare des Büchleins und Videos, in der Hoffnung, ich würde ihnen helfen, die Gemeinde über die Wiederkunft zu informieren.

Ich sah mir das Buch an und glaubte nicht, dass der Autor mit den Bibelstellen richtig umgegangen war, insbesondere weil Christus sagte, niemand würde den Zeitpunkt seines Kommens wissen. Natürlich kam und ging der September, ohne dass Jesus wiedergekommen wäre. Ein paar Christen waren sehr enttäuscht, einigen war es gleichgültig und anderen war die Prophezeiung peinlich.

Dennoch bewirkte es bei mir – und bei vielen anderen Christen – ein erhöhtes Bewusstsein dafür, dass Christus jederzeit wiederkommen könnte. Mein Blick wurde auf den Himmel gerichtet.

An dem Septembermorgen, für den der Autor die Rückkehr Christi vorhergesagt hatte, stand ich auf und fragte mich einen Augenblick lang: *Was ist, wenn ich mich geirrt habe, und er hat Recht? Was ist, wenn das der Tag ist?* Beim Frühstück kam eine lebhafte Diskussion in meiner Familie auf.

Anschließend begleitete mich meine Tochter Libby zum Auto, und wir setzten unser Gespräch fort. Als ich einstieg, winkte Libby mir zu und sagte: »He, Dad wir sehen uns im Himmel.«
An diesem Tag dachte ich oft an den Himmel.
Stellen Sie sich vor, wie anders unser Leben verlaufen würde, wenn der Himmel jeden Tag so real wäre, dass wir am Ende des Tages erwarten, dort zu sein.

Ganz anders

Für die meisten von uns ist der Himmel etwas, worauf wir uns bewusst konzentrieren müssen. Er ist es wert. Je mehr wir uns mit dem Himmel beschäftigen, desto mehr wird unser Leben von Grund auf verändert. Menschen, Besitz, Beruf, Zeit, Leid und Vergnügen haben alle ihre Bedeutung, wenn wir sie durch die Brille des Himmels betrachten.
Wenn wir den Himmel in den Mittelpunkt stellen, verändern sich unsere Gedanken und Einstellungen. Die biblische Hoffnung auf den Himmel ist wirklich lebensverändernd. Wie C. S. Lewis bemerkt:

»Die Hoffnung gehört zu den göttlichen Tugenden. Das bedeutet, ein permanenter Blick auf die ewige Welt ist keine Form von Flucht oder Wunschdenken (wie einige Leute heute meinen), sondern etwas, das ein Christ tun sollte. Das heißt nicht, dass wir die gegenwärtige Welt sich selbst so überlassen sollten, wie sie ist. Wenn Sie die Geschichte studieren, werden Sie feststellen, dass die Christen, die am meisten für diese Welt getan haben, diejenigen waren, die am häufigsten über die zukünftige Welt nachgedacht haben.«[1]

Die Realität der Ewigkeit war die zentrale Motivation der Jünger in den frühen Tagen der Gemeinde. Die Auferstehung Jesu bewies ihnen, dass der Himmel real ist. Da es ein Leben nach dem Tod gibt, konnte sie nichts auf dieser Seite ablenken. In ihren Augen war es die andere Seite wert, dass man für sie lebte und, wenn nötig, auch starb. Nichts, was diese vergängliche Welt zu bieten hat, konnte sie davon abhalten, für die Ewigkeit zu leben. Der Himmel war der wichtigste Bezugspunkt in ihrem Leben.

An den Himmel gefesselt

Auch wir werden verändert, wenn wir den Himmel zu unserem wichtigsten Bezugspunkt machen. Was bedeutet das?

Bezugspunkte fesseln unsere Aufmerksamkeit und verändern unser Verhalten. Wenn ein Schüler sich auf eine wichtige Abschlussprüfung vorbereitet, richtet er seine ganze Konzentration darauf. Bereitet er sich nicht darauf vor, fühlt er sich schuldig und hat Angst. Wenn er seine Aufmerksamkeit aber bündelt, wird er anfangen, Dinge zu tun, die er zuvor noch nie getan hat. Er wird nein sagen zu anderen, weniger wichtigen Aktivitäten wie z.B. Sport und stattdessen mehr Zeit in der Bibliothek verbringen und seine Aufzeichnungen noch einmal gründlich durchgehen, so als wäre er ein Gelehrter.

Wir alle haben Bezugspunkte. Sie bestimmen, wer wir sind, wovon wir träumen, wo wir hingehen und was wir tun, wenn wir dort sind. Dazu können gehören: Heirat, Urlaub, beruflicher Aufstieg, die kurz bevorstehende Geburt eines Kindes, ein neues Zuhause, ein neues Auto, der Ruhestand, eine Erinnerung, ein betagtes Elternteil, dauerhafte Krankheit oder ein langfristiges Leiden.

Interessanterweise machen uns die Bezugspunkte, die wir am sehnlichsten erwarten, ein bisschen zynisch, da sie nie so erfüllend sind, wie wir dachten. Wenn der Schüler eine eins in der Prüfung bekommt, gerät sie schnell in Vergessenheit, und er denkt schon an den nächsten Test. Wir gewöhnen uns an ein neues Haus, und schon ist es nicht mehr neu. Ein neues Auto wird zu einem gebrauchten und ist im Handumdrehen veraltet. Der Ruhestand wird bedeutungslos und deprimierend, wenn wir uns nicht neuen interessanten Aufgaben widmen.

Wir fühlen uns unvollständig, da wir für etwas geschaffen wurden, auf das wir uns freuen können, das aber über uns hinausgeht. Ohne das sind wir nicht vollständig. Wir wurden für den Himmel geschaffen und erlöst. Die Enttäuschung, die uns irdische Dinge bringen, ist ein Hinweis auf die Ewigkeit in unseren Herzen.

Lewis liefert eine gute Erklärung:

»Die meisten Menschen wissen – wenn sie wirklich gelernt haben, in ihr Herz zu schauen –, dass ihnen etwas fehlt – etwas, das in dieser Welt nicht zu bekommen ist. Es gibt alle möglichen Dinge in dieser Welt, die uns dieses Fehlende anbieten wollen, aber nichts davon hält sein Versprechen wirklich.«[2]

Der Himmel muss das Ziel unseres Herzens werden. Das sollen wir anstreben.

In der ganzen Bibel finden wir, wie Menschen ihren Blick unverrückbar auf den Himmel gerichtet haben. Die erste Erwähnung des Himmels, wenn auch indirekt, taucht in 1. Mose 3 auf, als Gott Adam die Verheißung gab, dass sein Feind eines Tages besiegt werden würde (V. 15). Israels erster Patriarch, Abraham, »*erwartete die Stadt, die Grundlagen hat, deren Baumeister und Schöpfer Gott ist*« (Hebr 11,10). Andere Anspielungen sind direkter. David freute sich, seinen toten Sohn wiederzusehen (2Sam 12,23), und der Psalmist konnte das Wohlergehen der Gottlosen ertragen, weil er wusste, dass sein Gott ihn eines Tages im Paradies aufnehmen würde (Ps 73).

In den Lehren Jesu wird unser Blick auf den Himmel gelenkt. In den Briefen von Paulus, Petrus, Jakobus und Johannes lesen wir von einem sicheren, zukünftigen Zuhause. In der Offenbarung richtet Johannes unsere Aufmerksamkeit auf Gottes Gericht über den Teufel, die Sünde und Sünder, und auf die Zerstörung dieser Welt und vor allem, was durch die Sünde verdorben wurde. In einem wunderbaren Schlussteil stellt er den neuen Himmel und die neue Erde vor und die Einsetzung der Stadt Gottes als das Zentrum.

Wenn wir die herrliche Vollendung von Zeit, Raum und Geschichte, die durch die Sünde verdorben wurden, erst einmal begriffen haben und uns die Ewigkeit und der Himmel lebendig vor Augen gestellt wurden und uns ergriffen haben, sind wir nie wieder dieselben. In seiner allumfassenden Realität gesehen, wird der Himmel schnell zu unserem wichtigsten Bezugspunkt. Er übersteigt alles andere und macht alle irdischen Dinge zur Nebensache.

Radikal verändert

Wenn wir den Himmel zu unserem Bezugspunkt machen, erhält alles auf dieser Seite eine neue Priorität. Mindestens sieben Aspekte unseres Lebens werden verändert, wenn wir auf das sinnen, »*was droben ist*« (Kol 3,1-2).

1. Unsere Einstellung zu Gott

Unsere Einstellung zu Gott wird radikal verändert. Menschen, die sich bisher für das Zeitliche interessiert haben und von vergänglichem Gewinn angezogen wurden, setzen sich plötzlich für ewige Dinge ein und sind von der Realität des ewigen Gottes gefesselt.

Denken Sie an den Mann, der zu Jesus sagte: »*Lehrer, sage meinem Bruder, dass er das Erbe mit mir teile!*« (Lk 12,13). Er hatte seine Hoffnung im Leben auf sein Erbe gerichtet, und sein Bruder hatte ihm seinen Anteil vorenthalten. Jesus ergriff die Gelegenheit und sagte zu ihm: »*Seht zu und hütet euch vor aller Habsucht! Denn auch wenn jemand Überfluss hat, besteht sein Leben nicht aus seiner Habe*« (12,15).

Anschließend erzählte Jesus die Geschichte von einem reichen Mann (V. 16-21). Um seinen Erfolg zu feiern, gab der Mann ein Fest, zu dem er all seine Freunde einlud. Er wollte, dass sie essen, trinken und fröhlich sind. Aber, wie Jesus anmerkte, kam auch ein Überraschungsgast: Gott. Er sagte zu dem angeblich klugen und reichen Mann: »*Du Tor!*« Er war kein Narr, weil er die ganze Ernte in seinen Scheunen gesammelt hatte, sondern weil er auf *zeitliche* statt auf *ewige Dinge* vertraute. Er hatte nie über ein Leben nach dieser vergänglichen Welt nachgedacht. »*In dieser Nacht wird man deine Seele von dir fordern. Was du aber bereitet hast, für wen wird es sein?*« (V. 20).

In diesem Gleichnis erweiterte Jesus die Lebensperspektive des wohlhabenden Geschäftsmannes um die Realität der Ewigkeit, da seine Seele einmal vor dem heiligen Gott einmal ohne seinen irdischen Erfolg stehen würde. Das ist ein erschütternder Gedanke für alle, die der Ansicht sind, dass das Leben seinen Wert durch einen Titel auf einer Visitenkarte erhält.

Der Millionär Norman Miller, Vorsitzender von *Interstate Batteries* und Rennsportfan, erkannte, dass die Versöhnung mit dem ewigen Gott durch Christus wichtiger ist als irdischer Erfolg. Nachdem er Jesus angenommen hatte, führte er sein Unternehmen nach ewigen Werten. Norman unterstützt ein wöchentliches Bibelstudium im Lagerhaus von *Interstate Batteries* in Dallas, wo Fahrer und Verkäufer seines Unternehmens für eine größere Hingabe an Christus, für ihre Familien, ihr Land und ihre Arbeit beten.

Miller machte *Interstate* zum führenden Hersteller von Ersatzbatterien in Nordamerika. Und er hat sich ganz Christus hingegeben. »Ich muss Jesus zu 100 Prozent meiner Zeit treu sein«, erklärt Miller. »Und das schließt auch mein Geschäft mit ein.«[3]

2. Unsere Einstellung zum Besitz

Die zweite Folge einer Lebensperspektive, die auf den Himmel ausgerichtet ist, ist *die richtige Einstellung zu unserem Besitz*. Jesus deutete an, dass unsere Haltung zu unserem Besitz korrigiert wird, wenn wir uns auf den Himmel konzentrieren.

Es stimmt, was der alte Autoaufkleber sagt: »Du kannst es nicht mitnehmen.« Zu Recht wird gesagt: »Es gibt keinen Leichenwagen, der einen Wohnwagen zieht.« Christen, die vom Himmel überzeugt sind, betrachten alles, was sie haben, als Investition in den Himmel. Unser Besitz ist nicht dazu da, um ihn hier anzuhäufen oder unsere Größe damit zu demonstrieren, vielmehr sollen wir ihn zum Nutzen für die Ewigkeit gebrauchen.

Was machen Sie mit Ihrer Zeit, Ihren Fähigkeiten, mit materiellem Besitz und Geld? Verwenden Sie diese Dinge für sich selbst, oder investieren Sie sie, um ewigen Nutzen zu erzielen?

Am 17. Oktober 1993 wütete eine Reihe von Bränden in Teilen von Südkalifornien, angefacht durch den berüchtigten *Santa Ana* Wind, der von der Wüste kommt. Ein besonders schwer betroffenes Gebiet war Laguna Hills, eine schöne, wohlhabende Gegend weiter im Landesinneren. Ein Haus nach dem anderen wurde von dem windgepeitschten Feuer in Brand gesetzt. Die Flammen sprangen von Dach zu Dach und fraßen die Schindeln aus Zedernholz.

Nachdem das Feuer durch das Viertel gezogen war, blieben nur aschebedeckte Fundamente übrig, wo einst Dutzende von Häusern standen. Mit einer Ausnahme: Das Haus von Bauunternehmer To Bui stand unbeschadet da. Er wollte sein Haus sicher machen und baute das Dach deshalb aus Beton und Ziegeln. Das Feuer war ein richtiger Test für das Dach, konnte es aber nicht entflammen und sprang daher zum nächsten über. Im ganzen Land veröffentlichten Zeitungen das Foto von diesem einen Haus, das allein inmitten von vielen verbrannten Häusern stand.

Gottes Wort sagt, dass unser Umgang mit unserem Besitz am Richterstuhl Christi beurteilt wird. Wie Bui sollten wir weise Bauleute sein. Wir sollten unser Leben aus Materialien bauen, die dem Feuer des Gerichts standhalten. Wenn wir in seine Gegenwart kommen, wird das Feuer seiner Herrlichkeit alles verbrennen, was nicht tauglich für die Ewigkeit ist. Diese Dinge sind nicht unbedingt schlecht, aber sie besitzen eben nur einen irdischen Wert. Die einzigen Dinge von dauerhaftem Wert sind die, die Auswirkung auf die zukünftige Welt haben.

Paulus sagt, unsere irdischen Aktivitäten und Mittel, die wir für die Ewigkeit einsetzen, werden Bestand haben, als wären sie Gold, Silber oder kostbare Steine. Alle anderen Dinge werden verbrennen wie Holz, Heu oder Stroh (s. 1Kor 3,11-14).

Wenn wir unseren Besitz nicht zu ewigem Gewinn verwenden, werden wir zu dem, was Francis Schaeffer »Aschehaufen-Christen« nannte. Solche Christen führen nicht zwangsläufig ein böses Leben, aber ihr Dasein auf Erden hat einfach keine Auswirkung auf die Ewigkeit. Schaeffer stellte fest, dass viele vor dem Richterstuhl Christi »knietief in Asche und mit leeren Händen« dastehen werden. Sie werden dem Heiland an diesem Tag nichts von Wert bringen können.[4]

Welchen irdischen Besitz haben wir, der zum Nutzen für die zukünftige Welt eingesetzt werden kann?

Fangen wir mit den Menschen in unserem Leben an – unserer Familie und unseren Freunden. Sind wir bereit, uns und die Menschen, die wir lieben, Gott zu übergeben, um ihn *jetzt* zu verherrlichen und anderen von unserem Erlöser zu erzählen?

Edward, ein Student aus der Ukraine, hatte sich am *Moody Bible Institut* eingeschrieben, um anschließend in seine Heimat zurückzukehren und andere Pastoren und geistliche Führungspersonen in seinem notleidenden Land auszubilden. Wie es auf dem Campus manchmal so passiert, verliebte er sich hoffnungslos in eine Mitstudentin namens Linda. Sie hatte ihr Leben dem Herrn so hingegeben, dass sie bereit war, ihm überall zu dienen, wo er es wollte. Wahrscheinlich hätte sie es sich nie träumen lassen, einmal in die Ukraine zu gehen, vor allem nicht wegen der harten Lebensbedingungen in diesem Land.

Eines Tages sprachen Edward und ich über seine Zukunft, einschließlich seiner Heiratspläne und der Rückkehr in sein Heimatland, um dort Christus zu dienen. »Was denkt Linda darüber?«, fragte ich ihn.

Mit einem Strahlen im Gesicht meinte Edward, dass sie glücklich sei und sich auf diese Aussicht freute. Ihren Eltern jedoch bereite die Vorstellung, dass ihre Tochter so weit fortgehe, große Mühe. Er fügte aber hinzu, dass sie sie dem Herrn übergeben hätten, als sie noch ein Baby war, und sich entschlossen hätten, ihr Leben ganz in Gottes Hände zu legen.

Diese Eltern waren bereit, das Kostbarste, was sie auf Erden hatten, loszulassen. Sie hätten es gerne gesehen, wenn ihre Tochter in der Nähe geblieben wäre, und miterlebt, wie ihre zukünftigen Enkelkinder aufwachsen. Aber sie hatten erkannt, dass diese Wünsche von geringerer Bedeutung sind als Gottes ewige Pläne. Wenn sie einmal vor Christus stehen, wird sich die Bereitschaft, ihre Tochter gehen zu lassen und sie zu unterstützen, in Gold, Juwelen und kostbare Steine verwandeln, die der Ewigkeit wert sind. Weil sie ihre Tochter dieser ewigen Sache überantwortet haben, könnte es durchaus sein, dass diese Juwelen ukrainische Seelen sind, die für den Himmel gewonnen wurden.

Ein weiterer Besitz, den wir zum ewigen Gewinn investieren können, ist unser Geld. Jesus trägt uns auf: »*Macht euch Freunde mit dem ungerechten Mammon, damit, wenn er zu Ende geht, man euch aufnehme in die ewigen Zelte!*« (Lk 16,9). Gläubige, die ihr Leben auf den Himmel ausrichten, setzen ihr Geld gerne für ewige Dinge ein. Ich mag die Vorstellung, dass mir beim Eintritt in den Himmel Menschen entgegenkommen und mich begrüßen, um mir zu erzählen, wie Gott das Geld, das ich ihm zurückgegeben habe, zu ihrer ewigen Errettung gebraucht hat.

Ich glaube, das Leben unseres Erlösers wurde als Kind verschont, weil drei weise Männer bei einem Kurzbesuch ihre Mittel zur Anbetung des Königs der Könige verwendeten. Wie sonst hätten sich so einfache Leute wie Josef und Maria eine lange Reise und einen zweijährigen Aufenthalt in Ägypten leisten können, um dem Zorn des Herodes zu entkommen, der alle zweijährigen Jungen im ganzen Land töten ließ?

Mit unserem Besitz ist auch unser Zuhause gemeint. Russ und Beth Knight kauften sich im Süden von Chicago ein kleines Haus mit einem freien Grundstück nebenan. Die unbebaute Fläche verwandelten sie in einen Spielplatz und ihr Haus zu einem Zufluchtsort, an den die Nachbarkinder nach der Schule kommen konnten. Heute ist der Spielplatz sicher vor Jugendbanden und ihr Haus ein Ort, an dem sie Straßenkinder mit der Liebe Jesu willkommen heißen und ihnen Nachhilfe geben. Ihr Haus und das angrenzende Grundstück machen die ewige Liebe Christi für Menschen sichtbar, die wahre Liebe kaum oder gar nicht kennen, geschweige denn die wunderbare Umarmung Jesu Christi. Meiner Ansicht nach steht es völlig außer Frage, dass Russ und Beth ihr Zuhause zum ewigen Gewinn nutzen.

Auch Zeit ist ein Mittel, das wir für die Ewigkeit einsetzen können. Durch den Unterricht in der Sonntagsschulklasse kann ein Kind positiven Einfluss auf andere Kinder nehmen. Wir können unsere freie Zeit mit ehrenamtlichen Arbeiten füllen und unsere Fähigkeiten christlichen Pflegeheimen zur Verfügung stellen. Diese Art von Dienst mag vielleicht wenig Anerkennung mit sich bringen, aber sie richtet unseren Blick mit Sicherheit auf den Himmel und hat ewigen Gewinn zur Folge.

3. Unsere Wahrnehmung von Menschen

Wenn wir uns auf den Himmel ausrichten, hat das drittens zur Folge, dass *wir unsere Mitmenschen ganz neu wahrnehmen*. Direkt vor seiner Himmelfahrt bat Jesus seine Nachfolger, ihr Herz auf die Menschen zu richten, die ihn nicht kannten. Er sagte ihnen, sie sollten den Heiligen Geist erwarten, »*und ihr werdet meine Zeugen sein, sowohl in Jerusalem als auch ... bis an das Ende der Erde*« (Apg 1,3-8). Jesus betonte stets den Wert von Menschen. Und das aus gutem Grund. Von allen geschaffenen Dingen werden nur Menschen in Ewigkeit fortbestehen. Alles andere überschreitet nicht die Grenze zur Ewigkeit.

Wenn unser Herz auf die Ewigkeit ausgerichtet ist, beginnen wir, Menschen als ewige Geschöpfe wahrzunehmen, die Gottes erlösende Gnade brauchen. Wir wünschen uns, dass sie sich unserer Reise zu unserem ewigen Zuhause anschließen.

Wenn wir glauben, dass die Menschen um uns herum erlöst werden können und wir den Schlüssel zu ihrer himmlischen Ewigkeit in den Händen halten, werden wir mit bedingungslosem Mitgefühl, Großzügigkeit und Liebe reagieren. Wir werden sie nicht länger als Objekte betrachten, die dazu da sind, benutzt, missbraucht, manipuliert oder von ihren eigenen Vergnügungen aufgezehrt zu werden.

Ein Vater, der möchte, dass seine Tochter die Ewigkeit im Himmel verbringt, würde sie nie mit Worten erniedrigen wollen oder sogar daran denken, sie körperlich zu misshandeln oder sexuell zu missbrauchen. Er würde nichts tun, was eine Mauer zwischen ihrem Herzen und dem Erlösungswerk Jesu zu errichten. Mit der Ewigkeit im Blick würden Geschäftsleute ein gutes moralisches Verhalten an den Tag legen, zum einen weil es richtig ist und zum anderen weil sie dadurch Zutritt zu den Herzenstüren der Arbeitskollegen bekommen – und sogar zu denen ihrer Konkurrenten.

Wenn unser Herz auf den Himmel ausgerichtet ist, sehen wir den einzelnen Menschen statt nur die Zuschauermenge wie bei Sportveranstaltungen oder die Scharen, die sich durch die Einkaufszentren drängen. Wir fangen an, uns um das ewige Schicksal unseres Nebenmannes zu sorgen oder um das eines flippig aussehenden Jugendlichen. Sie werden zum Ziel unserer Gebete und unseres Mitgefühls statt einer lästigen Menschenmenge, die sich vor uns ihren Weg mit dem Ellbogen bahnt.

4. Unsere Einstellung zum Leid

Die vierte Folge ist eine veränderte Einstellung zum Leid. In der Offenbarung sagte Christus zu Johannes: »*Siehe, das Zelt Gottes bei den Menschen! Und er wird bei ihnen wohnen, und sie werden sein Volk sein, und Gott selbst wird bei ihnen sein, ihr Gott. Und er wird jede Träne von ihren Augen abwischen, und der Tod wird nicht mehr sein, noch Trauer, noch Geschrei, noch Schmerz wird mehr sein: denn das Erste ist vergangen. ... Siehe, ich mache alles neu*« (Offb 21,3-5).

Als Joni Eareckson mit siebzehn Jahren ins Wasser sprang und sich einen Halswirbel brach, veränderte sich ihr Leben völlig. Diese Jugendliche, die das Reiten liebte, war plötzlich vom Hals abwärts gelähmt. Inmitten ihrer Verzweiflung und ihrer Wut auf Gott lenkte ein Freund namens Steve Estes ihr Herz auf den Himmel. Während ihrer Reha musste Joni noch mehr Schmerzen erleiden, aber weil sie wusste, dass die Ewigkeit auf sie wartet, ließ sie Wut und Depression hinter sich und machte weiter. Heute ist die Realität der Ewigkeit prägend für sie. Sie ist ein Segen für Gläubige und Nicht-Gläubige, für Behinderte wie für Nicht-Behinderte. Joni ist mittlerweile verheiratet und schreibt Bücher und Artikel für Zeitschriften und spricht vor großen Menschenmengen. Oft werden ihre Vorträge und Bücher von dem Gedanken an den Himmel bestimmt.

Ken Medemas Begabung als Sänger und Liedtexter verdeckt die Tatsache, dass er blind ist. Bei einem Anlass saß er mal neben Joni am Keyboard. »Joni, ich möchte ein Lied für dich schreiben«, sagte er ihr.

Die Zeilen, die er ihr vom Himmel vorsang, enthielten folgende Worte: »Ich kann es nicht erwarten, dich zu sehen und mit dir in meinen Armen zu tanzen.«

Der Glaube an die Realität des Himmels trug die afroamerikanischen Sklaven durch ihre tragische und schmerzvolle Not hindurch. Ihre Arbeit war erfüllt von geistlichen Liedern, die sie an eine bessere Zukunft erinnerten.

Ganz gleich ob unser gegenwärtiges Leid von Dauer oder nur vorübergehend ist, ob körperlicher oder seelischer Natur, eine Wahrheit kann uns hindurchtragen: Alles ist vergänglich und wird bald durch einen dauerhaften, schmerzfreien Körper ersetzt. Wenn wir unser Denken vom Himmel bestimmen lassen, bekommen wir die richtige Einstellung zum Leid.

In schwierigen Zeiten haben wir uns als Eltern oft gesagt: »Auch das wird vorübergehen.« Mit dem Himmel vor Augen schenken uns diese Worte eine tiefe Ruhe.

Während Paulus schwere Zeiten durchzustehen hatte, schrieb er einmal: »*Denn ich denke, dass die Leiden der jetzigen Zeit nicht ins Gewicht fallen gegenüber der zukünftigen Herrlichkeit, die an uns geoffenbart werden soll*« (Röm 8,18). Wenn wir meinen, wir würden unseren Lohn schon auf dieser Seite des Grabes empfangen, werden wir schnell enttäuscht sein und aufhören, Gutes zu tun. Wissen wir jedoch, dass das, was wir hier für Gott tun, in Ewigkeit zählt, auch wenn die Resultate vielleicht nicht sichtbar werden, wirken wir weiter für ihn, ungeachtet unserer Umstände (s. 1Kor 15,58). Ein klarer Blick für die andere Seite lässt uns auf dieser Seite weitermachen.

Mein erster Besuch in der ehemaligen Sowjetunion war wenige Monate nach dem Zusammenbruch des kommunistischen Regimes. Ich sprach in Gemeinden, die aus vielen treuen Gläubigen bestanden. Sie hatten durchgehalten unter Stalins Herrschaft, als sie auf die Stellung von Bauern herabgesetzt wurden. Fast allen blieben Bildung und berufliche Aufstiegsmöglichkeiten verwehrt. Doch trotz ihrer

70-jährigen Unterdrückung füllten sie die Gemeinden und sangen inbrünstig von der Liebe Gottes in ihren Herzen.

Während sie sangen, flüsterte der Übersetzer mir die Worte des Liedes zu. Wie die Spirituals der afroamerikanischen Sklaven hatten ihre Lieder häufig den Himmel zum Thema. Am Ende von vielen Gottesdiensten in Russland standen wir zusammen, und die Gemeinde stimmte eine Melodie an, die mir vertraut war. Obwohl ich die russischen Worte nicht verstehen konnte, sang ich einfach in Englisch mit. Während des Gesangs kamen Kinder aus der Gemeinde mit Blumen zu uns und überreichten sie uns als Abschiedsgeschenk. Beim letzten Refrain hoben meine Brüder und Schwestern in diesem so weit entfernten Land ihre Hände und winkten uns zum Abschied, während sie sangen:

Gott sei mit dir, bis wir uns wiedersehen;
Bis wir uns wiedersehen, bis wir uns wiedersehen,
Bis wir uns wiedersehen zu den Füßen Jesu;
Gott sei mit dir, bis wir uns wiedersehen.

Inmitten ihrer Leiden war der Himmel für sie zu einer klaren und unwiderstehlichen Realität geworden. Das Lied war ein Zeichen des Himmels in ihren Herzen.

Eines der letzten Regime in Ost-Europa war die Regierung von Rumänien, angeführt von dem gnadenlosen Diktator Nicolae Ceausescu. Der Auslöser seines Sturzes war, als sich der Pastor Laslo Tökes der politisch motivierten Anordnung widersetzte, seine Gemeinde zu verlassen und woanders eine Stelle anzunehmen. Er blieb im Gemeindehaus, und seine Gemeinde bildete eine Menschenkette um das Gebäude, wie ein menschliches Schutzschild gegen die Sicherheitskräfte, die den Pastor gefangen nehmen wollten.

Die meisten dieser Christen fürchteten den Tod nicht, auch dann nicht als die Soldaten mit roher Gewalt drohten. Schließlich waren sie auf dem Weg in den Himmel. Was zählte da schon der Verlust ihres irdischen Lebens? Ihr Mut und Glaube waren zu stark. Die Soldaten konnten diese Menschen und ihren Pastor nicht bezwingen. Diese Begebenheit führte schließlich zum Fall von Ceausescu und seines Regimes. Interessanterweise stammte das Lied der Revolution, das in den Straßen gesungen wurde, aus der rumänischen Kirche. Es verkündet den Sieg des zweiten Kommens Jesu. Es war ihr Erkennungszeichen in den dunklen und schrecklichen Tagen, als sie großes Leid zu ertragen hatten, und nun war es ihr Siegeslied, das ihre Hoffnung auf Freiheit zum Ausdruck brachte.

In der ganzen Geschichte der Gemeinde gründete sich ihr Mut in Notzeiten auf die Realität des Himmels: Wenn bedrohte, geistliche Christen wussten, dass Sterben Gewinn ist; wenn ihnen ihre Schätze genommen wurden, waren sie nicht erschüttert, da sie ihre wahren Schätze im Himmel hatten; wenn ihnen Folter angedroht wurde, hielten sie stand, weil sie wussten, dass die Leiden auf Erden nicht zu vergleichen sind mit der zukünftigen Herrlichkeit, die auf der anderen Seite an uns geoffenbart wird.

Als der deutsche Theologe Dietrich Bonhoeffer hingerichtet werden sollte, weil er angesichts der Gräueltaten der Nazis an der Gerechtigkeit festhielt, waren seine letzten Worte: »O, Gott, das ist das Ende; aber für mich ist es nur der Anfang.«

5. Irdische Freuden

Die fünfte Folge sind größere Freuden auf Erden. Die Freuden, die wir in dieser Welt genießen, verblassen schnell zu Erinnerungen. Ist unser Denken jedoch auf den Himmel ausgerichtet, werden wir daran erinnert, dass dort viel größere und ewige Freuden auf uns warten.

Zu unseren irdischen Freuden gehören beispielsweise ein gutes Essen, eine gelungene Feier, ein Abend mit Freunden, ein gutes Buch am Kamin, ein Spaziergang auf dem Land mit der Frühlingsluft in der

Nase und Blumen am Wegesrand oder ein treuer Hund. Und doch lassen sich diese Dinge nicht vergleichen mit der anhaltenden Freude, die wir für immer zu seiner Rechten genießen werden. Die Freuden auf Erden sind nur ein Vorgeschmack dessen, was noch kommt. Unsere größten irdischen Freuden werden oftmals von zu großen Erwartungen getrübt, die sich dann nicht erfüllen.

Als *Disneyland* am 17. Juli 1955 erstmals seine Tore öffnete, war jeder in freudiger Aufregung und wollte es besuchen. Walt Disney und sein Personal hatten 20.000 Einladungen an besondere Gäste versandt – Politiker, Prominente, die Presse und Mitarbeiter des *Disney Studios*. Irgendwie schafften es zudem 10.000 nicht geladene Gäste mit gefälschten Eintrittskarten hineinzugelangen. Am Vormittag hatten sich Mickey, Donald und Goofy unter mehr als 35.000 Kinder und Erwachsene gemischt.

Walt nannte diesen Ort das *Magic Kingdom*, aber dieser erste Tag war alles andere als magisch. Als der Vergnügungspark öffnete, standen auf dem *Santa Ana Freeway*, südöstlich von Los Angeles, über elf Kilometer Autos Stoßstange an Stoßstange. Den Getränkeständen waren schon bald die Vorräte ausgegangen. Vor den wenigen Toiletten bildeten sich lange Schlangen mit übellaunigen Besuchern. Der *Mark Twain Dampfer* kenterte fast auf seiner Jungfernfahrt. Später bezeichnete Walt Disney diesen Tag als »Schwarzen Sonntag.«

Mehr als fünfzig Jahre später hat *Disneyland* noch größere Brüder in aller Welt: *Disney World* (Orlando), *Euro Disney* (Paris) und einen Ableger in Tokio. Das hat die Vergnügungsparks revolutioniert. Und natürlich waren die Fehler am Eröffnungstag nur von vorübergehender Natur. Heute ist *Disneyland* ein Vorbild an Ordnung, Sauberkeit und Spaß. Es erfüllt nahezu alle Erwartungen eines Kindes an einen solchen Ort.

Doch am Ende des Tages gehen Kinder und Eltern erschöpft nach Hause, weil sie für die vielen Attraktionen lange anstehen mussten. Die Freude, so groß sie auch war, ist nur noch eine Erinnerung.

Im Himmel werden wir »Freuden für immer« genießen, makellos, unverdorben und unsere Erwartungen weit übertreffend.

6. Reinheit

Das sechste Ergebnis einer Perspektive, die auf den Himmel ausgerichtet ist, ist *ein Leben in Reinheit*. Johannes schreibt: »*Und jeder, der diese Hoffnung auf ihn hat, reinigt sich selbst, wie er rein ist*« (1Jo 3,3). Wenn wir erkennen, dass wir eine ewige Seele besitzen, begreifen wir die Notwendigkeit, uns auf den Himmel vorzubereiten. Der Gedanke, dass wir einmal einem heiligen Gott und einem vollkommen reinen Erlöser, der jeden Augenblick zurückkehren könnte, gegenübertreten werden, erzeugt in uns den Wunsch nach einem reinen Herzen.

Jede Braut möchte für ihren Hochzeitstag bereit sein. Sie weiß: Das größte Geschenk, das sie ihrem Bräutigam machen kann, ist sie selbst – ihr Körper, ihr Verstand und ihr Herz –, und sie wünscht sich, für ihn rein und schön zu sein. Monatelang bereitet sie sich auf diesen Moment vor, wenn sie unter Orgelklängen den Gang zu ihrem Ehemann entlang schreitet. Sie sucht nach dem passenden Kleid und wendet Stunden für ihr Haar und die richtigen Kosmetikartikel auf. Hinzu kommt ihre strahlende Freude, und ihre Schönheit ist unvergleichlich.

Zur Zeit Jesu verlangte es das jüdische Hochzeitsbrauchtum, dass der Bräutigam zum Vater der Braut geht und den Preis für seine Braut festlegt. Vater und zukünftiger Ehemann besiegelten den Bund mit einem Kelch, aus dem sie beide tranken. Anschließend ging der Bräutigam für längere Zeit in das Haus seines Vaters zurück und bereitete ein Zuhause für sich und seine Braut vor.

Wenn dann alles fertig war, einschließlich der Vorbereitungen auf das Hochzeitsfest, verließ er das Haus seines Vaters ohne vorherige Ankündigung und ging durch die Straßen seines Ortes, um seine Braut in Empfang zu nehmen und sie nach Hause zu führen. Während er durch die Straßen ging, rief sein Hochzeitsgefolge aus: »Der

Bräutigam kommt!« Die Leute kamen aus ihren Häusern gelaufen und sammelten sich zu einer immer größer werdenden Menschenmenge und riefen die gute Neuigkeit aus. Die Braut, die die Rufe von den Straßen hörte, trat vor ihr Haus und ging mit ihm zum Fest und anschließend zu ihrem neuen Zuhause.

Natürlich wäre der Braut keine Zeit mehr geblieben, sich auf das große Fest vorzubereiten, hätte sie auf die Rufe aus den Straßen gewartet. Da sich ihre Hoffnung auf diesen Tag konzentrierte, hatte sie sich darauf vorbereitet, dass der Bräutigam sie holen würde.

Genauso ist es bei denen, deren Herz auf diesen einen Tag wartet, wenn die Posaune erklingen und unser Bräutigam, der Herr Jesus, uns schließlich nach Hause holen wird. Menschen, die auf Erden mit dieser Hoffnung leben, bereiten sich auf den Himmel vor.

Wenn wir daran denken, dass wir dort einmal Rechenschaft ablegen müssen für alles, was wir hier getan haben, motiviert uns das zu einem reinen Leben.

7. Unsere Identität

Die letzte Folge ist *ein verändertes Bewusstsein von unserer Identität*. Die Bibel kennt zwei Bezeichnungen für Gläubige, die auf dem Weg zum Himmel sind: 1) wir sind *Bürger* eines anderen Landes und weisen die Charaktereigenschaften der zukünftigen Welt auf; und 2) wir sind *Fremdlinge* in dieser Welt.

In Philipper 1,27-28 und 3,17-21 erklärt Paulus, dass wir Bürger des Himmels sind. Er sagt uns: »*Wandelt nur würdig des Evangeliums des Christus*« (1,27).

Bürger sind geprägt durch die Merkmale der Kultur, der sie angehören. Als Christen sollen wir die Identität des zukünftigen Reiches zum Ausdruck bringen. Die Tugenden des Reiches machen erkennbar, dass wir zum Himmel gehören, wie meine Freunde aus Memphis an ihrem breiten Südstaatenakzent erkannt werden.

Die zweite Wahrheit über uns ist, dass wir nicht zu dieser Welt gehören. Wir sind Fremde auf der Erde. Auf dem Weg finden wir vielleicht ein gewisses Maß an Erfüllung und Freude, aber wir sind nur auf der Durchreise. Nehmen wir einmal an, Ihr Urlaubsziel im Sommer ist der *Grand Canyon*. Vielleicht genießen Sie die Reise; sie haben eine angenehme Fahrt und gewinnen neue Eindrücke entlang der Strecke. Aber Ihre Aufmerksamkeit gilt Ihrem Ziel. Alles, was Sie auf dem Weg tun und die Entscheidungen, die Sie unterwegs treffen, werden vom Ziel bestimmt. Schließlich wollen Sie dort zu einer bestimmten Zeit ankommen. Alles andere mag zwar interessant sein, ordnet sich aber Ihrem Ziel unter: Sie wollen den Rand des *Canyons* erreichen, Ihren Blick über die Kluft und den *Colorado River* schweifen lassen und ausrufen: »Endlich bin ich da! Das war die Reise wert.«

Die Bibel behandelt das Thema Zugehörigkeit anhand von mehreren Bildern. Jetzt, wo wir für Gott keine Fremden mehr sind, sind wir Fremdlinge und Nichtbürger dieser Welt.[5] Ein Bibellehrer drückte es mal so aus: Wir sind wie »jemand, der für kurze Zeit an einem fremden Ort lebt.«[6] *Fremdlinge* haben keine langfristigen Bindungen; sie befinden sich auf der Durchreise. Ihr Leben lässt die Merkmale der Kultur erkennen, zu der sie gehören.

Sie haben eine andere Beziehung zum Besitz. Obwohl sie sich unterwegs Dinge aneignen, sind sie in Bezug auf ihr Ziel doch entbehrlich. Sie wissen, dass Besitz vergänglich ist; deshalb halten sie daran nicht fest und teilen ihn mit bedürftigen Menschen (1Tim 6,18). Ihr Besitz ist nur ein Instrument, um Gerechtigkeit zu wirken (3Mo 25,23). Der reiche König David dachte in einem Dankgebet an Gott darüber nach, dass er nur ein Fremdling auf der Erde ist:

»*Und Reichtum und Ehre kommen von dir, und du bist Herrscher über alles. Und in deiner Hand sind Macht und Stärke, und in deiner Hand liegt es, einen jeden groß und stark zu machen. Und nun, unser Gott, wir preisen dich, und wir loben deinen herrlichen Namen. Denn wer bin ich,* und was ist mein Volk, dass wir imstande waren, auf solche Weise freigebig zu sein? Denn von dir kommt alles, und aus deiner Hand haben wir dir gegeben. Denn wir sind Fremde vor dir und Beisassen wie alle unsere Väter; wie ein Schatten sind unsere Tage auf Erden, und es gibt keine Hoffnung. HERR, unser Gott, diese ganze Menge, die wir bereitgestellt haben, um dir ein Haus zu bauen für deinen heiligen Namen, von deiner Hand ist sie, und das alles ist dein« (1Chr 29,12-16).

Die Denkweise eines Pilgers, am besten veranschaulicht am Beispiel Abrahams (s. Hebr 11,8-10), erkennt an, dass wir als Fremdlinge unterwegs zu unserer Heimat sind.[7]

Die Identität eines Pilgers anzunehmen, bedeutet, dass wir uns immer bewusst machen, noch nicht zu Hause zu sein. Das Beste wartet noch auf uns. Deshalb ist alles hier entbehrlich und kann zur Verherrlichung und zum Nutzen des Königs eingesetzt werden.

Wir sollten stets in dem Bewusstsein leben, dass der Himmel ganz real ist. Wenn wir den Himmel als unser Zuhause betrachten, wird sich in unserem Leben alles verändern. Das betrifft unsere Einstellung zu Gott, unserem Besitz, Menschen, Leiden und irdischen Freuden. Der Himmel in unseren Herzen reinigt uns und gibt uns ein neues Identitätsbewusstsein.

Wenn wir sagen, wir glauben an den Himmel, dann sollten wir unseren himmlischen Reisepass vorzeigen. Wir sollten unseren Umgang mit Geld und unseren Terminkalender überprüfen. Spiegelt sich der Himmel in der Art und Weise wider, wie wir Menschen betrachten und behandeln? Haben wir Frieden mitten im Leid? Bereiten uns irdische Freuden einen Vorgeschmack auf die ewigen Freuden? Wir sollten überprüfen, ob wir unser Leben hier als Fremdlinge oder als Bürger dieser Welt führen.

Wenn der Himmel einen festen Platz in unseren Herzen gefunden hat, wird unsere Liebe größer und unsere Anbetung tiefer; dann sind wir eher bereit, anderen zu geben, Leiden zu ertragen und Opfer auf uns zu nehmen. Wenn die andere Seite real für uns ist, erhält alles auf dieser Seite einen neuen Stellenwert in unserem Leben.

Wie machen wir den Himmel zu einem Lebensstil? Wie kann er unsere Gewohnheiten prägen?

Kapitel 8
Die Gewohnheit unseres Herzens
Geben Sie dem Himmel seinen angemessen Platz

Als unsere Kinder erwachsen wurden, sagte ich in schwachen Momenten zu ihnen: »Heiratet um des Geldes willen; die Liebe wird schon von allein kommen.« Natürlich war das nicht ernst gemeint. Vielmehr haben wir zu Hause versucht, Glaubensfragen und Charakterbildung in den Mittelpunkt zu stellen. Dennoch ist in dieser weltlichen Perspektive ein Prinzip versteckt: Einige der wichtigsten Eigenschaften im Leben können durch ernsthaftes Bemühen erlernt und gefördert werden.

Jahrhundertelang war die Ehe in den meisten Gesellschaften nicht das Ergebnis einer spontanen, jugendlichen Anziehungskraft. Stattdessen arrangierten die Eltern die Ehe, lange bevor die Kinder im heiratsfähigen Alter waren. Viele dieser Ehen war überaus erfolgreich, weil sich das Paar im Laufe des Zusammenlebens entschloss, sich gegenseitig lieben zu lernen und positiv und konstruktiv miteinander umzugehen – anfangs noch vorsätzlich, mit der Zeit aber auf ganz natürliche und spontane Weise.

Gedankentraining

Menschen, die den Himmel zu ihrem Hauptbezugspunkt gemacht haben, sind es gewohnt, sich mit der zukünftigen Welt zu beschäftigen. Ein Leben für den Himmel geschieht nicht instinktiv. Schließlich sind wir von Geburt aus blind für den Himmel, und unsere Herzen sind tot für Gott. Viele von uns müssen viele Jahre der

Blindheit hinter sich lassen. In unseren prägenden Kindheitsjahren und später im jungen Erwachsenenalter spielten weder der Himmel noch Gott eine Rolle in unseren Gedanken, Entscheidungen und Zuneigungen.

Selbst diejenigen von uns, die in christlichen Elternhäusern aufwuchsen, den Namen Jesu schon früh hörten und vom Himmel erfuhren, haben ihre Herzen oftmals nicht auf ein Leben für den Himmel ausgerichtet. Wie C. S. Lewis bemerkte: »Wir sind nicht dafür ausgebildet: Unsere ganze Bildung geht in die Richtung, unsere Gedanken auf diese Welt zu konzentrieren.«[1]

Unsere Suche wird zudem noch durch die Tatsache erschwert, dass diese gegenwärtige Welt so greifbar ist. Wir können sie anfassen, sehen und uns an ihr freuen, so dass wir uns trotz des Heiligen Geistes in unseren Herzen leicht von ihr ablenken lassen. Wir müssen uns bewusst entscheiden, auf die Stimme des Heiligen Geistes zu hören und ihr gehorsam zu sein. Und wir müssen unsere Herzen trainieren, über diese Welt hinaus auf die Kommende zu blicken.

In unseren Gemeinden wird wenig Betonung auf den Himmel und die Ewigkeit gelegt. Häufig ist der Fokus darauf gerichtet, die irdischen Bedürfnisse der Menschen zu stillen und entsprechende Pläne zu entwickeln. Kein Wunder, dass viele meinen, der Himmel sei eine spätere Zugabe zu der christlichen Erfahrung und nicht ihr Herzstück.

Und obwohl biblische Therapien und irdische Strategien ihren Wert haben, vermissen wir doch schmerzlich die Perspektive, die der Himmel bringt. Der Himmel ist der einzige Ort, an dem alle Verheißungen auf Heilung ganz erfüllt werden. Eine auf den Himmel ausgerichtete Sichtweise erkennt zudem, dass Gott uns nicht immer hier auf Erden vollständig heilt. Durch unser Leid versucht er oft, Dinge zu bewirken, die er auf andere Weise nicht zu seiner Verherrlichung erreichen kann.

Wenn der Himmel nicht den Kern unseres Dienstes bildet, dann haben wir nicht nur eine begrenzte Sicht von der Fülle des Lebens und unserer Erlösung, wir sind auch unfähig, Menschen in Not zu helfen. Dass wir den Himmel aus unseren Herzen verdrängt haben, zeigt, wie unsere guten Absichten von einer Flut äußerer Zwänge überlagert wurden. Obwohl wir wissen, dass der Himmel wichtig ist und wir ihn zum Mittelpunkt unseres Lebens machen wollen, stellen wir fest, dass die Schwerkraft dieser Welt uns zurückhält.

Der Himmel in unseren Herzen

Den Himmel zu unserer Herzensgewohnheit zu machen, ist nicht nur ein nettes Beiwerk – es ist absolut notwendig. Ohne den Himmel in unserem Herzen gefährden wir unsere Beziehungen, unsere Karriere und unser Gewissen. Ein verdunkelter Himmel führt zu einem armseligen Leben.

Was müssen wir also tun, um unser Herz auf den Himmel auszurichten? Um uns nach der anderen Seite zu sehnen, so dass sie zu unserem Hauptanziehungspunkt und zur umgestaltenden Kraft in unserem Leben wird?

John Goddard hatte sich ein Ziel gesetzt, das sein Leben auf der Erde verändern sollte. Er nannte es »Meine Lebensliste.« Diese Liste enthält 127 einzelne Ziele. Mit fünfzehn Jahren setzte sich Goddard in Los Angeles an den Küchentisch und schrieb Ziele auf einen gelben Notizblock; die Seite bezeichnete er dann als »Meine Lebensliste.« Seitdem hat er 108 Ziele erreicht.

Es sind keine leichten oder einfachen Ziele. Zu ihnen gehören: die wichtigsten Berge der Welt besteigen, große Flüsse erkunden (wie z.B. Nil, Amazonas und Kongo), eine Meile in fünf Minuten zurücklegen, das komplette Werk von Shakespeare lesen sowie die ganze *Encyclopedia Britannica*.[2]

Wie konnte Goddard so viele dieser unglaublichen Ziele erreichen? Indem er alles daran setzte, seine Liste ganz durchzugehen.

An den leidenschaftlichen Prediger Jonathan Edwards aus dem 18. Jahrhundert erinnert man sich wahrscheinlich am besten, weil er immer wieder die Hölle thematisierte – insbesondere in seiner Predigt »Sünder in den Händen eines zornigen Gottes.« Aber die Menschen in seiner Gemeinde in North Hampton, Massachusetts, erinnerten sich an ihn wegen seiner Hoffnung auf das himmlische Ziel. Oft sagte er zu ihnen: »Wir sollten dieses Leben so gestalten, als wäre es nur eine Reise in den Himmel.«[3] In einer Predigt über Matthäus 6,21 betonte er: »Es ist für die Menschen von großer Bedeutung, dass ihre Herzen im Himmel sein sollten.«

Was müssen wir also tun, um den Himmel zu einer Herzensangelegenheit zu machen?

Der Himmel als Herzensangelegenheit erfordert als Allererstes eine geistige Umorientierung. Paulus sagt uns: »*Sinnt auf das, was droben ist, nicht auf das, was auf der Erde ist!*« (Kol 3,2). Die umgestaltende Kraft dieser Neuorientierung wird in dem Vers deutlich: »*Denn wie er es abmisst in seiner Seele, so ist er*« (Spr 23,7; UELB). Wenn wir unser Denken auf den Himmel ausrichten, wird sich das in unseren Entscheidungen widerspiegeln, und wir werden »*zuerst nach dem Reich Gottes*« trachten (Mt 6,33). Der Himmel führt zu Entscheidungen, in denen sichtbar wird, dass wir auf seine Rückkehr warten. Christus selbst belehrte seine Jünger, den Himmel zum Mittelpunkt ihres Denkens zu machen (s. Lk 12,31-40). Angesichts der Ewigkeit drängte er sie: »*Eure Lenden sollen umgürtet und die Lampen brennend sein! Und ihr, seid Menschen gleich, die auf ihren Herrn warten, wann er aufbrechen mag von der Hochzeit, damit, wenn er kommt und anklopft, sie ihm sogleich öffnen. Glückselig jene Knechte, die der Herr, wenn er kommt, wachend finden wird!*« Der Himmel führt uns zu Lebensentscheidungen, über die wir gerne Rechenschaft ablegen und für die wir belohnt werden.

Auf das Paradies eingestellt

Als Paulus die Gemeinde in Kolossä aufforderte: »*Sinnt auf das, was droben ist, nicht auf das, was auf der Erde ist*«, meinte er nicht, sie sollten mit glasigen Augen durchs Leben schweben und nur darüber nachdenken, wie es wohl einmal dort im Himmel sein würde (Kol 3,2). Er rief sie auf, die Dinge aus der Sicht des Himmels zu betrachten.

Das Wort, das Paulus in Vers 2 für *sinnt* gebrauchte, bezeichnet den Inhalt der Gedanken einer Person, nicht den Denkprozess an sich. Von Computern habe ich wenig Ahnung, aber ich kenne den Unterschied zwischen der Hardware – Chips, Disketten, Festplatte – und der Software – Programmen, die man auf einen Computer lädt. Die Softwareprogramme bestimmen das Arbeitsergebnis des Computers. Ein Computerprogramm zur Textverarbeitung hilft Ihnen nicht weiter, wenn Sie einen Finanzplan auf dem Computer erstellen wollen. Dafür brauchen Sie ein Programm zur Tabellenkalkulation. Um das gewünschte Ergebnis zu bekommen, müssen Sie etwas verändern. Genau davon spricht Paulus hier: Wir müssen unser Denken auf ewige Dinge ausrichten, damit alles in unserem Leben den Himmel widerspiegelt.

Das verlangt von uns, die geistigen Begrenzungen irdischer Perspektiven zu sprengen und sie in einen breiteren Zusammenhang zu betten – damit unsere Gedanken und Schlussfolgerungen von der Realität des Himmels und der Ewigkeit bestimmt werden.

Außerkörperliche Realitäten

Der erste Programmierungswechsel findet statt, wenn ich erkenne, dass ich – obgleich noch in meinem irdischen Körper gefangen – geistlich bereits mit Christus im Himmel bin (Eph 2,6; Kol 3,3). Das bedeutet, durch den Heiligen Geist habe ich ungehinderten Zugang zum Thron Gottes und Gemeinschaft mit ihm und seinem Sohn Jesus Christus. Der Himmel und die Ewigkeit sind jetzt schon Realität. Normalerweise betrachten wir den Himmel als das, was als Nächstes kommt. Hinsichtlich unseres Aufenthaltsortes ist das zwar richtig, aber in Bezug auf unser gegenwärtiges Leben ist es falsch, den Himmel als eine *zukünftige* Realität anzusehen. Der Himmel existiert jetzt schon. Er ist ein realer Ort, an dem Gott, der Vater, und sein Sohn Jesus Christus und unzählige Scharen von Engeln wohnen. Verglichen mit der Ewigkeit ist das Leben auf der Erde nicht mehr als ein kurzes Echozeichen, das auf dem Radarschirm sichtbar wird. In der endlosen Spanne der Ewigkeit ist der Himmel eine allgegenwärtige Realität.

Als gegenwärtige Realität und Wohnsitz des allmächtigen Gottes, der diesen Planeten geschaffen hat, besitzt der Himmel Werte, die wir uns zu Eigen machen sollten. Wenn wir unsere Gedanken auf Gott ausrichten, denken wir über seine Werte nach. Wir konzentrieren uns auf sein Wesen ebenso wie auf seine Sicht von unserer Zukunft. Diese himmlische Programmierung unseres Verstandes bringt unsere Gedanken in Übereinstimmung mit seinen Gedanken; und so lieben wir, was er liebt, und hassen, was er hasst.

Vorteile des Himmels

Ein derart auf den Himmel ausgerichtetes Denken bringt unserem Leben drei wichtige Vorteile.

1. Sicherheit

Der erste Vorteil ergibt sich aus der Tatsache, dass wir mit Christus in Gott verborgen sind, bis zu dem Tag, an dem wir vollständig erlöst und in den Himmel eingehen werden. Ja, es ist wahr, wir sind in diesem Leben völlig sicher. Sie oder ich könnten alles in dieser Welt verlieren und dennoch absolut sicher sein in Bezug auf die zukünftige Welt. Eine solche Sicherheit bewahrt uns vor Verzweiflung. Paulus schreibt triumphierend: »*Denn ich bin überzeugt, dass weder Tod noch Leben, weder Engel noch Gewalten, weder Gegenwärtiges noch Zukünftiges, noch Mächte, weder Höhe noch Tiefe, noch irgendein anderes Geschöpf uns wird scheiden können von der Liebe Gottes, die in Christus Jesus ist, unserem Herrn*« (Röm 8,38-39).

2. Stabilität und Hilfe

Wenn ich erkenne, dass der Himmel jetzt schon Realität ist, wo ich »mit dem Christus verborgen« bin, kann ich mir sicher sein, einen Fürsprecher zu haben, jemanden, der meine geistlichen Bedürfnisse stillen will und kann. Unser Fürsprecher Christus ist wie der Hohepriester zur Zeit des Alten Testaments. Jesus wird sogar *unser* Hoherpriester genannt (Hebr 4,14-16). Im Alten Testament waren die Priester die Mittler zwischen Gott und Mensch. Sie repräsentierten das israelische Volk vor dem Gott Israels. Sie näherten sich ihm, so wie ein Anwalt heute als Stellvertreter seines Klienten vor den Richter tritt; sie vertraten die Anliegen der Israeliten vor Gott. Durch einen Hohenpriester als geistlichen Fürsprecher konnten die Israeliten auf Reinigung und Vergebung hoffen ebenso wie auf die Gnade Gottes in schwierigen Zeiten in ihrem Leben.

Als Christus auf die Erde kam, wurde das Amt des Hohenpriesters leider auf der politischen Bühne Roms ge- und verkauft, und diese reichen Priester hatten kaum Kontakt zu dem durchschnittlichen jüdischen Anbeter und praktisch nichts mit ihm gemeinsam. Sie schufen eine große Distanz zwischen sich und dem Volk. Wenn sie ihre priesterlichen Funktionen ausübten, spürten die Juden zur Zeit Jesu trotz liturgischer Stellvertretung, dass der Priester nur wenig über ihre Bedürfnisse vor Gott wusste.

Wir jedoch haben einen Hohenpriester im Himmel, der ganz anders ist. Er wurde in allem versucht wie wir, blieb aber ohne Sünde (Hebr 4,15). Aufgrund seiner eigenen Gerechtigkeit vor Gott kann er sich für uns als Hoherpriester einsetzen. Er hat die Opferbestimmungen erfüllt, um uns für Gott, den Vater, annehmbar zu machen. Jetzt repräsentiert er uns dauerhaft im Himmel und stellt durch seinen Kreuzestod unsere Annehmbarkeit vor dem Vater sicher. Christus ist unser Mittler, der mit uns mitfühlt. Wie der Hebräerbrief sagt, können wir freimütig zum Thron der Gnade kommen, um Barmherzigkeit und Gnade zur rechtzeitigen Hilfe durch Christus zu finden, der jetzt als unser Priester im Himmel dient. Wenn wir uns auf diese Realität des Himmels besinnen, bewahren wir unser seelisches Gleichgewicht, ungeachtet dessen was um uns herum passiert. Wenn wir uns einsam fühlen, abgelehnt, missverstanden oder ausgenutzt, wissen wir dennoch, dass er das alles vor uns schon gefühlt hat und uns versteht und uns Barmherzigkeit und Gnade schenkt. Wenn der Schmerz überhand nimmt – wenn wir Hunger und Durst leiden –, wissen wir, dass er selbst es erfahren hat und für uns sorgt, wie es sonst niemand kann.

Als kleiner Junge wuchs ich auf in Hackensack, New Jersey, nur wenige Kilometer entfernt von New York City, und ich erinnere mich noch, wie ich an einigen Abenden das Kopfkissen über mein Radio legte. Nachdem mein Vater mit mir gebetet, das Licht ausgemacht und die Tür geschlossen hatte, hörte ich die Sendung »*Big Joe's Happiness Exchange*«. Das Programm wurde aus dem Herzen der Stadt ausgestrahlt. Heute bin ich mir sicher, dass die Sendung viele einsame, verletzte Menschen ermutigt haben muss. Als Junge brachte sie mir am Abend großen Trost.

Die Sendung begann immer mit einer tiefen, aber sanften Stimme, die sagte: »Fürchte dich nicht, Big Joe ist hier«, und sang:

»Jemand interessiert sich für dich
Und für jede Kleinigkeit, die du tust.
Jemand interessiert sich dafür, ob du gut schläfst,
Ob deine Träume schlecht waren oder der Tag gut.
Jemand interessiert sich dafür, ob du traurig bist
Und dich sorgst, bis die Sonne wieder scheint.
Bitte glaube mir, es ist so,
Aber wenn du es noch nicht weißt,
Jemand interessiert sich für dich.«

Anschließend sprach Big Joe am Telefon mit Menschen in Not aus der Stadt. Mit viel Verständnis und Geduld versuchte er, ihnen zu helfen. Wenn sie materielle Sorgen hatten, meldeten sich oft andere Leute und boten ihnen Hilfe an. Konnte sich beispielsweise eine Mutter die Reparatur des Kühlschranks nicht leisten, bot ihr ein Anrufer entsprechenden Ersatz an. Dieses Radioprogramm war im Grunde ein stadtweiter Ausdruck von Barmherzigkeit und Gnade in Zeiten der Not.

So erbaulich und wohltuend diese Sendung auch war, wir haben sogar einen Fürsprecher, der als unser Hohenpriester weit mehr tut. Er sorgt sich noch mehr als Big Joe, und er ist viel mächtiger und weiß alles. Gerne kümmert er sich um unsere augenblicklichen geistlichen Bedürfnisse.

3. Fürsprache

Als drittes Privileg haben wir die Zusicherung, dass er uns jetzt gegen die Anklagen und Angriffe des Widersachers verteidigt. In 1. Johannes 2,1 wird uns versichert, dass wir im Himmel »*einen Fürsprecher haben bei dem Vater*« (SCH 2000). Dieser Fürsprecher ist »*Jesus Christus, der Gerechte.*«

In Offenbarung 12,10 wird der Teufel als der Ankläger der Brüder beschrieben. Wenn der Teufel uns vor dem Thron Gottes verklagt, verteidigt uns Christus, weil er uns seine Gerechtigkeit geschenkt hat und unsere Sünden durch sein Sühnewerk am Kreuz vergeben sind. Wenn im Thronsaal die Anklagen gegen mich ausgerufen werden, erhebt Christus sich und bestätigt dem Vater, dass sein vergossenes Blut all meine Sünden bedeckt hat.

Vor Gericht ist ein Verteidiger unverzichtbar. Es ist sogar ein Recht, auf das selbst die Ärmsten Anspruch haben. Die meisten Pflichtverteidiger nehmen ihre Rolle an. Vor einigen Jahren wurde ein Anwalt aus Cincinnati ernannt, einen Mann zu verteidigen, der wegen Einbruchs angeklagt war. Er überraschte den Richter, weil er bat, den Fall abtreten zu dürfen. Der Anwalt hatte jedoch einen guten Grund. Erst vor Kurzem war in sein Büro eingebrochen worden, und die Person, die er verteidigen sollte, wurde dieses Verbrechens beschuldigt. Der Richter gab dem Anwalt Recht, dass er als potenzielles Opfer des Angeklagten diesen nicht verteidigen könnte.

Jeder von uns hat gegen Jesus gesündigt, aber dennoch hat er sich gerne bereiterklärt, uns zu verteidigen. Außerdem verlieren Rechtsanwälte manchmal Fälle. Unschuldige Menschen werden verurteilt, weil ihr Verteidiger desinteressiert oder schlecht vorbereitet ist. Im Gegensatz zu ihnen ist Jesus ein starker, weiser und mitfühlender Verteidiger, der unsere Bitten vor den Vater bringt. Er verliert nie einen Fall.

Zudem begrenzt Christus im Himmel das Wirken des Teufels gegen uns. Wie das Buch Hiob klar macht, ist er der souveräne Wächter am Tor unseres Lebens und lässt nur solche Dinge durch, die er zu seinem Nutzen oder seiner Verherrlichung gebrauchen will. Sein augenblickliches Wirken im Himmel garantiert, dass jede Prüfung ein Ende hat, so dass wir sie ertragen können (1Kor 10,13).

Wenn wir meinen, Gott habe in letzter Zeit nicht viel für uns getan, sollten wir jeden Abend, wenn wir unseren Kopf aufs Kissen legen, Gott für die Dinge danken, die er für uns getan hat, ohne dass wir es mitbekommen haben; dafür dass Christus uns im Himmel verteidigt hat, als wir angeklagt und angegriffen wurden. Wenn mich der Widersacher vernichten will, ist der Himmel mit den Anordnungen des Vaters beschäftigt, die das Ergebnis sicherstellen. Wenn er mich durch ein dunkles Tal gehen lässt, sendet der Himmel eine Schar von Engeln aus, die mir seine Gnade bringen. Sie lagern sich um mein Leben, um mich vor der endgültigen Vernichtung zu schützen. Wie der Psalmist sagt: »*Der Engel des HERRN lagert sich um die her, die ihn fürchten, und er befreit sie*« (Ps 34,8).

Wenn wir unsere Gedanken auf himmlische Dinge richten, können wir unser Leben mit dem unbeirrbaren Gefühl von Sicherheit und Vertrauen führen, weil wir wissen, dass wir in diesem Augenblick im Himmel in Christus verborgen sind. Wir haben einen Hohenpriester, der unsere Schwachheiten versteht und uns in seiner Barmherzigkeit Gnade zur rechtzeitigen Hilfe sendet. Zusätzliche Sicherheit gibt uns das Wissen, dass jetzt in diesem Moment ein Verteidiger für uns eintritt.

Der wahre, siegreiche Gläubige lebt mit dem Kopf in den Wolken.

Das Wesen des Himmels

Kolosser 3,2-3 ruft uns nicht nur dazu auf, unsere Gedanken auf himmlische Dinge zu konzentrieren, sondern auch nach ihnen zu streben. Was ist droben im Himmel? Wonach sollen wir streben? Der Himmel ist ein Ort, an dem Gerechtigkeit, Barmherzigkeit und Vergebung herrschen. Im Himmel sind Liebe, Reinheit, Geduld und Weisheit am Werk. Dort finden wir Gottes Souveränität, Macht und seine überwältigende Liebe.

Stellen Sie sich vor, wie anders unser Leben wäre, wenn wir unsere Gedanken mit diesen Dingen füllen würden. Wie schnell und spontan würden wir Gott anbeten! Wir würden ihm gehorsam sein und ihm folgen, ungeachtet der möglichen Konsequenzen. Wir würden so lieben, wie er liebt. Unser Leben wäre von Gerechtigkeit gekennzeichnet, und wir würden seine Gerechtigkeit durch barmherzige Taten zum Ausdruck bringen. Wenn die Dinge des Himmels unsere Gedanken erfüllen, wird das in unserem Leben sichtbar.

Die Alternative

Wenn wir unser Denken nicht auf Christus und all die Dinge ausrichten, die im Himmel sind, bleibt uns nur die Erde. Einen Mittelweg gibt es nicht. Wenn uns die Merkmale einer weltlichen Denkweise bekannt sind, wissen wir, wie riskant es ist, nur an die Erde zu denken. Über weltliche Menschen und falsche Gläubige sagte Paulus, dass sie »*Feinde des Kreuzes Christi sind: deren Ende Verderben, deren Gott der Bauch und deren Ehre in ihrer Schande ist, die auf das Irdische sinnen*« (Phil 3,18-19).

Schauen Sie sich an, wohin uns eine irdische Denkweise gebracht hat. Im ersten Jahrzehnt des 21. Jahrhunderts gibt es der westlichen Welt mehr Verzweiflung und Enttäuschung als jemals zuvor. Die Last ungelöster gesellschaftlicher Probleme drückt auf den Geist der Menschen. Wir fragen uns: Wie ist die Gesellschaft da hingekommen? Den Niedergang können wir bis zu unseren Universitäten zurückverfolgen, wo akademische Führungskräfte die Theorien des Rationalismus und Relativismus propagieren, die im Wesentlichen sagen, dass es nichts Übernatürliches und nichts Absolutes gibt – nichts ist nur falsch, nichts ist nur richtig. Rationalismus und Relativismus lassen keinen Raum für einen gerechten Gott und die Realität des Himmels. Wir sind uns selbst überlassen, ohne Gott und ein ewiges Zuhause. Wie bei Kindern, die allein zu Hause sind, sind die Folgen verheerend.

Weltliche Philosophien haben schon bald zu dem geführt, was wir Pluralismus nennen – die Annahme, dass jeder glauben kann, was er will. Männer und Frauen haben das Recht, sich eine eigene Sicht der Wahrheit über sich selbst und das Leben im Allgemeinen zuzulegen.

Als Folge dieses »modernen« Denkens ist Toleranz heute das höchste Gut in unserer Gesellschaft. Da nichts richtig oder falsch ist, und im Wesentlichen jeder für sich selbst bestimmen kann, was er für richtig und falsch hält, müssen wir annehmen, dass die Überzeugung jedes einzelnen Menschen die gleiche Berechtigung hat. Und solange es niemanden verletzt oder schadet, müssen wir alles tolerieren, was andere tun. So sterben jährlich etwa 1,5 Millionen ungeborene Kinder durch Abtreibung. An öffentlichen Schulen werden unseren Kindern im Sexualkundeunterricht verschiedene sexuelle Ausrichtungen vorgestellt. Im Namen der Toleranz wurde das Gebet aus den Schulen verbannt und Kondome in denselben Lehranstalten verteilt.

Viele weltliche Menschen feiern dies als eine Zeit der Aufklärung; sie nennen es Fortschritt und sagen: »Unser Verstand wurde endlich befreit von den Fesseln der alten jüdisch-christlichen Denkweise. Jetzt sind wir frei, zu denken und zu tun, was wir für das Beste halten.« Aber das verheerende Resultat einer Welt ohne Gott, dem wir verantwortlich sind, wird in der Zunahme von Verbrechen, Krankheiten, Drogenkonsum und einer allgemeinen Verunsicherung deutlich. Ohne Gott gibt es keine Lösung, nur wachsende Verzweiflung.

Im Gegensatz zu den Menschen, die ihre Entscheidungen aufgrund des Wertesystems dieser Welt treffen, richten wahre Christen ihr Herz und ihr Denken an der Ewigkeit aus und entscheiden sich auf der Grundlage eines himmlischen Wertesystems.

Ein Herz für den Himmel

Aber es geht nicht nur um unseren Verstand und unser Herz, sondern auch um unsere Zuneigungen. Von Natur aus werden wir von Dingen angezogen, die wir mögen. Und genau diese Sympathien nehmen unsere Herzen gefangen.

Martie begegnete mir im Herbst unseres ersten Jahres am *Cedar College* (heute Universität), und ich brauchte nicht lange, bis ich feststellte, dass ich mein Herz hoffnungslos an sie verloren hatte. Für den Rest des Jahres verabredeten wir uns mehrmals. Im Sommer fuhr sie dann nach Hause nach Cleveland, und ich war für zweieinhalb Monate mit einer Gruppe von Musikern unterwegs, um unser College zu repräsentieren. Ich reiste mit vier anderen Studenten, spielte in einem Posaunen-Trio und predigte hin und wieder. Während wir uns auf den Sommer vorbereiteten und an den Wochenenden in einigen Gemeinden dienten, waren wir Freunde geworden. Wir hatten einen wunderbaren Sommer mit vielen aufregenden Erlebnissen, interessanten Reisezielen und der Gelegenheit, die verschiedensten Leute in unterschiedlichen Gemeinden kennenzulernen. Doch ganz egal wie neu und aufregend die Reise war oder wie zufriedenstellend der Dienst schien, ich musste ständig an Martie denken. Ich hoffte, bei der nächsten Gemeinde einen Brief von ihr vorzufinden. Ich hoffte, sie würde zu Hause sein, wenn ich anrief. Ich fragte mich, wo sie war, was sie gerade tat und was wir machen würden, wenn sie bei mir wäre. Und natürlich freute ich mich auf den Tag, an dem unser Weg uns wieder zusammenführen würde.

Genauso ergeht es Menschen, die ihre Beziehung zu Jesus Christus vertiefen. Mit wachsender Liebe lesen wir seine Post an uns – das Wort Gottes. In der Bibel hören wir von ihm, lernen mehr über ihn und finden Trost und Wegweisung in seinen Worten. Wir haben zunehmend Gefallen am Gebet, wenn wir direkt mit ihm und dem Vater reden können und Gottes Anwesenheit erleben.

Es gibt viele Gründe, weshalb unser Herz zu unserem ewigen Zuhause hingezogen wird. Vielleicht treffen wir im Himmel unseren Ehepartner wieder, ein Kind, unsere Eltern oder einen lieben Freund. Im Himmel werden wir auch die Sorgen und Probleme des Lebens hinter uns lassen. Je schwieriger unsere Umstände und je tiefer unsere Krisen werden, desto mehr sehnen wir uns nach Hause.

Der zwingendste Grund für meine Sehnsucht nach dem Himmel ist jedoch die Gegenwart Jesu und die Verheißung einer Begegnung mit ihm, der mich so sehr liebt.

Schmutzige Fenster

Mein Freund Bud Wood hat eines der besten Heime für geistig behinderte Kinder und Erwachsene in Amerika gegründet und entwickelt. *Shepherds Home* in Union Grove, Wisconsin, kümmert sich um viele Menschen mit Down Syndrom. Die Mitarbeiter sind sehr bemüht, diesen Kindern das Evangelium nahezubringen. So haben schon viele Christus als Heiland angenommen und glauben an den Himmel als ihr zukünftiges Zuhause.

Bud sagte mir einmal, eines ihrer größten Instandhaltungsprobleme seien schmutzige Fenster.

»Was? Wie kann das ein Problem sein?«, fragte ich.

»Du kannst zu jeder Tageszeit durch unsere Flure gehen«, erklärte Bud, »und du wirst ein paar dieser wundervollen Kinder sehen, wie sie ihre Hände, Nasen und Gesichter gegen die Fenster drücken und Ausschau halten, ob Christus gerade kommt, um sie nach Hause zu holen und sie zu heilen.«

Von ihrem einfachen Verstand und ihren Herzen können wir viel lernen. Wir sollten uns fragen: *Wann haben wir zum letzten Mal zum Himmel aufgeschaut, um zu sehen, ob dies nicht der langersehnte Augenblick ist, wo wir ihn von Angesicht zu Angesicht sehen?*

Als Paulus meinte, im Himmel sei es »*weit besser*«, stellte er dies in den Zusammenhang, dass wir dort mit Christus sein werden (Phil 1,23). Denken Sie daran, von Anfang an hat Gott Mann und Frau und all ihre Nachkommen geschaffen, damit sie mit ihm und seinem Sohn

Gemeinschaft haben. Die Freude des Gartens Eden, dieses anfänglichen Paradieses, hatte die Beziehung zum Mittelpunkt, die Adam und Eva zu dem Gott des Universums pflegten. Diese Beziehung brachte ihnen tiefste Befriedigung und grenzenlose Freuden in Gott. Gott sehnt sich danach, diese Gemeinschaft mit ihm wiederherzustellen. Er ist an uns interessiert. Nur die Menschen wurden in seinem Bilde erschaffen. Er hat ein Stück von sich selbst in uns hineingelegt. Er hat den Himmel für uns gemacht, damit wir einmal für immer bei ihm sein können.

Sind Beziehungen nicht das Wichtigste, was wir haben? Mengen materiellen Besitzes, aufregende Unterhaltung, Bildung und berufliche Karriere bedeuten dagegen nur wenig. Ohne gute Beziehungen können diese Dinge sogar noch mehr Schmerz verursachen.

Wenn wir die Grenze überschreiten und in seine Gegenwart treten, werden wir all die Dunkelheit dieser Welt hinter uns lassen. Er wird uns erfüllen und uns eine ungehinderte Beziehung zu ihm schenken, so wie wir es noch nie zuvor erlebt haben. Stellen Sie sich den unvergleichlichen Augenblick vor, wenn wir den strahlenden Glanz seiner Gegenwart und seinen herrlichen Sohn, den gekrönten König der Könige, sehen werden.

Eine gute Gewohnheit

Den Himmel zur unserer Herzensgewohnheit zu machen, bedeutet auch, unsere Gedanken und Zuneigungen so auszurichten, dass wir die Atmosphäre des Himmels verbreiten können. Wenn Gottes Wort vom Herzen spricht, meint es unser tiefstes Inneres, das wir oft hinter vielen Dingen zu verbergen suchen. Das ist dann unser wahres Ich. Bibelkenner sagen, der Begriff *Herz* bezeichnet in der Bibel »den Ort in uns, an dem unsere Träume und Wünsche sind, wo wir nachdenken und entscheiden.«

Somit ist das Herz der Ort, an dem das ganze Leben bestimmt wird. Wenn wir unser Herz, unser wahres Ich, dem Himmel weihen, wird sich das in unserem Leben zeigen.

Wenn wir den Himmel zu unserer Herzensangelegenheit machen, ist das fraglos die wichtigste Gewohnheit, die wir überhaupt pflegen können. Dann wird unser Leben nicht mehr so sehr von der Vergangenheit oder der Gegenwart bestimmt, sondern vom strahlenden Licht des Himmels, das am Horizont heraufzieht.

Mein Großvater diente mehr als dreißig Jahre als Pastor in Jackson, Michigan. Kurz nach seinem 94. Geburtstag ging er heim zum Herrn. Ich erinnere mich noch, wie ich einige Jahre davor eines Abends mit ihm in der Gemeinde saß und wir auf den Beginn des Gottesdienstes warteten. Er erzählte mir, dass er nicht mehr so lange schlafen könne und schon gegen 4 Uhr morgens aufwache. Ich fragte ihn, was er in diesen frühen Morgenstunden mache.

»Normalerweise liege ich nur da und denke nach.«

»Worüber?«, fragte ich ihn.

»Ich stelle mir vor, wie wunderbar es sein wird, nach Hause zu gehen und bei Christus zu sein, dem ich gedient und den ich lieben gelernt habe. Ich hatte ein langes und gutes Leben, aber das Beste liegt noch vor mir.«

Er wusste, dass der Himmel real ist, dass Christus dort auf ihn wartete und dass es durch das vollbrachte Kreuzeswerk Jesu und das leere Grab nur noch einen Ort gab, zu dem er aufbrechen würde: die andere Seite. Bald schon würde er zu Hause sein; dessen war er sich absolut sicher. Seine Gedanken und Wünsche waren ganz davon erfüllt.

Seine Liebe für den Himmel prägte sich tief in mein Herz ein. Ich bete, dass ich mich niemals so ablenken lasse, dass geringere Dinge in dieser Welt meine Sicht auf den Himmel verdunkeln.

Wenn der Himmel in unseren Herzen ist, blicken wir hoffnungsvoll voraus auf den Tag, an dem wir auf der anderen Seite ankommen.

Teil 3
Die ewige Welt in uns

Es genügt nicht, an die zukünftige Welt als an etwas weit Entferntes zu denken. Die Ewigkeit ist in unserem Herzen. Deshalb sollen wir der Welt zeigen, dass das ewige Reich Gottes eine umgestaltende Wahrheit ist.

Die Erlösten werden in ihrem tiefsten Inneren nicht länger von den Kräften dieser gegenwärtigen Welt bestimmt, sondern von Christus, dem siegreichen König der zukünftigen Welt. Die Bibel sagt: »**Er hat uns errettet aus der Macht der Finsternis und versetzt in das Reich des Sohnes seiner Liebe**« (Kol 1,13).

Kapitel 9
Dein Reich komme
Ortswechsel

Als Scott und Janet Willis zwei Tage nach ihrem schrecklichen Unglück in Milwaukee eine Pressekonferenz einberiefen, zeigten sie, wie sehr sie die Sichtweise verinnerlicht hatten, dass es drei Welten gibt. Mit dieser Pressekonferenz trafen sie die bewusste Entscheidung, die Bühne dieser gefallenen Welt, die ihnen die größten Schätze ihres Lebens geraubt hatte, wieder zu betreten. Einfach nur im Hintergrund zu verschwinden und auf den Himmel zu warten, reichte ihnen nicht aus. In der Verzweiflung dieser Welt zu versinken, war für sie ebenso undenkbar. Stattdessen errichteten sie eine Bühne inmitten dieser gefallenen Welt, von der aus sie die Realität des Reiches Gottes zum Ausdruck bringen konnten. Der Kern dieses Reiches ist Gerechtigkeit und Sieg. Sie verkündeten die Wahrheit, dass ihr Gott nach wie vor ein guter und liebevoller Gott ist, und sie schwenkten die Flagge des Sieges angesichts des Feindes, der sie durch diese Tragödie verbittern und den Namen Jesu in Verruf bringen wollte.

In einer Krise machen viele von uns den Fehler, dass sie sich zurückziehen, diese schreckliche Welt beklagen und entweder verbittert werden oder anfangen, von der zukünftigen Welt zu träumen. Es ist nicht Gottes Absicht, dass wir uns durch Tragödien in dieser Welt ins Abseits stellen lassen. Unsere Erlösung hat uns in das Reich Gottes gebracht. Dieses Reich soll eine gerechte Kraft in dieser Welt sein und ein Zeichen dafür, dass unser König dieses Weltsystem eines Tages besiegen wird. Niemand veranschaulichte das besser als Scott und Janet Willis.

Mehr als alles andere sind wir Bürger des Reiches Gottes – dem Reich in unseren Herzen. Und als dessen Bürger ist es unsere Pflicht, unser Leben so zu führen, dass es zu dem gerechten Sieg seines Reiches passt.

Die Ewigkeit in unseren Herzen

Die geistliche Welt in uns kann nicht unabhängig von der zukünftigen Welt gesehen werden. Zwischen ihnen besteht eine untrennbare Verbindung. Diese Verbindung ist Christus, der ewige König, der jetzt in unseren Herzen herrscht und es auch in der Ewigkeit tun wird. In ganz realer Hinsicht ist der Himmel in unser Herz gelegt worden. Es ist unser Privileg, seine zukünftige Herrlichkeit in unserem Leben hier und jetzt zum Ausdruck zu bringen.

Sein Reich in uns sollte alles verändern. Wie wir denken, handeln und reagieren, sollte durch das ewige Reich in uns bestimmt werden. Diese neue geistliche Welt in uns wird von Jesus Christus gelenkt. Mein Leben ist der Bereich, über den er herrscht. Wie Kolonien in einem fremden Land ist unser Leben ein Ausdruck seines Reiches hier und jetzt. Diejenigen von uns, die von der Identität des Reiches in uns angetrieben werden, leben unter einer anderen und einzigartigen Autorität. Wir unterstellen unser Leben bereitwillig und unwiderruflich bar der Autorität Jesu, des Königs. Als Folge davon wird alles, was wir sind, radikal verändert, und unser Leben gewährt schon jetzt einen Blick auf den Himmel.

Das Leben in einer Demokratie hat einen Nachteil für uns: Wir wählen unsere Führer. Sie dienen uns und versuchen, unsere Zustimmung zu gewinnen. Wenn wir sie nicht mehr wollen, warten wir einfach auf die nächste Wahl. Dieses demokratische Verfahren können wir allerdings nicht auf das Reich der Himmel übertragen. Sie und ich haben nicht entschieden, dass Christus als König regiert. Er herrscht auch nicht, um uns zu gefallen. Ebenso wenig können wir vier Jahre warten und dann jemand anderen zum König wählen. Er ist König und herrscht letztlich über alle Angelegenheiten der Menschheit. Und im Besonderen herrscht er über jene, die zu seinem Reich gehören.

Die deutlichste Aussage über unsere Beziehung zu Jesus findet sich in Kolosser 1,13, wo wir lesen, dass Gott »*uns errettet hat aus der Macht der Finsternis und versetzt in das Reich des Sohnes seiner Liebe*«.

Eine dankbare Haltung

Es gibt mehrere strategische Aspekte in Bezug auf unsere Stellung im Reich. Unser Leben sollte von einem durchdringenden Gefühl der *Dankbarkeit* erfüllt sein. Angesichts unserer Errettung sagt Paulus, dass wir dem Vater danken sollen, der unsere Zugehörigkeit zu seinem ewigen Reich möglich gemacht hat (Kol 1,12).

Betrachtet man die Alternative, ist der Grund nicht schwer zu erkennen. Entweder leben wir unter der »*Macht der Finsternis*« oder im »*Reich des Sohnes seiner Liebe*«. Die Macht der Finsternis ist ein Ausdruck, der die zerstörerische Gewalt beschreibt, die der Teufel über alle nicht erretteten Menschen hat. Das Wort *Macht* (oder *Machtbereich* wie die Anmerkung der RELB erklärt – A.d.Ü.) bezieht sich auf den Bereich, über den er herrscht. Sein Reich ist durch Finsternis gekennzeichnet, was auf die Gewalten und Realitäten des Bösen hinweist, die sich Gottes Wahrheit und Macht nicht gebeugt haben. Das Wort *versetzt* bedeutet wörtlich »errettet sein, befreit von Sklaverei.« Christus hat uns durch sein Erlösungswerk aus der Gewalt des Teufels befreit und uns den Schutz seiner Herrschaft gewährt.

Der Ausdruck: »*Er hat uns errettet aus der Macht der Finsternis*« benutzt ein Wort, das sich häufig auf jemanden bezieht, der Menschen aus einer Situation befreit, der sie aus eigener Kraft nicht entkommen können. Im klassischen Griechisch bezieht sich das Wort *errettet* auf die heidnischen griechischen Gottheiten, die als Einzige in der Lage waren, Gefangene aus ihrer Not zu befreien. Wir sind dankbare Empfänger der errettenden Gnade Gottes. Hätte er nicht die Initiative ergriffen und das Opfer gestellt, wären wir noch immer im tödlichen Griff des Teufels.

Wir wurden in den Herrschaftsbereich des Teufels hineingeboren und waren hoffnungslos darin gefangen. Das einzige Licht am Ende des Tunnels war das Gericht Gottes, das direkt auf uns zusteuerte. Es gab nichts, was wir tun konnten. Eine Vorstellung von unserer Versklavung an die Macht der Finsternis bekommen wir in Epheser 2, wo gesagt wird, dass wir *tot* in Sünden waren. Der Tod trennt uns völlig vom Leben, und wir können ihm nicht vorbeugen.

Ich fürchte jedoch, dass wir unseren privilegierten Platz im Reich Gottes nur allzu leicht für selbstverständlich halten. Wir denken, irgendwann einmal erkannt zu haben, dass wir an die Sünde gefesselt sind, und haben nach einem Erlöser gesucht, so als hätten wir eine gute Tat vollbracht. Wir sind nur in geringem Maße dankbar für die Privilegien des Reiches Christi und denken nicht an unsere Verpflichtung gegenüber Gott.

Paul Harvey erzählt eine anschauliche Geschichte über das italienische Segelteam im *America's Cup*. In jenem Jahr fand das Rennen in Australien statt. An einem seiner freien Tage entschloss sich das italienische Team, einen Land Rover zu mieten und in den Busch hinauszufahren, um die Landschaft zu genießen und Kängurus zu beobachten. Das Team war komplett vom italienischen Designer Gucci ausgestattet worden. Alle trugen Jacken, Taschen und Uhren von Gucci.

Während sie so durch den Busch fuhren, sprang ihnen ein Känguru in den Weg. Da sie nicht rechtzeitig bremsen konnten, fuhren sie das Känguru an, und es fiel vor ihnen zu Boden – scheinbar war es tot. Die Mitglieder des Teams sprangen aus dem Wagen und wollten es sich anschauen. Jemand schlug vor: »Lasst uns zumindest ein Foto machen!« Der Fahrer meinte: »Aber vorher lege ich noch meine Jacke drüber, dann sieht es so aus, als würden selbst Kängurus Gucci tragen!«

Sie legten die Jacke über das Tier, und als sie zurücktraten, um das Foto zu schießen, rappelte sich das Känguru plötzlich auf und verschwand im Busch – mit der Jacke! Unglücklicherweise befanden sich in der Jacke noch die Autoschlüssel des Fahrers und seine Brieftasche mit der *American Express*-Karte! Ich kann mir vorstellen, was die anderen Kängurus wohl sagten: »He, wo hast du denn die Gucci Jacke her? Schlüssel für einen Land Rover und eine *American Express*-Karte?«

Viele meinen, wir hätten aus eigener Kraft eine gewisse geistliche Entwicklung vollzogen, seien geistlich erneuert worden, um dann in diese gegenwärtige Welt zurückzukehren und mit allen Privilegien des Himmels und Christus als unserem Besitz leben zu können.

Aber es war so: Wir waren tot – hoffnungslos und hilflos verloren! Verdammt! Gefesselt an die Finsternis dieses Herrschaftsbereiches. Alles, was wir in der Zukunft sehen konnten, waren Verzweiflung und Tod. Dann wurden wir von Gott, dem Vater, berufen, und seine wunderbare Gnade nahm sich unser an. Durch seine souveräne Macht erweckte er uns in Jesus Christus zum Leben, errettete uns von der Versklavung an den Feind unserer Seelen und versetzte uns in das Reich seines geliebten Sohnes. Wir kamen so unverdient in diese Stellung, wie das Känguru zur *Gucci*-Jacke. Wenn wir versucht sind, in Bezug auf das Reich Gottes in uns gleichgültig zu werden, müssen wir innehalten und daran denken, was es bedeutet, dass wir völlig aus dem Machtbereich der Finsternis befreit wurden.

Ich liebe Paulus' Worte an Timotheus. Er fordert Timotheus auf, diejenigen sanftmütig zurechtzuweisen, die sich dem Evangelium widersetzen, so dass Gott ihnen vielleicht »*Buße gebe zur Erkenntnis der Wahrheit und sie wieder aus dem Fallstrick des Teufels heraus nüchtern* werden, nachdem sie von ihm gefangen worden sind für seinen Willen« (2Tim 2,25-26). Bedenken Sie, Gott ist es, der den Geist der Buße schenkt, uns von unseren Sünden überführt und so den Erlösungsprozess in Gang setzt. Ohne seine Gnade bleiben wir alle dem Fallstrick des Teufels ausgeliefert.

Ortswechsel

Für erlöste Menschen kommt es nicht nur auf Dankbarkeit an, sie kennen auch ihren *Platz* in dieser Welt.

Wir sind nicht nur dankbar für unsere Befreiung aus dem Machtbereich Satans, sondern wurden auch, wie der Text sagt, in das Reich Christi versetzt. Das Wort *versetzt* aus Kolosser 1,13 spricht von einer vollständigen Rettung und einem sicheren Platz in seinem Reich.

Eine der großen Tragödien nach Abraham Lincolns Emanzipationsproklamation war, dass viele der freigelassenen Sklaven keinen Ort hatten, wo sie hingehen konnten. Viele von ihnen zogen es sogar vor, weiterhin Sklaven zu bleiben, statt als freie Menschen zu leben. Unser Befreier gibt uns einen Ort, wo wir hingehören. Wir wurden an den bestmöglichen Ort versetzt: das Reich seines geliebten Sohnes.

Wenn in früheren Zeiten ein siegreicher König ein Reich übernahm, errichtete er Kolonien auf dem neuen Staatsgebiet. Den Menschen in diesen Kolonien wurde vom neuen Herrscher die Staatsbürgerschaft mit allen dazugehörigen Privilegien und Pflichten gewährt. Gott hat uns in sein Reich eingegliedert und uns befreit, als eine einzigartige Glaubensgemeinschaft zu leben, die den König der zukünftigen Welt inmitten dieser ungläubigen Welt repräsentieren soll.

Wir alle haben einen Pass, der uns als Bürger des Staates identifiziert, zu dem wir gehören. Auf der Vorderseite des Passes prangen stolz Wappen und Name des jeweiligen Staates. Als Bürger des Reiches Gottes leben Sie und ich zwar auf diesem Planeten, aber wir nehmen die Staatsbürgerschaft eines anderen Landes für uns in Anspruch.

Hier und jetzt im Reich Gottes leben

Als Gläubige gibt es für uns keine wichtigere Identität, als Bürger des Reiches Gottes zu sein.

Trotzdem haben viele von uns Probleme mit dieser Identität. Wie wir bereits festgestellt haben, leben die meisten von uns nicht in einer Monarchie. Wir leben in einer Demokratie, in der uns beigebracht wird, wie wichtig persönliche Unabhängigkeit und Selbstbestimmung sind. Für uns selbst zu leben, hat Vorrang vor allem anderen. Unter der Autorität anderer zu leben, ist ein abwegiger Gedanke, der zu Spannungen führt. Daher ist es entscheidend, dass wir unser Denken verändern, um die Realität unserer geistlichen Identität wirksam zu verstehen und auszudrücken.

Dieses geistliche Reich hat klar erkennbar einen König. Der König ist Christus, der das unumstrittene Recht hat zu herrschen. Und es ist ein Reich mit Staatsbürgern – echten Staatsbürgern, Sie und ich.

Unsere Erfahrung als Staatsbürger dieses Reiches wird in drei unterschiedlichen Phasen ersichtlich. Die letzte Phase ist die ewige Welt, die noch vor uns liegt: der Himmel. Wir werden uns im ewigen Reich Gottes freuen, ohne vom Teufel und den Mächten dieser jetzigen Welt bedroht zu werden. Doch bevor dieses Reich eingeleitet wird, sagt die Bibel, dass es ein buchstäbliches Reich Gottes auf dieser Erde geben wird, in dem er persönlich tausend Jahre herrschen wird. Dann wird Christus seine Verheißungen an Israel erfüllen, und die Erlösten werden mit ihm in ihren Auferstehungsleibern herrschen. Wir werden frei von Sünde und unserem Ich sein und gerne den Willen unseres Königs tun und das Wesen seines Reiches zum Ausdruck bringen (s. Offb 20).

Aber vor der ewigen und der tausendjährigen Phase des Reiches Gottes liegt der aktuelle Abschnitt. Mir gefällt John Eadies Aussage in seinem Kommentar zu Kolosser 1,13:

»Das Reich seines Sohnes ist eindeutig das Reich, das Christus zum Haupt und Gründer hat und das teilweise auf Erden entfaltet und im Himmel schließlich vervollkommnet wird. ... Es gehört rechtmäßig dem Sohn Gottes. Christus hat es eingesetzt und vorbereitet; er herrscht darüber, legt seine Gesetze und Regeln fest, beschützt seine Staatsbürger und krönt sie mit seinen Segnungen. Es ist somit ein Reich des Lichts, dessen prismenförmige Strahlen Wahrheit, Reinheit und Glück sind. ... Zu diesem Reich gehörten auch die Kolosser, zur Zeit als Paulus ihnen schrieb. Es ist ein gegenwärtiger Zustand, der eng mit der Zukunft verknüpft ist.«

In dieser jetzigen Welt sind wir nicht nur Bürger der zukünftigen Welt, sondern auch eines Reiches, das in diesem Augenblick in uns existiert. Dieses geistliche Reich in uns hat Einfluss, selbst auf die kleinsten Belange unseres Lebens: auf unser Verhalten, unsere Einstellungen, Handlungen und Reaktionen. Wir sind Bürger dieses Reiches; das ist unsere Hauptidentität auf der Erde.

Das Reich Gottes in Vergangenheit, Gegenwart und Zukunft

Um das Reich Gottes als eine aktive Kraft in unserem Leben zu erfahren, wollen wir seine faszinierende Entwicklung vom Anbeginn der Zeit bis in die Ewigkeit verfolgen. Am Anfang schuf Gott eine Umgebung, in der er mit unangefochtener Autorität herrschte. Sein Reich bot Adam und Eva völlige Befriedigung, Erfüllung und Gemeinschaft. Es war unbeschreiblich schön. Die Würde der ersten Menschen war unvermindert. Sie fanden Erfüllung in ihrer Beziehung zu dem allmächtigen Gott und hatten Freude an ihrer Verantwortung, sich in seinem Auftrag um diese Umgebung zu kümmern. Gott hatte Gefallen an ihnen und ihrem Gehorsam. Adam und Eva waren für diese wunderbare Beziehung geschaffen worden; sie machte ihr Leben wertvoll.

Dann kam der Teufel und lockte sie mit Versprechungen an, die er nicht halten konnte. Satan wusste: Wenn er die von Gott eingesetzten Verwalter dieses Planeten für sich gewinnen konnte, würde er sein Reich aufrichten und es als Bühne nutzen können, um Gottes Herrlichkeit in den Schmutz zu ziehen und den Namen des Schöpfers zu entehren. Die ganze Schöpfung machte Gottes strahlende Herrlichkeit sichtbar, und der Mensch, der in seinem Bilde erschaffen war, bildete den Höhepunkt. Würde Satan ihn auf seine Seite ziehen, könnte er Chaos statt Ordnung verbreiten, Trauer statt Freude, Hässlichkeit statt Schönheit, Tod statt Leben; und Gott dadurch in Verruf bringen.

Wenn Satan Gier, Selbstherrlichkeit, Manipulation und Verrat auf den Planeten einschleusen könnte, wäre Gottes Ehre in Gefahr. Wäre das Leben von Stolz beherrscht und die Menschen von egoistischen Leidenschaften angetrieben, würde sich die ganze Hölle freuen, dass Gottes herrliche Schöpfung dem Verfall preisgegeben ist.

Wie ein eifersüchtiges Kind, das seinem Freund sein neues Spielzeug wegnimmt und zerstört, versuchte der Teufel, alles zu stehlen und zu vernichten, was Gott geschaffen hatte. Er war erfolgreich, Adam und Eva waren im Reich der Finsternis gefangen und die Bühne für Satans furchtbares Werk war bereitet.

An diesem Punkt hätte Gott die ganze Schöpfung zerstören und zu einem anderen Projekt übergehen können. Stattdessen entschied er sich, das Verlorene zu retten. Und über die Jahrtausende hat er sich dem völligen Sieg über den Teufel genähert – ein erlöster Mensch nach dem anderen: die Erschaffung eines neuen Himmels und einer neuen Erde, wo vollkommene Erfüllung und Zufriedenheit in ihm zu finden sein werden wie im Garten Eden, nähert sich unaufhaltsam. Aber anders als im Garten Eden wird dies ein Ort sein, wo Versagen und Verlust nicht möglich sind. Es wird ein perfekter Ort sein, der von einem vollkommenen Gott regiert wird und an dem erlöste Menschen leben, die ungehinderte Freude und Befriedigung in seiner Gegenwart erfahren. Ein Ort, an dem der Teufel nie wieder Schaden anrichten kann, da der Feind unserer Seele und seine grausamen Heerscharen für immer in der Hölle gebunden sein werden. An diesem Ort werden die verheerenden Spuren unseres Feindes nicht zu finden sein, weder Tod noch Leid, weder Tränen noch Schmerz (Offb 19–21).

Wie wird es dazu kommen? Um uns eine sichere Ewigkeit zu gewährleisten, wurde Christus dazu bestimmt, den Teufel endgültig zu besiegen und Gott den vollendeten Sieg über unseren Feind zu bringen. Dieses Werk Jesu ist der Kern seines Reiches.

Die erste Anspielung auf ein ewiges Reich, in dem Christus herrscht, findet sich in einer Verheißung an König David: »*Aber dein Haus und dein Königtum sollen beständig sein in Ewigkeit vor mir, und dein Thron soll ewiglich bestehen*« (2Sam 7,16; LÜ). Im Alten Testament wird zunehmend deutlich, dass Gott seinen Sohn als Messias und ewigen König senden würde.

Bevor Christus als König angekündigt wird, finden sich mehrere Hinweise auf Gottes vollständigen und endgültigen Sieg über den Teufel. In 1. Mose 3,15 hat er verheißen, dass der Same der Frau ein Kind hervorbringe, das dem Teufel eine tödliche Wunde zufügen solle; der Teufel seinerseits verwunde das Kind, ohne es zu töten.

Dann gab Gott Abraham die Verheißung, dass in ihm alle Geschlechter der Erde gesegnet würden (1Mo 12,3). Sein Sohn Isaak war der Vater von Israel, der zwölf Söhne zeugte, aus denen das Volk hervorging, das seinen Namen trug – das Volk, durch das der Erlöser kommen sollte. Das siegreiche Werk des Messias wird in alttestamentlichen Stellen wie Psalm 2 angekündigt, wo Gottes eingeborenem Sohn absolute Macht über die Völker der Erde gewährt wird.

Durch die umfangreichen Lehren Jesu unterstreicht das Neue Testament die zentrale Bedeutung des Reiches Gottes. Ebenso wird sie deutlich in der Erwartung der Jünger, dass Jesus die Unterdrückung Roms beenden, sich selbst als König einsetzen und sein ewiges Reich auf Erden errichten würde. Ihre begrenzte Sicht hinderte sie daran, ihre gegenwärtige Not zu vergessen und ein besseres Reich zu erwarten, wenn Christus zurückkehren und tausend Jahre auf diesem Planeten herrschen würde als Auftakt der ewigen Herrschaft Gottes, nachdem der Teufel endgültig gerichtet und in den Feuersee geworfen worden ist. In der ganzen Apostelgeschichte steht die Verkündigung des Reiches Gottes durch die frühe Gemeinde im Mittelpunkt (s. Apg 8,12; 19,8; 20,25; 28,31).

Der Sieg des Reiches Gottes

Wir sollten nicht vergessen, dass die unmittelbare Absicht des Reiches Gottes der Sieg ist. Paulus schreibt in 1. Korinther 15,20-26:

> *»Nun aber ist Christus aus den Toten auferweckt, der Erstling der Entschlafenen; denn da ja durch einen Menschen der Tod kam, so auch durch einen Menschen die Auferstehung der Toten. Denn wie in Adam alle sterben, so werden auch in Christus alle lebendig gemacht werden. Jeder aber in seiner eigenen Ordnung: der Erstling, Christus; sodann die, welche Christus gehören bei seiner Ankunft; dann das Ende, wenn er das Reich dem Gott und Vater übergibt; wenn er alle Herrschaft und alle Gewalt und Macht weggetan hat. Denn er muss herrschen, bis er alle Feinde unter seine Füße gelegt hat. Als letzter Feind wird der Tod weggetan.«*

Diesem Text zufolge wird Christus, nachdem der Teufel endgültig besiegt ist, sein Reich an Gott übergeben, mit dem er ewig herrschen wird an einem besseren Ort, genannt Himmel. Wir, die wir jetzt schon zum Reich Gottes gehören, werden dann für immer in Gottes ewige

Herrlichkeit und Freude eingehen. Bis dahin bleiben wir Staatsbürger im Reich seines geliebten Sohnes und Teil des Sieges Jesu. Wir dienen dem Ziel des Königs und seines Reiches, wenn wir Versuchungen widerstehen, wenn wir jemanden zu Christus führen und ihm die völlige Kontrolle geben über alles, was in unseren Händen liegt, so dass er es zu seiner Verherrlichung nutzen kann. Es gibt kein größeres Privileg, als uns an dem siegreichen Werk Jesu zu beteiligen. Das ist das Wichtigste in der ganzen Weltgeschichte.

Der Sieg über Sünde und den Teufel ist der lebende Beweis dafür, dass wir einen Ortswechsel vorgenommen haben, von der Macht der Finsternis in das Reich seines geliebten Sohnes.

Wir haben nicht nur den Ort gewechselt, sondern auch unsere Identität.

Kapitel 10
Veränderungen durch das Reich Gottes
Eine andere Identität

Große Ideen, bedeutende Unternehmungen und gutfundierte Anstrengungen hängen allesamt von einem kompetenten Management ab. Nur ein starkes Management kann einer Firma helfen, ihr ganzes Potential auszuschöpfen. Lee Iacocca bewies dies, als er die kriselnde *Chrysler Corporation* übernahm und sie durch visionäres Management zu einer rentablen Kraft in der Automobilindustrie machte.

Angesichts der Bedeutung des Reiches Gottes in der biblischen Geschichte, müssen wir uns fragen: Was steuern wir dazu bei, und wie schöpfen wir sein volles Potenzial aus? Wie können wir der Welt zeigen, dass dieses Reich in uns real ist?

Wie wir bereits festgestellt haben, untersteht alles, was wir sind und haben, Jesu Herrschaft. Das Neue Testament nennt uns seinen Leib, seine Gemeinde. Diese beiden Bilder machen seine rechtmäßige Autorität ebenso deutlich wie unsere bereitwillige Unterordnung, so dass er uns zum Erreichen seiner Ziele gebrauchen kann. Diese Aufgabe ist unser Privileg.

Wir müssen uns zwei äußerst wichtige Aspekte des Reiches Gottes aneignen, um unser Leben als nützliche Bürger der ewigen, geistlichen Welt in uns zu führen. Wir werden nicht imstande sein, die Realität seines Reiches zum Ausdruck zu bringen, solange wir die folgenden beiden Aspekte nicht verstanden und umgesetzt haben.

Erstens müssen wir unsere *Identität* als Bürger im Reich Gottes erkennen, um so ihrer verändernden Kraft Raum zu geben. Zweitens müssen wir innerhalb der Grenzen der *Pflichten* des Reiches leben und seine *Privilegien* schätzen und uns an ihnen erfreuen.

Unsere Identität im Reich Gottes

Die amerikanische Regierung gibt jährlich Millionen von Dollars für ihr Zeugenschutzprogramm aus, um die Identität von Menschen zu ändern, deren Leben in Gefahr ist. Menschen, die gegen Kriminelle aussagen und dadurch ihr Leben riskieren, erhalten einen neuen Wohnsitz, einen neuen Namen und eine neue Identität. Nachdem wir in das Reich Gottes versetzt wurden, haben wir auch eine neue Identität bekommen – und eine große Belohnung. Als Erstes müssen wir uns diese neue Identität zu Eigen machen, damit wir unseren Platz im Reich Gottes wahrnehmen können. Wenn wir verstehen, wer wir wirklich sind, verändert sich alles, was wir tun.

In *The Crimson Tapestry*, einem Roman von Michael Joens, ist die Figur Worm ein Bettler, der sich nur wenig um sich selbst und noch weniger um andere im mittelalterlichen England kümmert. Seine Intelligenz nutzt er, um von den Stadtbewohnern Nahrung und andere Dinge zum Überleben zu bekommen. Als Waisenkind hatte er nie seinen richtigen Namen erfahren. Man erzählte ihm, dass sein starrköpfiger, kriegerischer Vater für die Tyrannei der Sachsen in Südengland verantwortlich war. Als er noch ein kleines Kind war, sagten ihm die Dorfbewohner: »Die Erinnerung an den Namen [deines Vaters] sei für immer verflucht, und du mit ihm. Scher dich fort, Straßenkind. ... Du bist hier nicht mehr willkommen. ... Dein Erbe ist Schande, du dreckiger, abscheulicher Wurm.«

Nachdem man ihn aus seiner Heimat vertrieben hatte, begann Worm zu betteln, um zu überleben. Als Jugendlicher setzte er seine Gerissenheit zu seinem Vorteil ein. Aber eines Tages holt ihn Allyndaar, ein Freund seines Vaters, von der Straße, und Worm findet seine wahre Identität heraus. Er ist der Sohn von Caelryck, einem edlen Krieger. Caelryck hatte es gelernt, Schwerter aus Stahl zu schmieden; er bewies seine Stärke und seinen Mut im Kampf und starb einen ehrenvollen Tod in der Schlacht.

»Dein Vater war ein großer Mann«, erzählt der Freund ihm. »Britannien verlor seinen wertvollsten Sohn, als er starb.« Als Allyndaar ihm von seinem Vater erzählt, beginnt Worm sich zu ändern. Er erfährt, dass sein richtiger Name Aeryck ist, Sohn von Caelryck. Sein Vater ist ein Held für alle, die sich gegen die sächsische Unterdrückung in England wehren. Allyndaar und seine Familie bieten Worm an, bei ihnen zu leben und sich dem Freiheitskampf der Briten anzuschließen. Und Worm, ein bettelnder Junge, nimmt das Angebot an. In einer bewegenden Zeremonie erhält er das Schwert seines toten Vaters und wird schließlich ein großer Krieger des Reiches.

Was führte zu Worms radikaler Veränderung? Er bekam eine neue Identität, als er erfuhr, dass er zu einem edlen Reich gehörte und Sohn eines großmütigen Kriegers war. Als Sohn von Caelryck wurde aus Worm Aeryck, das veränderte seine Identität und letzten Endes sein Leben. Als Christen, die Erben des Reiches Gottes sind, sind wir Kinder des siegreichen Königs. Wir tragen seinen Namen, und unsere neue Identität verändert unser Leben von Grund auf.

Der entscheidende Unterschied

Die Feinde Jesu nutzen die Heuchelei, die sie an so vielen Christen sehen, um die Ansprüche Jesu zu missachten. Das ist häufig nur ein Vorwand, um ihn abzulehnen. Erwarten sie wirklich, dass Christen vollkommen sind? Auch Ungläubige widersprechen immer wieder ihren eigenen Grundsätzen. Dennoch sind diese schmerzlichen Vorwürfe meistens begründet. Oft zeigt unser Leben nicht, wie einmalig das Reich Gottes ist. Aber gerade die Einzigartigkeit seines Reiches ist es, die den Unterschied macht zwischen denen, die auf dem Weg in den Himmel sind, und denen, die es nicht sind.

Nur allzu häufig versuchen wir den Unterschied zwischen »uns und ihnen« durch oberflächliche, widersprüchliche Verhaltensmuster zu definieren. In der Vergangenheit wurden die Kennzeichen eines Christen oft auf Dinge beschränkt, die es zu vermeiden galt: nicht trinken, tanzen, rauchen oder sich mit denen treffen, die so etwas tun. Das Vorbild für einen Christen sah ungefähr so aus: treuer Gemeindebesuch, den Zehnten geben, keine fragwürdigen Arbeiten am Sonntag. So wichtig, wie diese Dinge auch sein mögen, eine solche Liste lenkt uns oft nur von den echten Merkmalen unserer Identität in Christus ab und verleiht uns ein falsches Gefühl von Geistlichkeit. Wenn wir zufrieden sind, unsere Liste mit Ge- und Verboten erfüllt zu haben, hält uns das von den wahren Kennzeichen der Ewigkeit ab – von den Kennzeichen des Himmels, die uns wirklich einzigartig machen.

In unserem heute weitaus liberalen christlichen Umfeld, wo viele Gläubige Verhaltensmuster abgelegt haben, die nach Gesetzlichkeit riechen, fehlt es an echten Merkmalen der Ewigkeit. Wir sollten wieder Werte zeigen wie Großzügigkeit statt Gier, Dienen statt Egoismus, Menschen über Materielles stellen, das Ewige dem Zeitlichen vorziehen und Gott gefallen statt uns selbst. Uns mangelt es an Charakterzügen des Reiches Gottes wie Barmherzigkeit, Wahrhaftigkeit und einem konsequenten und beeindruckendes Zeugnis. All das sind einzigartige Charakteristika eines Lebens, das von Christus regiert wird; nicht aufgrund eines Pflichtgefühls, sondern weil wir uns gerne mit unserer ewigen Identität beschäftigen.

Lassen Sie mich das erklären.

Der Einfluss von Selbstwahrnehmung

Wie die Geschichte des unglücklichen Jungen namens Worm zeigt, ist unsere Identität eine treibende Kraft, die uns zu den Menschen macht, die wir sind. Viele Faktoren beeinflussen, wie wir unsere Identität wahrnehmen: unser Geschlecht; unser Beruf als Arzt,

Anwalt, Metzger oder Bäcker; unsere Rollen als Mutter, Vater, Lehrer; unsere soziale Stellung. All das bestimmt, wie wir uns kleiden, wo wir leben, wie wir reden und was unsere politischen und sozialen Perspektiven sind. Außerdem prägt unsere ethnische Identität unsere Vorlieben hinsichtlich Kleidung, Musik und Essen.

In den Sprüchen heißt es: »*Denn wie er* [ein Mensch] *es abmisst in seiner Seele, so ist er*« (Spr 23,7; UELB). Wir beziehen diese Aussage zwar häufig auf gute und schlechte Gedanken, aber es ist auch zutreffend, dass die Art und Weise, wie wir über uns denken, unser Leben bestimmt. Wenn das richtig ist, dann können uns unsere Gedanken über uns selbst zu einer Lebensweise motivieren, die das ewige Reich Gottes in unseren Herzen zum Vorschein bringt. Nur selten denken Christen an ihre neue Identität; folglich sieht man an uns kaum ein Verhalten, das dem Reich Gottes entspricht.

Sollten wir beide uns mal begegnen und ich würde Sie fragen: »Wer sind Sie?«, dann würden Sie sich wahrscheinlich mit Begriffen beschreiben, die ihre irdische Identität kennzeichnen. Sie werden wohl kaum jemand sagen hören: »Ich bin ein Bürger des Himmels, danke der Nachfrage«, oder: »Ich dachte schon, Sie würden nie fragen. ... Ich bin ein Bürger des Reiches Gottes.« Natürlich wäre es zu großspurig, mit so etwas herauszuplatzen. Aber das Problem ist nicht, dass wir es nicht sagen, wir denken nicht einmal daran.

Wenn wir uns gedanklich nicht mit unserer neuen Identität beschäftigen, wird sie nie unser Leben bestimmen. Und wenn sie das nicht tut, sind wir anfällig für den Einfluss von weniger bedeutsamen Identitäten, die zu heuchlerischem Verhalten führen können und dem Reich Gottes in uns widersprechen.

Wenn Sie beispielsweise Arzt sind und diese Identität ihr Bewusstsein bestimmt, dann versuchen Sie vielleicht alles, um dem Bild eines Arztes gerecht zu werden. Soziales Ansehen könnte Sie für Stolz anfällig machen. Und so können berufsbedingte Erwartungen, die an sich nicht falsch sind, wie kostspielige Häuser, Autos, Vereinszugehörigkeiten und Privatschulen zur bestimmenden Kraft in Ihrem Leben werden. Ein Arzt, der sich nur auf seine irdische Identität konzentriert, würde wohl kaum seine florierende Praxis aufgeben, um bedürftigen Menschen in einer armen Gegend zu dienen. Die neue Identität würde es zumindest in Erwägung ziehen.

In Lawndale, einer rauen Gegend in Chicago, haben der Weiße Wayne Gordon und der Schwarze Carey Casey einen Dienst aufgebaut, der auf effektive Weise die Liebe und verändernde Kraft Jesu demonstriert. Mehrere Ärzte haben ihre Praxen aufgegeben und ihre angenehme Umgebung verlassen und sind nach Lawndale gezogen, um zusammen mit Wayne und Carey eine Klinik zu führen. Diese Ärzte werden eindeutig von ihrer neuen Identität angetrieben. Da sie auf die Ewigkeit und den Willen ihres Königs sehen, sind sie befreit, weniger privilegierten Menschen zu dienen.

Dr. Viggo Olsen, ein Agnostiker, befand sich auf dem Höhepunkt seiner medizinischen Laufbahn, als Christus sein Leben völlig veränderte. Nicht nur, dass seine Seele vor der Hölle errettet wurde, auch sein Leben wurde auf einmal von ewigen Werten bestimmt. Er ging nach Bangladesh und gründete in diesem hinduistisch und islamisch geprägten Land das *Christian Memorial Hospital*. Ein paar Jahre später schrieb er den Bestseller *Daktar*. Das Buch führte viele Mediziner zu Christus. Und es veranlasste Hunderte von anderen Menschen dazu, Jesus in fernen Ländern zu dienen. Das Leben von Dr. Olsen wurde wirklich von seiner neuen Identität in Christus angetrieben und bestimmt.

Veränderung

Wenn wir unsere wahre Identität in Christus annehmen, revolutioniert das unsere Sicht von allem. Kindererziehung wird zu einer Aufgabe, die ewigen Zielen dient. Aus der Perspektive des Reiches

Gottes sind Kinder nicht als Verlängerung unserer Lebensträume oder zur Steigerung unseres Ansehens gedacht. Es sind Individuen, die wir für die Ewigkeit erziehen sollen. Das bedeutet, Eltern sollen ihnen die Werte vermitteln, die dem ewigen Reich Gottes entsprechen. Wenn Kinder diese gerechten Eigenschaften in ihrem Leben aufweisen, tragen sie zur Verherrlichung des Königs bei, dem wir dienen. Kinder für die Ewigkeit zu erziehen, heißt, ihnen zu zeigen, dass ihre Lebensentscheidungen nicht nur Möglichkeiten sind, um Geld zu verdienen oder ihre Eltern stolz zu machen, sondern vor allem das Reich ihres himmlischen Vaters voranzubringen.

Eltern mit einer neuen Identität werden sich über ihre Kinder freuen, wenn sie gottesfürchtig leben und ihre Berufung nutzen, um dem König zu gefallen.

Studenten mit einer neuen Identität sehen ihr Studium im Licht der ewigen Wahrheiten ihres Gottes. Sie erkennen seine Fingerabdrücke in Studienfächern wie Biologie, Anatomie, Geographie und Astronomie. Geschichte erzählt von der souveränen Führung des Königs. Mathematik, Physik und Geometrie zeigen ihnen, dass die Welt von den Gesetzen bestimmt wird, die der König eingesetzt hat. Kunst und Literatur spiegeln die Kreativität wider, die Gott in die Menschen, die nach seinem Bilde erschaffen wurden, hineingelegt hat. Philosophie, politische Wissenschaft und Verhaltensforschung müssen nach den Grundsätzen und Perspektiven des Reiches Gottes beurteilt werden. Ein Student mit einer neuen Identität sieht Bildung aus der Sicht des Königs und entwickelt seinen Verstand, um den Zielen des Reiches maximalen Nutzen zu bringen. Eine zukünftige Karriere dient als Bühne für die Arbeit im Reich Gottes.

Wenn wir nach dem Reich Gottes streben, werden wir unseren Beruf niemals zur Selbsterfüllung und zum persönlichen Vorwärtskommen nutzen, sondern als Mittel, um anderen Menschen Christus zu zeigen und sein Werk voranzubringen. Wir gehen keine Kompromisse im Bezug auf Werte wie Integrität ein, nur um eine Gehaltserhöhung oder Beförderung zu bekommen. So können wir allen zeigen, dass im Reich Gottes nicht Reichtum und Macht zählen, sondern Gerechtigkeit und Frieden.

Rentner mit einer neuen Identität verbringen ihre verbleibenden Jahre nicht auf dem Sofa, sondern stellen ihre Weisheit, Fähigkeiten und ihren Besitz der Sache Jesu zur Verfügung. Sie leben in dem Bewusstsein, dass sie einen privilegierten Platz in seinem Reich haben, und stellen ihre Zeit und ihre Talente in den Dienst christlicher Organisationen oder ihrer Ortsgemeinde. Auch missionarische Kurzeinsätze sind eine spannende und verlockende Aufgabe für Rentner.

Großeltern, die ihre ewige Identität gefunden haben, können sich ihren Enkeln widmen, um ihren Kindern bei der Erziehung einer neuen gottesfürchtigen Generation zu helfen.

Rassenspannungen können in amerikanischen Gemeinden durch gegenseitige Annahme der gemeinsamen Identität in Christus beigelegt werden. Während politische Auffassungen uns dazu ermutigen, für unsere ethnischen Identitäten einzustehen und sie auszuleben, führt uns die Identität, die wir durch unsere Beziehung zum König der Ewigkeit haben, darüber hinaus. Unsere Identität lässt uns Rassentrennungen überwinden und bringt uns dahin, dass im Reich Gottes alle Kinder Gottes dieselbe Identität haben. Wir sind nicht rot oder gelb, schwarz oder weiß. Wir sind Brüder und Schwestern im Reich Gottes. Tony Evans sagt: »Wir sind vielleicht alle mit verschiedenen Booten angekommen, aber jetzt sitzen wir alle in demselben.« Ich habe oft gedacht, dass diejenigen, die nicht bereit sind, Menschen anzunehmen, die ihnen nicht so liegen, echte Probleme im Himmel bekommen, da Menschen aus jedem Stamm und jeder Nation dort sein werden (s. Offb 5,9-10).

Wenn wir uns durchgehend mit unserer neuen Identität befassen, werden nicht nur die Trennungslinien zwischen verschiedenen Völkergruppen aufgehoben, sondern auch die zwischen sozialen Gruppierungen. Wenn jemand in einem bestimmten gesellschaftlichen Umfeld sagt, er sei Installateur, und ein anderer Anwalt, richtet sich die Aufmerksamkeit normalerweise auf die Person mit dem angeseheneren Beruf. Aber eine Beziehung zu Christus dem König stellt uns alle auf dieselbe Stufe. Wir alle sind glückliche Bürger im Reich Gottes und dienen seiner Herrlichkeit und seiner Sache, ganz gleich ob wir Installateur oder Anwalt sind. Wie wir auf diesem Planeten funktionieren, wird an dem gemessen, was wir wirklich sind, nicht an dem, was wir tun. In einer Welt, die Macht, Reichtum, Gesundheit, Annehmlichkeiten und Toleranz hoch in Ehren hält, sagte Christus zum Abschluss der Bergpredigt, dass die Armen im Geiste, die Trauenden, die Sanftmütigen und die Gerechten gesegnet seien. Aus diesem Grund erinnerte Paulus uns: »*Da ist nicht Jude noch Grieche, da ist nicht Sklave noch Freier, da ist nicht Mann und Frau; denn ihr alle seid einer in Christus Jesus*« (Gal 3,28). Angesichts der Tatsache, dass unser Leben durch unsere Identität in Christus verändert wurde, sagt die Bibel, wir wurden »*mit Christus gekreuzigt, und nicht mehr lebe ich, sondern Christus lebt in mir; was ich aber jetzt im Fleisch lebe, lebe ich im Glauben, und zwar im Glauben an den Sohn Gottes, der mich geliebt und sich selbst für mich hingegeben hat*« (Gal 2,19-20).

Als ich mich 1987 bereit erklärte, Christus als Präsident des *Moody Bible Instituts* zu dienen, sagte ein Freund zu mir: »Du bist wirklich aufgestiegen!« Offensichtlich hatte er unsere neue Identität noch nicht richtig verstanden. Im Reich Gottes »steigt man nicht auf«. Dort gibt es nur Diener, denen Gottes Souveränität einen Platz im Weinberg zuweist. Dieses Verständnis von unserer neuen Identität macht uns eins in ihm.

Wenn wir unsere ewige Identität in Christus annehmen, wird unser Leben mehr und mehr das Reich Gottes widerspiegeln. Wer sind Sie? Wenn Sie spontan antworten, dass Sie einen Platz in seinem Reich einnehmen, und daran denken, dass er das Recht hat, ihr Leben zu bestimmen, dann zeigen Sie allen, wie real die Ewigkeit ist. Unsere neue Identität ist eine verändernde Realität.

Das richtige Verständnis von unserer neuen Identität ist aber nicht der einzige Schlüssel, um das Reich Gottes in uns sichtbar werden zu lassen. Ebenso entscheidend ist, dass wir unsere Privilegien schätzen lernen und bewusst unsere Verantwortung übernehmen.

Kapitel 11
Die Privilegien des Reiches Gottes
Seine Vorrechte und Verpflichtungen

Wir alle wünschen uns, Teil einer bedeutenden Gruppe zu sein. Ich werde nie das Familiendrama vergessen, das vorausging, als meine Tochter Libby eine Probe als Cheerleader hatte. Als sie angenommen wurde, atmeten wir alle erleichtert auf, und natürlich freuten wir uns über die Ehre. Zu verschiedenen Anlässen hörte ich mich sagen: »Unsere Tochter ist Cheerleader ...« Aber für Libby brachte diese Ehre auch Verantwortung mit sich. Man erwartete von ihr, dass sie fleißig übt, den anderen Cheerleadern und den Sponsoren gegenüber loyal ist und die Mannschaft gut repräsentiert.

Jedes Vorrecht im Leben hat seine Vorteile und Verpflichtungen. Leider neigen wir häufig dazu, die Privilegien zu genießen und die Verpflichtungen zu ignorieren. Ein Bürger des Reiches Gottes kann sich diesen Luxus nicht leisten. Der König ist zu würdig und die Sache zu wichtig.

Unser Ehrenplatz im Reich verleiht uns drei besondere Vorrechte und erlegt uns drei spezielle Verpflichtungen auf.

Das Vorrecht der persönlichen Bedeutung

Ich kenne kein stärkeres menschliches Bedürfnis als den Wunsch, für irgendetwas gut zu sein – der Wunsch nach Bestätigung, Ansehen und Achtung. Adam und Eva wurden mit dem Verlangen nach Bedeutung in ihrem Leben erschaffen. Ihre persönliche Bedeutung lag aber nicht in dem, was sie taten. Vielmehr war es die

Tatsache, dass Gott sie in seinem Bild geschaffen hatte und sie eine vertraute, hochgeschätzte Beziehung zu dem großen Gott des Universums genossen. Er hatte ihnen seine ganze Schöpfung anvertraut. Es gibt nichts von größerer Bedeutung, als von Gott angenommen zu werden, sein vertrauter Freund zu sein und für all die Dinge zu sorgen, die er erschaffen hat.

Warum lieben wir es, Namen von wichtigen Leuten zu erwähnen, die wir kennen und mit denen wir Umgang pflegen? Weil unsere Verbindung zu ihnen – ihre Freundschaft und Anerkennung – uns ein Gefühl von Bedeutung verleiht. Warum streben wir im Beruf nach einer hochgeachteten Stellung? Weil wir glauben, dass persönliche Bedeutung mit dem assoziiert wird, was uns anvertraut ist. Die Quelle ihrer Bedeutung war für Adam und Eva ihre Beziehung zu Gott und ihre Stellung über der Schöpfung. Es ist unser Vorrecht, dass wir eine solche Bedeutung durch das Erlösungswerk unseres Königs zurückerhalten haben.

Unsere Probleme fangen jedoch dann an, wenn wir außerhalb von Gott und den von ihm gegebenen Pflichten nach persönlicher Bedeutung suchen. Das macht uns leider anfällig für eine Vielzahl von Fehlern, die zu Leere, Scham und Reue führen, statt unsere Bedeutung zu stärken. Warum geben wir an? Verleumden andere? Reden schlecht von ihnen? Lügen? Betrügen? Schaden unserer Integrität im Geschäftsleben? Verbringen wir zu viel Zeit im Büro? Geben zu viel Geld für Häuser, Autos und Kleidung aus? Stürzen uns in Affären und werden unserem Ehepartner und Gott untreu? Für all das sind wir anfällig, weil wir meinen, dass wir Bedeutung in uns selbst und unseren Aktivitäten finden können ohne Gott. Und genauso wie Adam und Eva empfinden wir letzten Endes nur Scham und Reue, da es keine Bedeutung gibt außerhalb einer Beziehung zu dem einzig bedeutsamen Wesen im Universum und einer verantwortungsvollen Verwaltung dessen, was er uns anvertraut hat.

Da wir in das Reich seines geliebten Sohnes versetzt wurden, hat

Gott unsere Beziehung zu ihm wiederhergestellt und uns die Pflichten seines Reiches anvertraut. Er hat uns das sichere Gefühl von persönlicher Bedeutung zurückgegeben. Christen müssen nicht nach Bedeutung suchen. Sie ist ihnen gegeben. Sie ist ihr Vorrecht im Reich Gottes. Da unsere persönliche Bedeutung in ihm vollkommen ist, brauchen wir nicht mehr nach ihr in zerstörerischen Aktivitäten zu suchen. Die Bedeutung, die wir durch Reichtum, Ruhm, Macht und Stellung in dieser Welt erlangen können, kann nicht verglichen werden mit unserer Stellung als Kind Gottes und der Zugehörigkeit zu dem unbesiegbaren Reich Gottes, vor dem alle wichtigen Mächte dieser Welt einmal ihre Knie beugen werden (Phil 2,9-11). Selbst Menschen, die in der Welt als wichtig angesehen werden, finden nur in ihm Bedeutung; und diejenigen unter uns, die sich in dieser vergänglichen Welt für unbedeutend halten, sind in ihm absolut wichtig. Wir sind alle gleich. In ihm und seinetwegen sind wir alle zufrieden.

Als Junge war mein Vater für mich das Wichtigste auf der Welt. Er war Pastor einer großen, lebendigen Gemeinde, ein guter Prediger und ein freundlicher und liebevoller Leiter. In verschiedenen Ausschüssen, in denen er mitarbeitete, waren seine Gaben gern gesehen. Er hatte einen Namen in unserem Gemeindeverbund. Als er in seinen frühen Vierzigern war, würdigte das *Wheaton College* seinen hingegebenen Dienst für Christus mit einem Ehrendoktortitel. Die Leute sagten häufig zu mir: »Oh, du bist der Sohn von Joe Stowell«, oder sie stellten mich vor als: »... der Sohn von Dr. Stowell.« Ich war stolz auf meinen Vater und auf die Ehre, sein Sohn zu sein. Es gab mir ein Gefühl von persönlicher Bedeutung, dass ich als sein Sohn bekannt war. Ich war glücklich und zufrieden, meine Bedeutung in ihm zu finden.

Das ist nur ein schwaches Abbild von der Bedeutung, die wir als ein Kind des Königs haben. Es gibt keine größere Ehre, Wertschätzung oder irdische Bedeutung, mit der dies zu vergleichen wäre. Wenn wir diese Tatsache verstehen und für uns in Anspruch nehmen, sind wir davon befreit, unseren Wert und Platz unter den Menschen erkämpfen zu müssen, und wir sind imstande, den Verpflichtungen gerecht zu werden, die Gott uns auferlegt hat, um ihn zu verherrlichen und seinem Reich zu dienen. Natürlich kann ich das nicht, wenn mein Bedürfnis nach persönlicher Bedeutung mich dazu veranlasst, mich selbst darzustellen und für mich zu leben.

Das Vorrecht der Sicherheit

Eine permanente Beschäftigung mit unserer neuen Identität schenkt uns eine tiefe, unbeirrbare Sicherheit. Die meisten von haben mit vielen Unsicherheiten zu kämpfen. Unsicherheit überkommt uns, wenn wir allein sind, in sozialen Beziehungen, in denen andere uns unter Druck setzen, und in Situationen, in denen mehr von uns erwartet wird, als wir geben können. Im Berufsleben werden wir mit leistungsfähigeren und kompetenteren Personen verglichen.

Mehrere Jahre vor den Anschlägen des 11. Septembers 2001, die den Amerikanern ihre Verwundbarkeit für Terrorismus bewusst machten, erschütterte im April 1995 eine schreckliche Explosion das *Murrah Federal Building* in Oklahoma City. Viele Leute erkannten damals, dass ihre Sicherheit nicht automatisch garantiert war, nur weil sie im Herzen Amerikas lebten. Mehr als 160 Menschen starben, und 400 wurden verletzt, als eine in einem gemieteten Lastwagen versteckte Bombe die Fassade des Gebäudes zerriss. Unter den Toten waren mehr als ein dutzend Kinder, die sich in einer Kindertagesstätte in der zweiten Etage befanden.

»Wir dachten wirklich, wir lägen in Bezug auf Kriminalität, Chaos und Hass zwanzig Jahre hinter den großen Städten«, sagte Jon Casey, Anwalt in Oklahoma City, der bei der Detonation selbst verletzt wurde.»Aber jetzt wissen wir, dass wir uns im selben Land befinden wie New York, Chicago und Los Angeles.« Ein Soziologieprofessor der Universität von Washington fügte hinzu: »Wir stellen jetzt fest, dass niemand mehr sicher ist, und das ist außerordentlich erschreckend.«[1]

Die Bombe, die man auf eine militante Gruppe in den USA zurückführte, erschütterte noch Gebäude in einer Entfernung von 65 Kilometern. In den Zeitungen schrieben Analytiker, die Explosion erschütterte auch das Vertrauen von Eltern, dass ihre Kinder in öffentlichen Gebäuden oder in privaten Tagesstätten sicher sind. Im ganzen Land fühlten sich Eltern von Vorschulkindern unsicher. Brenda Lopez aus Chicago, Mutter von zwei Kindern im Alter von vier und fünf Jahren, drückte die Ängste der Eltern gegenüber einem Reporter aus: »[Jetzt] denkt man: ›Es könnte jederzeit passieren. Überall.‹«[2]

Diese Welt ist ein unsicherer Ort. Sozialer oder finanzieller Erfolg – oder der Standort im Herzen Amerikas – können uns keine Sicherheit vor den Rückschlägen des Lebens bieten. Aber wir können von einer dauerhaften Verunsicherung befreit werden, wenn wir erkennen, dass wir für immer in das Reich Gottes versetzt worden sind. Es gibt uns die Sicherheit in den vorübergehenden Stürmen des Lebens. Trotz Vergleichsdenken und Einschüchterung können wir sicher sein, wenn wir unsere neue Identität als Kinder Gottes annehmen und dem König gerne dienen, so wie wir sind und wo wir sind. Denn wir wissen, dass er Gefallen hat an treuen, loyalen Bürgern seines Reiches.

Unser Gefühl der Sicherheit wird durch die Tatsache gestärkt, dass das Reich Gottes ein sicherer Ort zum Leben ist, und alle, die in dieses Reich versetzt werden, finden ihre endgültige Sicherheit in dem König. Wir sind sichere, ewige Bürger seines Reiches. In Johannes 10,27-30 sprach Christus von dieser Sicherheit, als er versprach: »*Meine Schafe hören meine Stimme, und ich kenne sie, und sie folgen mir; und ich gebe ihnen ewiges Leben, und sie gehen nicht verloren in Ewigkeit, und niemand wird sie aus meiner Hand rauben. Mein Vater, der sie mir gegeben hat, ist größer als alle, und niemand kann sie aus der Hand meines Vaters rauben. Ich und der Vater sind eins.«* In Römer 8,35-39 greift Paulus auf dieses Thema zurück:

> »*Wer wird uns scheiden von der Liebe Christi? Bedrängnis oder Angst oder Verfolgung oder Hungersnot oder Blöße oder Gefahr oder Schwert? Wie geschrieben steht: Um deinetwillen werden wir getötet den ganzen Tag; wie Schlachtschafe sind wir gerechnet worden. Aber in diesem allen sind wir mehr als Überwinder durch den, der uns geliebt hat. Denn ich bin überzeugt, dass weder Tod noch Leben, weder Engel noch Gewalten, weder Gegenwärtiges noch Zukünftiges, noch Mächte, weder Höhe noch Tiefe, noch irgendein anderes Geschöpf uns wird scheiden können von der Liebe Gottes, die in Christus Jesus ist, unserem Herrn.*«

Es gibt keinen mächtigeren König als Christus, und er beschützt seine Bürger um seines Namens willen.

Unser Platz in seinem Reich ist genauso sicher. So stark der Teufel auch ist, er hat keine Möglichkeit, uns wieder in seinen Machtbereich der ewigen Finsternis zurückzuholen. Der Geist Gottes wurde damit beauftragt, unsere Sicherheit zu gewährleisten. In Epheser 4,30 erklärt Paulus, dass er uns versiegelt hat »*auf den Tag der Erlösung hin*«. Das Wort *versiegelt* war den Lesern von Paulus bekannt. Es bedeutete den Abdruck des königlichen Rings auf einem Erlass. Das Siegel stellte die Fertigstellung des Erlasses sicher. Trotz des Drucks seitens dieser gefallenen Welt, die jeden aus dem Gleichgewicht bringt, konnte Paulus mit dieser endgültigen Sicherheit im Rücken sagen: »*In allem sind wir bedrängt, aber nicht erdrückt; keinen Ausweg sehend, aber nicht ohne Ausweg; verfolgt, aber nicht verlassen; niedergeworfen, aber nicht vernichtet*« (2Kor 4,8-9). Selbst der Tod kann unsere Sicherheit nicht erschüttern, da er uns den Privilegien des Reiches Gottes nur näher bringt. Für Christen ist »*Sterben Gewinn.*«

Wir sind sicher vor den Heckenschützen des Teufels. Er kann keinen tödlichen Schuss auf uns abfeuern. Obwohl der Feind uns in den

Hinterhalt zu locken versucht, steht der König permanent als souveräner Wächter an den Toren unseres Lebens und lässt nur solche Dinge passieren, die er letzten Endes zu seiner Verherrlichung gebrauchen kann. Sogar als der Teufel Hiob angriff, hielt der König der Herrlichkeit die Hand des Teufels zurück, um sicherzustellen, dass seine göttlichen Absichten zustande kommen. Wir haben einen König, der alle Dinge zum Guten mitwirken lässt (Röm 8,28) – ein König, dessen sicherer Schutz garantiert, dass »*keine Versuchung euch ergriffen hat als nur eine menschliche; Gott aber ist treu, der nicht zulassen wird, dass ihr über euer Vermögen versucht werdet, sondern mit der Versuchung auch den Ausgang schaffen wird, so dass ihr sie ertragen könnt*« (1Kor 10,13).

Schutz vor Verzweiflung

Wenn wir an der Realität unserer neuen Identität und unserem Platz im Reich Gottes festhalten, schützt uns das vor Verzweiflung. Ich weiß nicht, ob es jemals eine Generation gab, die mit einem größeren Gefühl der Verzweiflung aufgewachsen ist. Wenn Sie sich mit der Musik und Literatur unserer heutigen Kultur befassen, wird deutlich, dass diese Generation ein hohes Maß an Sinnlosigkeit verspürt. Verwundert das? In dieser Generation hat sich AIDS seuchenartig ausgebreitet. Sie hat das Potenzial eines nuklearen Holocausts vor Augen. Die Menschen wissen von den Löchern in der Ozonschicht und der globalen Erwärmung. Im Fernsehen haben sie mit ansehen müssen, wie Terroristen Flugzeuge mit unschuldigen Passagieren in Hochhäuser und Regierungsgebäude geflogen haben. Sogar im Leib Christi, der Gemeinde, gibt es Verzweiflung – darüber, was mit unserem Land geschehen ist. »Alles gerät außer Kontrolle ... Wir haben die jüdisch-christliche Grundlage verlassen ... Was sollen wir tun?«

Die Bibel sagt uns, dass es keinen Grund zur Verzweiflung gibt, da Jesus König ist und herrscht. Letzten Endes wird Gott alles, was auf dieser Erde ist, zu einer endgültigen Lösung führen. In Psalm 11 sagt der Psalmist: »Wenn die Grundpfeiler umgerissen werden, was richtet da der Gerechte aus?« (V. 3). Er meint, wir sollten nicht »wie ein Vogel in die Berge« fliehen! Kein Rückzug! Seid nicht verzweifelt! Stattdessen sollten wir zuversichtlich sein, dass Gottes Augen auf die Gottlosen gerichtet sind und er die Taten der Gerechten sieht und belohnt. Christus sitzt auf seinem Königsthron. Sein Reich wird zu dem Reich der Ewigkeit heranwachsen, wo es keine Verzweiflung mehr geben wird. Durch die Errettung sind wir von der hoffnungslosen Verzweiflung des Reiches Satans befreit worden. Selbst der Tod, Satans wirksamster Verzweiflungsschlag, hat keine Macht über uns (1Kor 15,20). Interessanterweise ist die Verzweiflung in unserer Gesellschaft schon so groß geworden, dass viele den Tod für eine gerechtfertigte Lösung halten. Die Pop- und Rockmusik betont diese Vorstellung. Selbstmord wird als berechtigte Alternative dargestellt. Abtreibung als gesellschaftliches Recht gefordert. Euthanasie befürwortet den Tod als eine legitime Lösung für unsere Verzweiflung.

Alle Probleme und Schmerzen, die wir durchleben, sind nichts anderes als die ersten Schläge der später folgenden Realität des Todes. Er ist der stärkste Schlag des Teufels gegen Gottes Ordnung. In uns selbst finden wir keinen Sieg gegen die Verzweiflung. Niemand kann sich dagegen wehren, wenn er nicht zum Reich Gottes gehört. Der König wird dafür sorgen, dass der letzte Feind weggetan wird – der Tod. Dann wird er das Reich Gott übergeben, dem Vater des ewigen Lebens. Der König wird der Verzweiflung ihre Macht nehmen! So verwundert es nicht, dass die Bibel sagt: »Wo ist, o Tod, dein Sieg? Wo ist, o Tod, dein Stachel? ... Gott aber sei Dank, der uns den Sieg gibt durch unseren Herrn Jesus Christus!« (1Kor 15,55.57).

Als Bürger des Reiches Gottes haben wir aber nicht nur Vorrechte. Unsere Verpflichtungen sind genauso wichtig.

Wir geloben Treue

In unserer neuen Identität zu leben, heißt, dass wir unsere Pflicht akzeptieren, dem König uneingeschränkt treu zu sein. Die Tatsache, dass er der ewige König ist (1Tim 1,17), gibt ihm die höchste Autorität über alles, was wir sind und haben. Es ist überheblich anzunehmen, dass Christus – der das ganze Universum durch sein gesprochenes Wort erschaffen hat, der durch sein Kreuz und seine Auferstehung die Mächte der Hölle besiegte, der vom Vater das göttliche Recht übertragen bekam, das Reich zu regieren, zu dem ich dank seiner Gnade gehöre – kein Recht hat, mein Leben vollständig zu kontrollieren. Besonders seltsam wäre es, Jesus unsere völlige Hingabe zu verweigern, wenn wir Paulus' Liste mit den Zeugnissen lesen, die die alles überragende Stellung unseres Königs geltend machen:

>»Er hat uns errettet aus der Macht der Finsternis und versetzt in das Reich des Sohnes seiner Liebe. In ihm haben wir die Erlösung, die Vergebung der Sünden. Er ist das Bild des unsichtbaren Gottes, der Erstgeborene aller Schöpfung. Denn in ihm ist alles in den Himmeln und auf der Erde geschaffen worden, das Sichtbare und das Unsichtbare, es seien Throne oder Herrschaften oder Gewalten oder Mächte: Alles ist durch ihn und zu ihm hin geschaffen; und er ist vor allem, und alles besteht durch ihn. Und er ist das Haupt des Leibes, der Gemeinde. Er ist der Anfang, der Erstgeborene aus den Toten, **damit er in allem den Vorrang habe**« (Kol 1,13-18; Hervorhebung durch den Autor).

Während die ganze gefallene Welt den einzelnen Menschen dazu auffordert, »sein Ding zu machen« oder mit Frank Sinatra sagt »*I did it my way*« (»ich habe es auf meine Weise gemacht«), kennt der Gläubige, der seine Identität im ewigen Reich Gottes erfasst hat, das Privileg, dem König gehorsam zu sein. Freudig. Unbestritten. Konsequent. Allen Widerständen zum Trotz.

Verantwortungsvoller Sieg

Unsere zweite Pflicht als treue Untergebene unseres Königs ist unser Mitwirken am Ziel seines Reiches: Sieg. Dieser Punkt steht im Zentrum des Reiches Gottes. Wie wir bereits betont haben, ist das Ziel dieses Reiches der endgültige und unangefochtene Sieg über den Teufel. Jesus will jede Bedrohung durch den Feind für die Ewigkeit beseitigen. Bis zu dem Augenblick, wenn unser König »*alle Feinde unter seine Füße gelegt hat*«, wird der Teufel unser Leben weiterhin angreifen. Ich bin überzeugt, dass er unser Leben als Bühne benutzen will, auf der er seine Macht zeigen und den Namen des Königs in Verruf bringen kann. Aber der Kern des Reiches Gottes ist der Sieg über den Teufel. In uns spiegeln sich die herrliche Macht des Königs und das zentrale Werk seines Reiches, wenn wir unsere Herzens- und Verstandeskräfte mobilisieren, um die siegreiche Macht Jesu Christi, unseres Königs, zu demonstrieren.

Dazu müssen wir uns der Autorität des Königs unterstellen. Jedes Mal wenn ich dem König gehorche, ist das eine Niederlage für den Teufel. Wenn wir durch Gier, sinnliche Befriedigung, Stolz und Machtmissbrauch versucht werden, gibt uns das die Möglichkeit, unsere Treue zum König unter Beweis zu stellen. Wenn wir dem Feind während des Angriffs sagen: »Ich diene lieber dem König, als das zu nehmen, was du anbietest«, tragen wir den Sieg davon. So einfach ist das, auch wenn es immer ein Kampf bleibt.

Als Christen haben wir die Ehre, die Flagge des Sieges zu tragen als ein frühes Warnzeichen für den Feind, dass sein Untergang sicher ist. Wie Martin Luther sagte: »Ein Wörtlein kann ihn fällen.« Es ist das Wort *ja* zur Autorität des Königs.

Übereinstimmung mit dem Reich Gottes

Unsere dritte Pflicht ist die Übereinstimmung mit dem Reich Gottes. Das Leben im Reich Gottes ist klar definiert. Es wird durch das Wesen Gottes und seines Königs, Christus, bestimmt – dieses Wesen wird die Ewigkeit erfüllen. Da wir vollkommen sein und ihm gleich gestaltet werden, wird sich in der Ewigkeit sein Wesen in uns widerspiegeln.

Als Christen ist es unser Privileg, den Himmel, unser ewiges Zuhause, schon in unserem irdischen Leben zum Ausdruck zu bringen.

Die Bibel sagt deutlich, wir sind bereits Bürger des Himmels (Phil 3,20), und das sollte in unserem Verhalten auch sichtbar werden.

Wenn Sie in ein anderes Land reisen, erkennen Sie schnell, dass jede Kultur ihre eigenen Lebensmuster aufweist. So erweisen Asiaten anderen Menschen eine tiefe Achtung, was für die meisten Leute aus westlich geprägten Ländern nur schwer zugänglich ist. Eine wichtige Eigenheit ihrer Kultur beinhaltet strenge soziale Regeln, die sich auf den Platz in der Familie, der sozialen Schicht und der Position am Arbeitsplatz beziehen.

In Ländern südlich der Sahara gelten füllige Frauen beispielsweise als besonders schön. Die gesellschaftliche Stellung der Männer basiert auf der Körpergröße ihrer Frauen. Wenn man reich ist, hat man genug Geld, um seine Familie mit Nahrung zu versorgen, und die Größe der Ehefrau spiegelt den Reichtum eines Mannes wider.

Selbst in den Vereinigten Staaten gibt es Unterschiede in Geschmack, Stil und Akzent, abhängig davon, wo man aufgewachsen ist und zu welcher Gruppe man gehört. Genauso hat auch das Reich Gottes eine besondere Kultur, und als Bürger des Himmels sind wir aufgerufen, den wunderbaren Lebensstil des Himmels zu demonstrieren inmitten einer Gesellschaft, die in Verzweiflung und Schande gefallen ist.

Wie kann man es erkennen?

Wie können Sie einen Bürger des Reiches Gottes erkennen, wenn Sie nach einem suchen? Halten Sie Ausschau nach Menschen, die ein klares Verständnis von ihrer persönlichen Bedeutung haben und die ungeachtet ihrer Lebensumstände fest und sicher stehen. Suchen Sie nach Menschen, die Hoffnung haben in Zeiten, in denen andere verzweifeln. Achten Sie auf Zeichen einer unbeirrbaren Treue zu dem heiligen Gott, der über allem steht. Sehen Sie sich nach Menschen um, deren Leben vom Sieg über den Feind bestimmt wird und das die Merkmale des Reiches Gottes aufweist. Christen, die auf dem Weg in den Himmel sind, freuen sich darüber, dass sie zum Reich Gottes gehören und kommen treu ihren Verpflichtungen gegenüber dem König nach.

Welche besonderen Grundsätze und Verhaltensweisen weist das Leben als Bürger des Reiches Gottes auf?

Kapitel 12
Das Wesen des Reiches Gottes
Gerechtigkeit regiert

Tony Evans, Gründer von *Urban Alternative* und Pastor der *Oak Cliff Bible Fellowship* in Dallas, sagt über die Auswirkung der Ewigkeit auf uns: Gott möchte, dass unser Leben wie »eine Vorschau auf die noch kommende große Vorstellung ist«. Leider sind viele von uns so sehr mit der vorübergehenden Vorstellung dieser Welt beschäftigt, dass wir anderen kaum einen Einblick von dem Leben im zukünftigen ewigen Reich Gottes geben, zu dem wir gehören.

Selbst Nichtchristen erwarten, dass unser Leben ein Stück der Ewigkeit widerspiegelt. Natürlich würden sie es nicht so ausdrücken, aber sie rechnen schon damit, dass wir uns von ihnen unterscheiden. Der wirkliche Unterschied wird durch unsere neue Identität in Christus bestimmt. Wenn wir es zulassen, dass sie unsere Gedanken, Herzen und unsere Selbstsicht prägt, wird eine unverwechselbare Lebensführung deutlich, die die Welt, die uns beobachtet, nicht ignorieren kann.

Wenn Sie viel mit dem Auto unterwegs sind, ist Ihnen vielleicht aufgefallen, wie gern Menschen erzählen, wo sie hin wollen, vor allem wenn sie ein besonderes Ziel haben. Kürzlich habe ich ein Auto mit einem kalifornischen Nummernschild gesehen, das sich in der Hauptverkehrszeit durch Chicago schlängelte. Als ich mich auf gleicher Höhe befand, fiel mir auf, dass es bis zum Rand mit Kartons vollgestopft war. Vorn saßen zwei Studentinnen – eine nahm einen Schluck aus einer Flasche, und die andere saß am Steuer. Auf der hinteren Windschutzscheibe prangte der Aufkleber: »Kalifornien oder nichts.« Nach einem langen Jahr auf dem College wollten sie nun nach Hause.

Sich für das Reich Gottes kleiden

Als ich an einem Samstag an Bord eines Flugzeuges nach Tampa ging, bemerkte ich, dass die meisten Passagiere zu einem Spiel der *Chicago Bears* gegen die *Bucs* wollten. Ihr Ziel lag auf der Hand. Mit Schals, Mützen und Trikots der *Bears* gingen sie an Bord. Unser Verhalten gibt deutlich zu verstehen, dass wir auf dem Weg in den Himmel sind.

Wenn an uns ein Verhalten beobachtet werden kann, das des Himmels würdig ist, ist das vergleichbar mit der Handvoll von Leuten, die der Mode voraus sind. Lange bevor wir Koteletten tragen, lassen sie sich welche wachsen. Die Breite ihrer Krawatte und ihres Hemdkragens kündigen die kommende Mode an. Ich war noch nie bei einer Modenschau, aber einmal habe ich mir eine im Fernsehen angesehen. Berühmte Designer führten ihre neuen Stile an ausgesuchten Models vor, die vor aller Augen den Laufsteg entlangschlenderten und ihnen die zukünftige Mode zeigten. Dies alles geschieht zur Ehre des Designers, der als Letzter auf den Laufsteg kommt, um dann umgeben von seinen Modellen den Beifall der Zuschauer entgegenzunehmen.

Wenn wir unser Leben als Christen richtig führen, zeigen wir anderen Menschen dadurch, was einmal auf uns zukommen wird. Wir veranschaulichen das Verhalten des zukünftigen Reiches, zu dem wir gehören – zur Ehre unseres Königs, der der Designer dieses Reiches ist. Am Ende werden wir uns in Gerechtigkeit gekleidet um ihn scharen und mit ihm erscheinen, wenn »*in dem Namen Jesu jedes Knie sich beuge, der Himmlischen und Irdischen und Unterirdischen, und jede Zunge bekenne, dass Jesus Christus Herr ist, zur Ehre Gottes, des Vaters*« (Phil 2,10-11).

In sozialer Hinsicht kenne ich kein unangenehmeres Gefühl, als zu einem wichtigen Anlass unpassend gekleidet zu sein. Stellen Sie sich vor, Sie wussten nicht, dass Smokingzwang besteht und erscheinen in Pullover und Jeans. Besonders peinlich wäre es, wenn Sie Ihren Chef oder Ihre Firma dort repräsentieren müssten.

Gottes Volk soll seine völlig andersartige Designerkleidung einer Welt vorführen, die neugierig darauf ist, wer wir sind und was wir zu sein beanspruchen. Wir sind hier Repräsentanten seines Reiches, daher sollten wir voller Stolz ein Leben führen, das dem Reich Gottes auch entspricht.

Den König repräsentieren

Da wir oft nicht bereit sind, Jesus unser Leben bestimmen zu lassen, schaden wir dem Ansehen des Königs leider vielfach durch unsere verschmutzte Kleidung, die die Lebensmuster dieser gegenwärtigen Welt darstellt. Von den vielen peinlichen Dingen, die in meinem Leben passiert sind, lassen sich nur wenige mit der Reise vergleichen, die ich als Repräsentant des *Moody Bible Instituts* (MBI) zu entscheidenden Geldgebern unternahm. Im Raum stand eine große Summe, die es uns erlaubt hätte, ein wichtiges Bauprojekt auf unserem Campus voranzutreiben. Ich war relativ neu im Amt, und das war meine erste Gelegenheit, diese großzügigen Partner als Präsident des Instituts zu treffen. Dr. Sweeting, mein Vorgänger, hatte sich oft mit ihnen verabredet, und jetzt machten wir uns zusammen auf den Weg, um sie für unser Vorhaben zu gewinnen und mich als neuen Präsidenten des MBI vorzustellen. Dr. Sweeting wollte weiter in eine andere Stadt reisen. Für mich war es nur eine Tagesreise – am Morgen hin, am Abend zurück. Daher hatte ich auch keine Kleidung zum Wechseln dabei.

Nach etwa einer halben Stunde Flugzeit, spürte ich plötzlich etwas Warmes auf meinem Schoß – ein sicheres Zeichen dafür, dass etwas gründlich daneben gegangen war. Ein Blick bestätigte meine schlimmsten Befürchtungen. Ich hatte meinen ganzen Kaffee verschüttet und saß nun mit meinem guten Anzug in einer Pfütze. Von meinem weißen Hemd bis runter zu den Kniekehlen meines Anzugs war ich durchnässt. Ich entschuldigte mich und ging zur Toilette, um mir anzusehen, ob noch etwas zu retten war. Meine Verlegenheit wich der Verzweiflung, als ich daran dachte, dass dies meine erste Gelegenheit war, Moody vor diesen Leuten zu repräsentieren. Als ich in den Spiegel sah, bestätigten sich meine ärgsten Befürchtungen. Eine Stewardess brachte mir freundlicherweise die letzte noch an Bord befindliche Dose mit Sodawasser; dies, so sagte sie, wäre meine einzige Hoffnung, den Kaffee aus der Kleidung zu bekommen.

Wahrscheinlich muss ich es nicht extra erwähnen, dass ich mich ausziehen musste, um die Kleidung von innen nach außen zu reinigen.

Als ich halb fertig war, klopfte Dr. Sweeting an die Tür und teilte mir mit, dass die Stewardess ihm von einem anderen Herrn mit einem ähnlichen Problem erzählt habe. Sie hatten seine Kleidung zum Trocknen vor einen Ventilator gehängt und ihm eine Decke umgelegt, so dass er sich wieder auf seinen Platz setzen konnte. Ich entschied mich aber, meine Kleidung auf der beengten Toilette auf meine Weise zu trocknen. Eindreiviertel Stunden später spürte ich Druck auf den Ohren und wusste, dass wir zur Landung ansetzten. Bei meiner Anzugshose hatte ich wenigstens etwas Erfolg, aber mein Hemd war hoffnungslos ruiniert. Unter den Blicken der anderen Passagiere ging ich zurück zu meinem Platz, und als wir landeten, muss ich gestehen, war ich alles andere als erfreut, mich in diesem Zustand präsentieren zu müssen.

Gottes erlösende Gnade hat uns gereinigt und durch das vollendete Werk Jesu Christi mit der Gerechtigkeit Gottes bekleidet. Nur so können wir in seine Gegenwart treten. Leider neigen wir dazu, unsere neue Kleidung immer wieder mit den zerstörerischen und verschmutzten Einflüssen dieser gegenwärtigen Welt zu besudeln.

Vielleicht hatte Jakobus dies im Sinn, als er schrieb: »*Ein reiner und unbefleckter Gottesdienst vor Gott und dem Vater ist dieser: Waisen und Witwen in ihrer Bedrängnis zu besuchen, sich selbst von der Welt unbefleckt zu erhalten*« (Jak 1,27).

Was ist nun der passende Lebensstil, durch den wir einer beobachtenden Welt unsere neue Identität zeigen können? Um ausgerichtet auf die zukünftige Welt und unter der Autorität des Königs zu leben, müssen wir erkennen, dass die Kennzeichen dieses ewigen Reiches durch die Eigenschaften Jesu festgelegt sind. Seine reine und machtvolle Gegenwart formt das Wesen des Reiches Gottes.

Im Bibelseminar waren einige Studenten anhand bestimmter Merkmale zu erkennen, die sie sich aufgrund ihrer Bewunderung für ihren Professor angeeignet hatten: eine Geste, ein Gesichtsausdruck, das Wiederholen einer ungewöhnlichen Redewendung oder ein Wort, das sie unbewusst übernommen hatten. Sie waren von ihrem Mentor so beeindruckt, dass sie einige seiner Besonderheiten in ihrem Leben aufgenommen hatten. Ich habe einen Freund, der heute, fünfundzwanzig Jahre später, ein Ebenbild seines Theologieprofessors ist.

Genauso ist es auch mit unserer Beziehung zu Jesus. Sein Wesen erfüllt die Atmosphäre seines Reiches. Und diejenigen von uns, die ihn bewundern, übernehmen in ihrem Leben das Verhalten des Königs. Ruft uns der Heilige Geist nicht dazu auf, wie Christus zu sein? An diesem Merkmal des Reiches Gottes lässt sich unsere geistliche Reife messen.

Wie kann das Reich Gottes in unserem Leben sichtbar werden?

Gerechtigkeit regiert

Der zentrale Punkt des Reiches Gottes ist Gerechtigkeit. Alles im Reich Gottes wird daran gemessen. Der Hebräerbrief sagt über den »*Sohn ...: Dein Thron, o Gott, ist von Ewigkeit zu Ewigkeit, und das Zepter der*

Aufrichtigkeit ist Zepter deines Reiches; du hast Gerechtigkeit geliebt und Gesetzlosigkeit gehasst; darum hat dich, o Gott, dein Gott gesalbt mit Freudenöl vor deinen Gefährten« (Hebr 1,8-9). Gerechtigkeit ist Gottes absoluter Maßstab; daran wird jedes Verhalten gemessen. Um Gerechtigkeit zu veranschaulichen, wird Israel gewarnt, im Geschäftsleben nicht zwei verschiedene Gewichtsteine zu verwenden. Zwei verschiedene Gewichtssteine entsprachen nicht dem richtigen Maßstab und konnten benutzt werden, um den Käufer zu betrügen. Gerechtigkeit bezieht sich nicht auf die Maßstäbe unserer politisch korrekten Welt, sondern auf das, was Gott ist, und darauf wer den Standard festlegt.

Alle unsere Reaktionen auf das Leben, ob auf sozialer, wirtschaftlicher, emotionaler oder materieller Ebene, werden an seinem Wesen gemessen. Das bedeutet, wir sind ungerecht, wenn wir entweder strenger sind als Gott – wie beispielsweise die Pharisäer – oder toleranter als er. Strenge ist nicht gleich Gottesfurcht, wenn wir strenger sind als er; und Freiheit ist nicht die Freiheit in Christus, wenn sie dazu missbraucht wird, Gottes gerechten Maßstab beiseite zu setzen. Paulus unterstreicht das, indem er sagt, das Reich Gottes bestehe nicht aus »*Essen und Trinken*« (d.h. irdischen, materiellen und physischen Dingen), sondern vielmehr aus »*Gerechtigkeit und Friede und Freude im Heiligen Geist*« (Röm 14,17). Der Kontext dieser Aussage ist für uns äußerst wichtig, wenn wir das Reich Gottes in unserem Leben sichtbar machen wollen.

Gerechte Beziehungen

Paulus deutet an, dass unser Leben nach den Prinzipien des Reiches hier und jetzt direkte Auswirkungen auf die Qualität unserer Beziehungen hat. Aus diesem Grund bringt er die Gerechtigkeit mit Frieden und Freude in Verbindung. Er schrieb einer Gemeinde in

Rom, in der es Spannungen gab: Einige Gläubige waren innerlich frei, Götzenfleisch zu essen; dadurch erregten sie Anstoß bei Brüdern, die aufgrund des götzendienerischen Hintergrunds diese Praxis ablehnten. Paulus ruft zu einem Verhalten auf, das von gerechter Liebe geprägt ist (V. 15) und die Bedürfnisse der Brüder und Schwestern über persönliche Wünsche stellt. Er ermutigt Gläubige zu einem Verhalten, das den Frieden und die Freude in der Gemeinschaft des Königs fördert. Gerechtes Verhalten wird durch das bestimmt, was richtig vor Gott ist. In diesem Fall stellen wir die Bedürfnisse anderer über unsere eigenen Wünsche, so wie Christus, der König, unsere Bedürfnisse vorrangig vor seinen behandelt. Es sollte nicht unerwähnt bleiben, dass die Ewigkeit durch Frieden und Freude gekennzeichnet sein wird. Diese ewigen Eigenschaften sollten die Gemeinde des Königs charakterisieren. Unsere gerechte Liebe zueinander segnet unsere Umgebung mit Frieden und Freude.

Sich für das große Ereignis kleiden

Gerechtigkeit wirkt sich nicht nur auf unsere Beziehungen im Leib Christi aus, sie hat auch einen direkten Einfluss auf die Ewigkeit, insbesondere auf die Hochzeit des Lammes. In der Offenbarung liefert Johannes uns das Bild von einer Hochzeit, das die Merkmale der Gerechtigkeit des Reiches Gottes trägt, wie sie unser Leben bestimmen und charakterisieren sollten. Wenn Christus, der Bräutigam, die Gemeinde als seine Braut empfängt, ist sie in feines, strahlendes und reines Leinen gekleidet. Dieses Hochzeitskleid, sagt der Text weiter, besteht aus den »*gerechten Taten der Heiligen*«. Johannes schreibt:

»*Lasst uns fröhlich sein und jubeln und ihm die Ehre geben; denn die Hochzeit des Lammes ist gekommen, und seine Frau hat sich bereitge-*

macht. Und ihr wurde gegeben, dass sie sich kleide in feine Leinwand, glänzend, rein; denn die feine Leinwand sind die gerechten Taten der Heiligen. Und er spricht zu mir: Schreibe: Glückselig, die eingeladen sind zum Hochzeitsmahl des Lammes! Und er spricht zu mir: Dies sind die wahrhaftigen Worte Gottes« (Offb 19,7-9).

Mir gefällt der Gedanke, dass meine gerechten Taten in diesem Leben Fäden in dem schönen Kleid sind, das die Gemeinde an jenem großen, herrlichen Tag tragen wird. In Epheser 5,25-27 schreibt Paulus, dass »*der Christus die Gemeinde geliebt und sich selbst für sie hingegeben hat, um sie zu heiligen, sie reinigend durch das Wasserbad im Wort, damit er die Gemeinde sich selbst verherrlicht darstellte, die nicht Flecken oder Runzel oder etwas dergleichen habe, sondern dass sie heilig und tadellos sei.*«

Ich werde nie vergessen, wie unser Leben in den Wochen und Monaten vor der Hochzeit unserer Tochter war. Es gab Unmengen zu tun und viele Details zu berücksichtigen. Besonders wichtig war die Auswahl von Libbys Kleid. Was sie an diesem Tag tragen würde, sollte ihre Schönheit und Anmut zur Geltung bringen. Natürlich war es Libby wichtig, dass ihr Kleid gut saß und ihre Figur betonte. Noch entscheidender war für sie aber, dass sie Rod, ihrem angehenden Ehemann, in diesem Kleid gefiel. Das schien wichtiger als alles, was andere über ihr Kleid dachten. Und genauso ist es mit uns an diesem Tag, wenn wir, seine Braut, Christus, dem Bräutigam, gegenübertreten. Wir können nur auf angemessene Weise vor ihn treten und ihm gefallen, wenn wir die prachtvolle Schönheit der gerechten Taten unseres Lebens tragen.

Unsere Gerechtigkeit hier ist eine Investition in die Herrlichkeit der zukünftigen Welt. Auch wenn diese gegenwärtige Welt ein gerechtes Leben verachtet und uns sagt, dass wir zu nichts zu gebrauchen sind, ist es dennoch wahr, dass wir aus gutem Grund gerecht sind. Wir sind nicht gut, weil wir es sein müssen oder weil wir in Verlegenheit kommen, wenn wir es nicht sind. Wir führen kein gerechtes Leben, um die Folgen von ungerechtem Handeln in dieser jetzigen Welt zu vermeiden, sondern weil Gerechtigkeit der zentrale Punkt des Reiches und der Herrlichkeit Christi ist. Wir kleiden uns in Gerechtigkeit, ohne uns zu schämen, demütig zur Ehre des Designers, und um das Wesen der Ewigkeit zum Ausdruck zu bringen, zu der wir gehören. Wenn wir aus diesen Gründen ein gerechtes Leben führen, ist Gerechtigkeit nicht länger eine Last, sondern ein großer Segen.

Christen wissen auch, dass diese Welt ihre eigenen Vorstellungen von richtig und falsch hat, die oftmals dem gerechten Maßstab des Königs zuwider laufen. Wir ziehen den wahren und ewigen Maßstab demjenigen vor, der einfach nur politisch korrekt ist. Wir entscheiden uns für den Maßstab des Königs, der uns letzten Endes alle beurteilen wird. Deshalb ist es vergleichsweise unwichtig, wenn wir nicht mit dem Verhaltenskodex dieser Welt übereinstimmen.

Kapitel 13
Die äußere Erscheinung des Reiches Gottes
Ewige Tugenden sind wichtiger als irdische Werte

George Sweeting diente sechzehn ausgezeichnete Jahre als sechster Präsident des *Moody Bible Institutes*. Für mich war es natürlich eine Herausforderung, seine Nachfolge bei *Moody* anzutreten. Er war nicht nur eine außergewöhnliche Führungspersönlichkeit, sondern sah auch wie der Inbegriff eines Präsidenten aus. Mit seinem gewellten, weißen Haar, dem sanften Blick und einem verständnisvollen und dennoch entschlossenen Gesichtsausdruck wirkte er wie der vollendete Präsident. Sein Verhalten auf der Kanzel war einwandfrei, seine Repräsentation des *Moody Institutes* tadellos. Einer der Fernsehleute von Moody erzählte mir, dass Dr. Sweeting ihnen nie Anlass gab, sich zu schämen. Kurz gesagt, er besaß nicht nur das Aussehen, sondern auch den Charakter, um die Sache voranzubringen, zu der Jesus ihn berufen hatte.

Auch wir sollen unser Leben so führen, dass eine Welt, die uns beobachtet, einen Eindruck von dem Aussehen und dem Charakter des Reiches Gottes bekommt. Wenn wir die Gerechtigkeit zeigen wollen, die den Kern dieses Reiches bildet, müssen wir wissen, wie diese Gerechtigkeit in unserem Leben auszusehen hat. Welche biblischen Ziele können wir anpeilen? Welchen Spiegel können wir uns in den Wandschrank unserer Seele hängen, um das von Gott entworfene Aussehen des Reiches Christi zu überprüfen?

Ein gerechtes Leben spiegelt natürlich die Frucht des Heiligen Geistes wider. Galater 5,22-23 führt die Eigenschaften auf, die einen Christen zieren, der sich Gerechtigkeit zum Ziel gesetzt hat. Wir können nicht übersehen, dass Liebe, Freude, Friede, Langmut,

Freundlichkeit, Güte, Treue, Sanftmut und Enthaltsamkeit Frucht sind. Sie sind das Resultat, wenn wir unser Leben im Geist des Königs führen und uns ihm unterordnen. Daraus wird immer gerechtes Verhalten entstehen, der Kern des Reiches Gottes.

Interessanterweise stellt Paulus im Galaterbrief diese Frucht des Geistes dem Reich der Finsternis gegenüber, aus dem wir befreit worden sind. Die Verhaltensweisen eines vergehenden, besiegten, zerfallenden Reiches sind: »*Unzucht, Unreinheit, Ausschweifung, Götzendienst, Zauberei, Feindschaften, Hader, Eifersucht, Zornausbrüche, Selbstsüchteleien, Zwistigkeiten, Parteiungen, Neidereien, Trinkgelage, Völlereien und dergleichen*« (Gal 5,19-21). Selbst wenn es keine jenseitige Welt und kein Reich Gottes in uns gäbe, bestünde kein Zweifel, welche Lebensqualitäten erstrebenswerter wären.

Welche Aspekte der Gerechtigkeit führen also zu dieser Frucht in unserem Leben? Da Gerechtigkeit ein so großes Wort ist und alles abdeckt, was nach Gottes Maßstäben richtig ist, wollen wir es einmal in drei Teile aufgliedern: gerechte *Grundsätze* und gerechte *Perspektiven*, die zu gerechten *Einstellungen* führen. Die Perspektiven und Einstellungen schauen wir uns im folgenden Kapitel an.

Tugenden des Reiches Gottes

In diesem Kapitel wollen wir uns die Grundsätze des Reiches Gottes ansehen. Wenn wir nach ihnen handeln, führt das unweigerlich dazu, dass das Reich Gottes in unserem Leben sichtbar wird. Diese Grundsätze sind in Wirklichkeit mehr als nur »Werte«. Sie stellen Gottes moralische Autorität in unserem Leben dar. Es sind die *Tugenden*, die das Leben im Reich Gottes definieren und bestimmen.

In dieser gegenwärtigen Welt hört man interessanterweise nur wenig von *Tugend*. Wenn wir über Verhaltensgrundsätze sprechen, meinen wir immer nur *Werte*. Dafür gibt es einen Grund. Da diese

Welt Absolutes ablehnt, gibt es für sie keine höhere, ausschließliche moralische Autorität mehr. Nichtchristen legen ihr eigenes Wertesystem fest. Das Wertesystem des einen Menschen ist ebenso berechtigt wie das eines anderen. Deshalb ist nichts wirklich moralisch überlegen, denn Tugend hat mit dem Besten zu tun, dem moralisch Höchststehenden. Diese gegenwärtige Welt hat ihre Tugend verloren, weil sie Christus, den König, als absolute und letztendliche moralische Autorität abgelehnt hat.

In seinem Buch *First Things First* (dt.: Das Wichtigste zuerst) sagt Stephen Covey über die Schwachstellen von Werten:

»Etwas wertzuschätzen, heißt, es als wertvoll anzusehen. Und Werte sind absolut wichtig. Unsere Werte bestimmen unsere Entscheidungen und unser Handeln. Aber wir können viele unterschiedliche Dinge für wertvoll erachten: Liebe, Sicherheit, ein großes Haus, Geld auf dem Konto, Status, Anerkennung, Ruhm. Nur weil wir etwas schätzen, bedeutet das nicht automatisch, dass es unsere Lebensqualität verbessert. Wenn das, was wir für wertvoll halten, im Widerspruch zu den natürlichen Grundsätzen steht, die innere Ruhe und Lebensqualität bestimmen, bauen wir unser Leben auf eine Illusion und sind zum Scheitern verurteilt. Wir können uns diese Grundsätze nicht so hinbiegen, wie es uns passt.«[1]

Über die Bedeutung von Tugenden, die auf Prinzipien beruhen, sagt er abschließend: »Werte führen nicht zu mehr Lebensqualität ... *es sei denn, wir sehen Grundsätze als wertvoll an.*«[2]

William Bennett, ehemaliger U.S. Minister für Gesundheit, Bildung und Soziales, stellte *The Book of Virtues* (dt.: Das Buch der Tugenden) zusammen, um unserer Gesellschaft den Begriff der Tugend wieder nahezubringen. In seinem Bestseller arbeitete er den Unterschied zwischen Werten und Tugenden heraus. Er schrieb: »Heute spricht man von Werten und davon, wie wichtig es für uns ist, ›sie zu haben‹, so als wären sie Perlen an einer Kette oder Murmeln in einem Beutel.« Er meint weiter, Tugenden aber seien nicht etwas, was man besitze, sondern »etwas, das man ist, das Wichtigste, was man sein kann.«[3]

Die Historikerin Gertrude Himmelfarb fügt hinzu, dass »der Wechsel von ›Tugenden‹ zu ›Werten‹ noch andere bedauernswerte Folgen hat«, einschließlich der Beschränkung von Tugend auf »sexuelle Enthaltsamkeit und eheliche Treue«. Gleichzeitig vergisst man dabei die Betonung »der klassischen Tugenden wie Weisheit, Gerechtigkeit, Mäßigung und Mut oder der christlichen Tugenden wie Glaube, Hoffnung und Nächstenliebe.«[4]

Als Bennetts Buch über Tugenden herauskam, ging ich in die Buchhandlung, um mir eins zu kaufen. Nachdem ich es durchgeblättert hatte, bezahlte ich an der Kasse, bei einem jungen, modischen Verkäufer. Dabei sagte ich ganz naiv: »Das sieht so aus, als könnte es ein Bestseller werden.« Worauf er nur bissig antwortete: »Ich hoffe nicht.« Ich war verwirrt, bis mir klar wurde, dass der Gedanke an Tugenden, an moralisch Absolutes, das Charakter und Verhalten definiert, dieser Welt nicht nur fremd, sondern ebenso unwillkommen ist.

Als Christen verpflichten wir uns den moralisch absoluten Maßstäben des Königs und versuchen, diese Tugenden inmitten von variierenden und oftmals gegensätzlichen Werten in der Welt um uns herum anzustreben. Die Denkweise des Reiches Gottes erhebt die ewigen Tugenden als die höchste Form von Erfolg, Respekt und persönlicher Bestätigung. Die Tugenden des Reiches Gottes stellen Charakter über Ansehen. Für Gläubige gehen Ansehen und Ehre auf Charakter zurück, nicht auf Stellung, Macht oder Reichtum. Der ärmste Christ mit dem geringsten Ansehen in der Welt findet unter uns Ehre und Respekt.

Leider haben sich viele von uns für die Ehre irdischer Werte wie Ruhm und Reichtum entschieden. Manche schätzen ihre Stellung mehr als Reinheit. Die eigene Darstellung ist ihnen wichtiger als Gottesfurcht. Wenn wir jedoch die Grundsätze, die Tugenden des Reiches Gottes als die wichtigsten Elemente unseres Lebens übernehmen, werden wir mehr Wert auf den Charakter legen als auf irdisches Ansehen.

Was sind also die Tugenden, die zur Gerechtigkeit des Reiches Gottes führen? Da es die Gerechtigkeit Jesu ist, die das Verhalten seines Reiches bestimmt, müssen wir uns die Grundsätze und Tugenden anschauen, die er uns in den entscheidenden Momenten seines Lebens vorlebte. Als Gott in Jesus Mensch wurde, zeigte er uns, wie der König auf dieser Erde leben würde. Daran erkennen wir wiederum, wie wir uns im Reich Gottes verhalten sollen. Jesus macht deutlich, wie wir den Charakter und die Qualität der Ewigkeit in menschlichen Beziehungen zum Ausdruck bringen können. Die moralische Autorität, die er in seiner Person und seinen Beziehungen offenbarte, veranschaulicht die Tugenden, die wir als Christen anstreben müssen.

Wichtige Tugenden

Christus hat durch sein Leben mindestens sieben wichtige Tugenden aufgezeigt. Am besten können wir sie verstehen, wenn wir sie den irdischen Werten gegenüberstellen, mit denen sie konkurrieren: *Wahrheit* statt Toleranz; *Gnade* statt Rache; *Liebe* statt Ichbezogenheit; *Dienen* statt Herrschen; *Selbstbeherrschung* statt Sinneslust; *Gerechtigkeit* statt Unterdrückung; *Demut* statt Überheblichkeit. Wenn wir diese sieben Tugenden annehmen, bekommen wir einen christlichen Charakter, der unser Leben einmalig macht. Schauen wir uns einmal an, wie Jesus diese Eigenschaften in dieser Welt auslebte.

1. Wahrheit

Es gibt kaum einen Zweifel, dass diese Welt Toleranz als ihren höchsten Wert ansieht. Da die Gesellschaft keine moralische Autorität hat, die einen absoluten Maßstab vorgibt, ist alles erlaubt, solange es niemandem schadet oder ihn behindert. Da die Philosophen dieser Welt zu der Überzeugung gekommen sind, dass nichts wirklich richtig oder falsch ist, müssen wir alles tolerieren, um im Trend zu liegen. Aus diesem Grund werden die Schwulenbewegung, Abtreibung, unbegrenztes sexuelles Ausleben und andere sündige Verhaltensweisen vollständig toleriert. Trotz ihrer teilweise verheerenden Auswirkungen hält man die unterschiedlichsten Lebensanschauungen für gleichberechtigt. Darum werden wir auf der einen Seite aufgefordert, nach der Wahrheit zu suchen, auf der anderen Seite aber bekämpft, wenn wir sagen, sie gefunden zu haben.

Das Leben von Christen hingegen wird von der Tugend der Wahrheit geformt. Das bringt uns unweigerlich in Konflikt mit dem Reich, aus dem wir befreit wurden. Wahrheit ist in ihrem tiefsten Kern intolerant. Wenn es Wahrheit gibt, gibt es auch Irrtum. Wenn es richtig gibt, gibt es auch falsch. Ein Christ, der sich der Wahrheit verschrieben hat, wird immer die *Menschen* tolerieren, die im Irrtum sind, aber den Irrtum selbst nicht. Von allen Grundsätzen der Gerechtigkeit muss die Wahrheit an oberster Stelle stehen. Wir sind nicht so überheblich, dass wir einfach behaupten, die Wahrheit zu kennen; vielmehr sind wir Kinder des Königs, der die Wahrheit in sich selbst ist. Als Jesus auf der Erde war, zeigte er uns, dass er voller Wahrheit ist (Joh 1,14) und dass seine Wahrheit die Herrlichkeit seines Vaters widerspiegelte.

Als Christen nehmen wir die Wahrheit an und bringen sie zum Ausdruck. Die Quelle der Wahrheit ist das Wort Gottes, das uns eine solide Grundlage für unser Handeln liefert, unabhängig von der jeweilig vorherrschenden Strömung in unserer Gesellschaft. Wir sollen liebevoll die Wahrheit sagen und treu zu unserem Wort und unseren Verpflichtungen stehen. Wir sollen zu dem stehen, was wir sind und was wir zu sein behaupten. Wir weigern uns, andere zu belügen, zu täuschen, zu betrügen oder uns durch unser Handeln oder unsere Einstellung unglaubwürdig zu machen. Unser Charakter soll sich durch Integrität, Zuverlässigkeit und Offenheit auszeichnen. Wir sind den Dingen verpflichtet, die wirklich gerecht sind, und wir treten für Unterdrückte und wirkliche Opfer ein. Doch am wichtigsten ist, dass wir Gott gegenüber treu sind in unserem Handeln, Denken und unserer Einstellung.

Gott ist wahr, und alles, was er sagt und tut, ist wahr. Darauf können wir bauen. Er ist sich selbst treu, seinem Wort, seinem Volk, seinen Verheißungen und seinem ganzen Wesen. Er regiert ohne Fehler, Heuchelei, Untreue, Ungerechtigkeit und Täuschung. Sein Reich ist von der Wahrheit geprägt – eine Tugend, die Christen anstreben sollten.

2. Gnade

Nach dieser unerschütterlichen Tugend der Wahrheit folgt nun als Zweites die *Gnade* des Königs. Johannes erinnerte sich an sein Leben mit dem König und sagte, dass Jesus voller Gnade war (Joh 1,14). Die Wahrheit ist absolut und fest; und die Gnade befähigt und ermutigt den Menschen, sein Leben ganz der Wahrheit zu widmen. Sie stellt uns wieder her, wenn wir fallen. Das Reich des Teufels sieht Menschen gern, die sich aus eigener Kraft durchsetzen können, auch wenn sie dabei skrupellos gegen andere vorgehen. Die Gnade hingegen möchte anderen die Kraft zum Überwinden und zum Erfolg schenken. Die Gnade ergänzt die Wahrheit auf perfekte Weise. Sie gibt uns die Möglichkeit, nach dem Maßstab der Wahrheit zu leben.

In dieser Welt werden die Schwachen ungerecht behandelt, fallen gelassen und an den Rand gedrängt. Im Reich Gottes gibt die Gnade den Schwachen einen Platz in unserer Mitte. Sie streckt sich sogar nach unseren Feinden aus. Gnade vergibt und macht Wiederherstellung möglich. Gnade teilt mit anderen und erfüllt ihre Bedürfnisse. Gnade hilft geduldig. Gnade hört zu, versteht und liebt. Gnade geht in der Gefahr voran. Gnade sieht mehr das Potenzial und nicht so sehr die Probleme.

Wo wären wir heute, wenn die Gnade des Königs, der uns seine Kraft und Mittel zu unserem ewigen Nutzen schenkt, unser Leben nicht aufrechterhalten hätte? Seine erstaunliche Gnade ist eine Tugend im Reich Gottes, die alle belohnt, die in ihre Reichweite kommen.

Die Pharisäer brachten eine Ehebrecherin zu Jesus, um ihn in der Öffentlichkeit unglaubwürdig zu machen. Jesus sagte zunächst nichts zu den Pharisäern; er schrieb nur zwei Mal etwas in den Sand. Dabei gab er wahrscheinlich die Situation wieder, als der Gott Israels die Gesetzestafeln zwei Mal schrieb, weil er Gnade mit einem Volk hatte, das gegen ihn gesündigt hatte. Für die Pharisäer war es eine Erinnerung an den Gott der Gnade, und der Frau gegenüber zeigte er sowohl seine Gnade als auch seine Wahrheit: »*Geh hin und sündige von jetzt an nicht mehr!*« (Joh 8,11).

Die *Nations Ford Community Church* in Charlotte, North Carolina, fand genau den richtigen Ort für ihre Gemeinde, um einen Dienst zur Verherrlichung Gottes aufzubauen. Es war ein leerstehendes Kirchengebäude am Rand eines weißen Arbeiterviertels der Stadt. Der große Hexenmeister des Ku Klux Klan wohnte ebenso in dieser Straße wie viele Anhänger der Sekte. Da die *Nations Ford Community Church* zu jener Zeit aus afroamerikanischen Gläubigen bestand, wehte der Gemeinde natürlich ein steifer Wind aus der Nachbarschaft entgegen. Durch Einbeziehung der Amerikanischen Bürgerrechtsunion hätte der Pastor, Phil Davis, seine Gemeinde zu einem politischen Sieg und zur Durchsetzung ihres Standorts führen können. Er hätte sich an den Herausgeber des *Charlotte Observer* wenden können, um die Macht der Medien gegen den Widerstand der Nachbarschaft zu nutzen. Um noch mehr Rückendeckung zu bekommen, wäre es Davis sogar möglich gewesen, das U.S. Justizministerium anzurufen und einen Bundesanwalt zum Schutz ihrer Bürgerrechte zu verpflichten. Oder sie hätten es als einen weiteren Fall von Rassismus in unserer Nation ansehen und sich in Selbstmitleid und Bitterkeit gegenüber ihren Feinden in der Nachbarschaft zurückziehen können.

Das, was die *Nations Ford Community Church* schließlich tat, war jedoch weitaus entscheidender und wirkungsvoller. Sie hielten an ihrem Glauben an die Herrschaft Jesu fest.

Ein paar Mitglieder der Gemeinde wussten, es gab noch eine andere Möglichkeit: die feindlich gesonnene Umgebung mit der guten Nachricht von Jesus Christus erreichen. Da die Menschen um sie herum zunehmend mit Armut und Arbeitslosigkeit zu kämpfen hatten und gegen viele Anwohner Prozesse wegen Verschuldung liefen, konzentrierte sich die Gemeinde auf tätliche Nächstenliebe in der Nachbarschaft. Einige Christen aus der Gemeinde waren beruflich im Rechts-, Finanz- und Medizinwesen tätig und eröffneten außerhalb des Gemeindehauses ein Büro (um nicht die Menschen in Verlegenheit zu bringen, die ihre Dienste in Anspruch nahmen). Dort boten sie ihren neuen Nachbarn rechtliche, medizinische und finanzielle Beratung an. Die Geschäftsleute in der Gemeinde unterbreiteten den Arbeitslosen Beschäftigungsangebote, und innerhalb kurzer Zeit brach diese vorgelebte Barmherzigkeit den Widerstand ihrer Feinde und öffnete Türen, nicht nur für die *Nations Ford Community Church*, sondern auch für das Evangelium Jesu Christi.

Seit 1987 ist die Gemeinde von elf auf dreitausend Gläubige angewachsen. Die Gemeinde bietet ihren Gläubigen und der Nachbarschaft über dreißig verschiedene Dienste an. Die *Nations Ford Community Church* hat noch drei weitere Gemeinden gegründet. Es war die Macht der Gnade inmitten einer feindseligen Umgebung, die den Widerstand brach und die Herzen für die Kraft des Evangeliums öffnete.

Phil Davis und seine Gemeinde haben die Prinzipien des Reiches Gottes in ihrem Leben verwirklicht. Als sie Gnade in ihre Nachbarschaft brachten, zeigten sie ihr den Anbruch eines neuen Tages, einer Ewigkeit, in der die Gnade überfließt.

3. Liebe

Von den Tugenden, die sich im alltäglichen Leben Jesu zeigten, strahlte seine bedingungslose Liebe am hellsten. Zu allen Menschen! Seine Liebe reichte über ethnische, geschlechtliche, moralische und soziale Grenzen hinaus. Jesus liebte Zöllner und Sünder. Reiche und Arme. Pharisäer und Prostituierte. Weder bevorzugte seine Liebe jemanden, noch liebte er rein zufällig. Er ist Liebe. Er kann nicht anders als lieben. Sie gehört untrennbar zu seinem Wesen. Wie lässt sich diese Tugend also definieren?

Der Grundsatz der Liebe verlangt, dass wir uns bewusst um andere und deren Bedürfnisse kümmern (ganz gleich, ob wir dabei ein gutes Gefühl haben, ob wir die Person mögen oder ob sie es verdient). Jesus hat uns geboten, Gott zuerst zu lieben (indem wir uns ihm völlig unterordnen) und dann unseren Nächsten wie uns selbst. Wenn wir diese Reihenfolge beachten, können wir an unserem Umgang mit den Menschen um uns herum erkennen, wie sehr wir Gott lieben (Mt 22,34-40).

Das Gegenteil von dieser Liebe ist nicht Hass, sondern Ichbezogenheit. In dieser Welt, in der nur die Besten zählen, wo Eigennutz auf Kosten der Bedürfnisse anderer gefördert wird, weigert sich ein echter Christ, nur seinem Ego zu folgen, und sucht stattdessen den Segen für andere.

Nicht unsere eigenen Rechte zu suchen, ist dabei vielleicht die größte Herausforderung. Die Welt erwartet von uns, dass wir unsere Rechte und persönliche Beachtung einfordern. Aber das Reich Gottes erhebt die Liebe zu einer Tugend. Und in einer Welt, in der uns der

Egoismus wie in einem Ghetto isoliert hat, wo wir einsam und unerfüllt bleiben, wo die Herzen nach echter, bedingungsloser Liebe und Fürsorge hungern, schneidet die aufrichtige Liebe eines christlichen Lebens wie ein Laserstrahl durch die Dunkelheit und dringt in das Leben von Menschen ein, die sich nach dem Licht Jesu sehnen.

Wir sollen Gott, unseren Nächsten und unsere Mitchristen lieben (Joh 13,34-35); der Mann seine Frau (Eph 5,25); die Liebe zur Gemeinde zeigen wir durch fürsorglichen Dienst (Joh 21,15-17); und sogar unsere Feinde lieben wir (Mt 5,43-48).

Buster Soaries, Pastor der *First Baptist Church of Lincoln Gardens* in Somerset, New Jersey, hat sich dazu verpflichtet, die Liebe Jesu in seinem Leben zu zeigen, sogar gegenüber seinen Feinden. Jahre vor seiner Bekehrung wurde er von fünf Drogenhändlern entführt, die ihn töten wollten. Mit einer Schrotflinte im Gesicht, einer 45er im Genick und einem Gewehrlauf in der Seite wurde Buster eines Morgens zu einem unbebauten Grundstück gefahren und aus dem Auto gestoßen. Gerade als die Entführer auf ihn schießen wollten, bemerkte der Fahrer ein Polizeiauto, das an einem nahegelegenen Highway parkte. Da sie fürchteten, die Polizei könnte die Schüsse hören, packten sie Buster zurück ins Auto. Fast fünf Stunden später wurden ihre Pläne durchkreuzt, als ihr Bandenchef ihnen den Befehl gab, Buster gehen zu lassen. Aber sie machten ihm unmissverständlich klar, dass sie sich ihn später schnappen würden.

Das sind echte Feinde! Buster hatte allen Grund, diese Männer zu fürchten und zu hassen. Da er noch nicht gläubig war, entschloss er sich, beim nächsten Mal Rache zu nehmen. Das war eine verständliche Reaktion – da er erst später Christus kennenlernte und erfuhr, was es heißt, nach den einzigartigen Grundsätzen des Reiches Gottes zu leben.

Einige Zeit später stand zu Busters Überraschung bei einer Veranstaltung mit mehr als zwanzigtausend Leuten im *Madison Square Garden* der Mann vor ihm, der ihm die 45er ins Genick gedrückt hatte. Augenblicklich stieg Hass in ihm hoch und er dachte an Vergeltung.

Dann erinnerte der Heilige Geist ihn aber an den Grundsatz des Reiches Gottes, seine Feinde zu lieben. Würde er versuchen sich zu schützen und sich aus Furcht davonstehlen? Würde Buster die Gelegenheit nutzen, um die an ihm begangene Ungerechtigkeit heimzuzahlen? Oder würde er diese menschlichen Reaktionen ablegen, um ihm die Liebe Christi zu zeigen?

Buster ging auf seinen »Feind« zu und umarmte ihn. Der Entführer war natürlich geschockt. Dann sagte er zu ihm, dass er ihn lieben und ihm gerne helfen würde, wenn er etwas brauche. Buster erzählt: »Der Mann fiel fast auf der Stelle tot um.«

Und der König freute sich, dass seine Liebe durch die Treue seines Dieners wie ein Laserstrahl aus der Ewigkeit in das finstere Herz dieses Mannes schneiden konnte.

4. Dienen

Die vierte Tugend, die unser Verhalten als Bürger des Reiches Gottes prägt, ist Dienen. Es ist schon eine überraschende Wendung, dass Jesus, der die höchste Stellung im Universum hat, auf die Erde kam, um zu dienen. Er nahm die Stellung eines Dieners an. Der König belehrte seine Jünger, dass sie sich die Haltung von Dienern zu Eigen machen sollten, was in starkem Gegensatz zum Streben der Welt nach Bedeutung stand. Die Jünger sprachen lieber darüber, wer wohl das höchste und mächtigste Amt im Reich Gottes bekleiden würde. Dann nahm der König ein Handtuch und wusch ihnen die Füße, um ihnen zu zeigen, was dienen bedeutet. Als die Mutter von Jakobus und Johannes bat, dass ihre beiden Söhne im Reich Gottes zu seiner Rechten und seiner Linken sitzen dürften, erwiderte Jesus: »*Ihr wisst, dass die Regenten der Nationen sie beherrschen und die Großen Gewalt gegen sie üben. Unter euch wird es nicht so sein; sondern wenn jemand unter euch groß werden will, wird er euer Diener sein, und wenn jemand unter euch der Erste sein will, wird er euer Sklave sein; gleichwie der Sohn des Menschen* nicht gekommen ist, um bedient zu werden, sondern um zu dienen und sein Leben zu geben als Lösegeld für viele« (Mt 20,25-28).

Paulus verweist auf den König, unser Vorbild, der uns auffordert:

»Tut nichts aus Eigennutz oder eitler Ruhmsucht, sondern dass in der Demut einer den anderen höher achtet als sich selbst; ein jeder sehe nicht auf das Seine, sondern ein jeder auch auf das der anderen! Habt diese Gesinnung in euch, die auch in Christus Jesus war, der in Gestalt Gottes war und es nicht für einen Raub hielt, Gott gleich zu sein. Aber er machte sich selbst zu nichts und nahm Knechtsgestalt an, indem er den Menschen gleich geworden ist, und der Gestalt nach wie ein Mensch befunden, erniedrigte er sich selbst und wurde gehorsam bis zum Tod, ja, zum Tod am Kreuz« (Phil 2,3-8).

Im Reich Gottes wird Erfolg an unserem Dienst für andere gemessen. Das endgültige Lob Gottes ist nur den Christen vorbehalten, die sich auf ihrem Weg nach Hause als »gute und treue Knechte« erwiesen haben (Mt 25,21).

In einer Fernsehdokumentation wurde eine geistliche Bewegung in den USA vorgestellt, in der Männer sich dazu verpflichten, Gott zu lieben und sich für eine starke Familie einzusetzen. Das verstößt natürlich gegen die Werte dieser gegenwärtigen Welt. Am Ende der Dokumentation wurde ein Mitglied interviewt. Zum Schluss sagt er, er würde seiner Frau dienen, obwohl er das Haupt seiner Familie sei.

In dem anschließenden Gespräch über die Dokumentation wurde über diese Aussage gesprochen. Eine Reaktion war: »Ich halte es wirklich für sehr interessant, dass er sagte, er wäre der Diener seiner Frau. Ist es nicht seltsam, dass jemand gleichzeitig ein Führer und ein Diener ist?«

Ja, das ist es ... wenn man nur so denkt wie diese Welt. Aber wenn man Christus kennt, weiß man, dass er genauso war. Und er ruft uns auf, ebenso zu sein. Der Mann in diesem Interview ehrte seine Frau, indem er sich so wie sein König verhielt.

5. Selbstbeherrschung

Wie wir später noch feststellen werden, entspringen die stärksten Bedürfnisse dieser Welt aus den Leidenschaften unserer Seele: »*Die Begierde des Fleisches und die Begierde der Augen und der Hochmut des Lebens*« (1Jo 2,16). All diese Dinge haben zu tun mit der verführerischen Kraft unserer Sinne. Wir sollen unsere Sinne auf die richtige Weise benutzen.

Hätten wir nicht die Fähigkeit zu sinnlichen Erfahrungen, würden wir kein Gefallen haben am Essen, Fortpflanzen, Erfolg bei der Arbeit oder an guten Beziehungen zu anderen. Ohne diese Impulse würde unser Leben dem einer Pflanze gleichen.

Das Problem ist nicht, dass wir Sinne besitzen. Aber dieses Weltsystem bestärkt uns darin, sie ausschließlich zu unserem Vergnügen zu gebrauchen, statt mit ihnen der Gerechtigkeit zu dienen, wozu sie letztendlich gedacht sind. Christen werden nicht von ihren sinnlichen Trieben beherrscht, sondern bringen sie unter die Kontrolle des Königs, der sie zu seiner Verherrlichung und zum Nutzen seines Reiches einsetzt. Und so bringen uns unsere sinnlichen Erfahrungen zusätzlich Erfüllung und Freude, ohne zu Schuld und Zerstörung zu führen, was der Fall ist, wenn wir sie für unsere Begierden missbrauchen.

An keiner Stelle machte der König die Tugend der Selbstbeherrschung deutlicher als in der Wüste, als er dem Fürsten dieser Welt gegenübertrat und als seine Sinne am angreifbarsten waren (Mt 4,1-11). Nachdem er vierzig Tage lang gefastet hatte, wollte der Teufel ihn dazu verführen, auf seine Stimme zu hören. Er lockte ihn mit Essen, Macht und Ruhm. Aber Jesus stellte sich unter eine höhere moralische Autorität als die des Teufels und gebrauchte die Kraft des Wortes Gottes, um zu widerstehen. Auf diese Weise sagte er nein zu seinen Impulsen und ja zur Ehre und Herrlichkeit seines Vaters.

Wenn wir dem Reich Gottes angehören, stellt sich die Frage, unter welcher moralischen Autorität wir leben. Und wem wir treu sind, ungeachtet unserer inneren Impulse. Dem Fürsten dieser Welt, unserem eigenen inneren Verlangen oder dem klaren Wort Gottes, das uns auf unserem Weg nach Hause leitet und schützt?

Die Tugend der Selbstbeherrschung ist ein klares Merkmal des Reiches Gottes angesichts der unglaublichen Sinnesreize, die diese Welt uns heute bietet. An jeder Ecke werden wir verführt, unsere Sinne zu unserem eigenen Vergnügen zu gebrauchen. Aber Christen stellen ihre Sinne unter die Kontrolle des Heiligen Geistes durch die moralische Autorität des Wortes Gottes. Christus widerstand den Verführungen Satans und kann uns so als ein Hoherpriester vertreten, der uns versteht und mit uns fühlt, wenn wir versucht werden. Als jemand, der sich in unsere Lage versetzen kann, gibt er uns bereitwillig seine Gnade (seine Kraft und Befähigung), um unseren Sieg zu garantieren (Hebr 4,14-16). Wenn wir unsere Triebe unter seine Kontrolle stellen, erhalten wir sowohl innerlich als auch äußerlich eine charakterliche Reinheit und zeigen dadurch die Gerechtigkeit seines Reiches.

Kontrolle ist der entscheidende Faktor. Diese gegenwärtige Welt bestärkt uns, unser Leben, Beziehungen, Wohlstand, Macht und Leidenschaften selbst zu kontrollieren. Aber in Bezug auf die Tugend stellt sich nicht die Frage, was wir kontrollieren, sondern wer oder was uns kontrolliert. Wenn es unsere Sinne und unsere Umgebung sind, sind wir im Herzen irdisch gesinnt. Sind es jedoch das Wort Gottes und der Heilige Geist, sind wir echte Bürger seines Reiches.

6. Gerechtigkeit

Gerechtigkeit ist die sechste Tugend des Reiches Gottes. Die Gerechtigkeit seines Reiches steht in starkem Gegensatz zu der offenen und weitverbreiteten Unterdrückung und dem Verrat an anderen, zu dem die Menschen dieser Welt neigen. Wenn alles, was wir haben, diese Welt ist, dann tun wir alles Mögliche, um selbst voranzukommen und uns zu bereichern, selbst wenn das auf Kosten anderer geht. Als Folge werden schwächere und weniger begünstigte Menschen zu Bauern auf dem Schachbrett, die man zum persönlichen Vorteil benutzt und opfert.

Diese Tendenzen werden in der ganzen Bibel verurteilt. So distanzierte sich Gott von Israel, das zwar treu an seinen rituellen Praktiken festhielt, aber nichts gegen Unterdrückung unternahm. In Jesaja 58 bittet Israel um Gottes Gegenwart und Macht, und er antwortet ihnen:

> *»Wenn du aus deiner Mitte fortschaffst das Joch,*
> *das Fingerausstrecken und böses Reden*
> *und wenn du dem Hungrigen dein Brot darreichst*
> *und die gebeugte Seele sättigst,*
> *dann wird dein Licht aufgehen in der Finsternis,*
> *und dein Dunkel wird sein wie der Mittag.*
> *Und beständig wird der HERR dich leiten,*
> *und er wird deine Seele sättigen an Orten der Dürre*
> *und deine Gebeine stärken.*
> *Dann wirst du sein wie ein bewässerter Garten*
> *und wie ein Wasserquell, dessen Wasser nicht versiegen«* (V. 9-11).

Es ist schon erstaunlich, wie ruhig sich Christen in Bezug auf Unterdrückung und repressive Systeme in dieser Welt verhalten. Nur wenige Stimmen erheben sich gegen rassistische Strukturen, die begabten und wertvollen Menschen aufgrund ihres Passes oder ihrer Hautfarbe absichtlich Rechte, Achtung und Würde verweigern. Die Sklaverei war ein offenkundiger Ausdruck der Ungerechtigkeit gegenüber wert- und würdevollen Menschen. Apartheid war eine Ungerechtigkeit in der jüngeren Vergangenheit. Ethnische Säuberung ist ein Verstoß gegen Menschenrechte.

1955 weigerte sich eine afroamerikanische Christin in Montgomery, Alabama, ihren Platz im Bus für einen Weißen zu räumen. Heute nennen viele Rosa Parks die Mutter der Bürgerrechtsbewegung und bezeichnen ihr Handeln als mutig. Aber Rosa nannte es eine Glaubenstat.

»Ich merkte, der Herr würde mir die Kraft geben, alles zu ertragen, was auf mich zukommen sollte«, sagte Rosa. »Es war an der Zeit, dass jemand aufstand – oder in meinem Fall, sitzen blieb. Ich habe mich geweigert, den Platz freizugeben.«

Christen müssen bereit sein, für das Richtige und Gerechte aufzustehen oder sitzen zu bleiben. Schwächere Menschen unterdrücken, beherrschen oder beuten wir nicht zu unserem Vorteil aus. Vielmehr versucht die Gnade des Reiches Gottes, sie zu schützen und aufzubauen. Wir handeln nicht nur gerecht gegenüber anderen, wir protestieren auch gegen Ungerechtigkeit und wehren uns gegen Abhängigkeitsverhältnisse, verhelfen unterdrückten Menschen zu Freiheit und teilen mit den Hungernden unser Brot.

Obgleich Christus, unser König, oft Gerechtigkeit forderte, wird diese Tugend nirgends deutlicher erkennbar als bei der Tempelreinigung (Mk 11,15-17). Viele haben gemeint, das Vergehen der Händler bestünde darin, Waren im Tempel zu verkaufen (woraus einige den Schluss zogen, dass wir in der Gemeinde nie etwas verkaufen sollten, vor allem nicht am Sonntag). Das eigentliche Problem aber war, dass der Verkauf von Tieren und das Geldwechseln als Dienst an Reisenden aus fernen Ländern geschah. Da sie von weither kamen, konnten sie keine Opfertiere mit zum Tempel bringen. Das Vergehen war, dass die Geldwechsler und Tierverkäufer völlig überhöhte Preise von hilflosen Pilgern verlangten, die keine andere Wahl hatten und die Tiere kaufen mussten. Diese Händler hatten sich des Wuchers schuldig gemacht. Um eine Taube zu kaufen, musste man sein Geld zu einem ungerechten Kurs in Tempelwährung umtauschen. Anschließend wurde für das Opfertier das Vielfache des Marktwertes gefordert. Der Text deutet an, dass die religiösen Führer ihren Anteil an dem Geschäft hatten. Deshalb nannte Jesus die

Händler Diebe und Räuber. Sie strichen das Geld von hilflosen Reisenden zum eigenen Gewinn ein.

Es gibt keinen ungerechteren Betrug, als seinen Vorteil daraus zu ziehen, dass andere Gott gefallen und dienen wollen. Deshalb sagte Jesus: »*Steht nicht geschrieben: Mein Haus wird ein Bethaus genannt werden für alle Nationen? Ihr aber habt es zu einer Räuberhöhle gemacht*« (Mk 11,17). Ungerechtigkeit im Namen eines gerechten Gottes ist ein schwerwiegendes Vergehen.

Der König setzte sich für uns ein, auf dem ganzen Weg zum Kreuz, als wir von der Sünde unterdrückt wurden, hoffnungslos verurteilt durch den Betrug dieser finsteren Welt. Das Kreuz steht als Symbol für Gerechtigkeit, wo der Preis der Sünde bezahlt und unterdrückte Menschen für immer befreit wurden. Gerechtigkeit gehört zum tiefsten Wesen des Reiches Gottes. Sie wird von der Wahrheit geleitet, von Gnade gestärkt, von Liebe motiviert, von einem dienenden Herzen aktiviert und vom Heiligen Geist kontrolliert. Sie ist der Höhepunkt der Tugenden des Reiches Gottes. Sie alle vereinen sich am Kreuz.

Nur wenige haben tätige Gerechtigkeit im Namen Gottes deutlicher veranschaulicht als William Wilberforce. Bereits als junger Mann begann er, sich in der britischen Politik zu engagieren und wurde eine der Jüngsten, die jemals einen Sitz im Parlament hatten. Obwohl von kleiner Statur und schwächlicher Erscheinung bewegte seine Redekunst die britische Bevölkerung. Er wurde zu einem guten Freund von William Pitt, dem Premierminister, und in den Straßen ging das Wort um, dass er selbst eines Tages Premierminister von Großbritannien werden würde.

Sein Herz wurde jedoch von dem Umstand beunruhigt, dass sein Land weltweit eine der führenden Nationen im Sklavenhandel geworden war. Der Sklavenhandel war ein großer wirtschaftlicher Gewinn für einflussreiche und wohlhabende Geschäftsleute in England. Diese hatten beträchtlichen Einfluss auf die Politik, und Wilberforce wusste, dass es politischer Selbstmord war, sich für die

Abschaffung des Sklavenhandels in England einzusetzen. Doch als wahrer Christ stellte er die Tugenden des Reiches Gottes über seine persönlichen Vorteile und widmete sein Leben dem Ziel, den Sklavenhandel aus Großbritannien zu verbannen. Nach langen, kampfvollen Jahren hatte er schließlich Erfolg. Er wurde nie Premierminister von England, aber sein Name erstrahlt heute heller als der aller Premierminister seiner Zeit. Darüber hinaus bewies er der ganzen Welt, dass es Tugenden gibt, die größer sind als Macht, Ruhm, Reichtum und irdische Anerkennung.

7. Demut

Der siebte Grundsatz des Reiches Gottes ist Demut statt Überheblichkeit, ein Ausdruck unserer Treue gegenüber dem König. Auch diese Tugend zeigte der König uns. Wenn es jemand nicht nötig hatte, demütig zu sein, dann er. Aber der König der Herrlichkeit, der Schöpfer des Universums, erniedrigte sich selbst, um den Plan seines Vaters ausführen zu können.

Als Erstes wollen wir über diese spezielle Tugend festhalten, dass sie eine Entscheidung ist, kein Seinszustand. Wir meinen häufig, echte Demut wäre ein Wesenszug oder ein bestimmtes Image, das wir mit uns herumtragen. Wenn wir ruhig sind, bescheiden, anspruchslos, schwach und leicht zu schikanieren und dies alles mit einem freundlichen und sanften Geist ertragen, dann sind wir wirklich demütig. Erstaunlicherweise stelle ich manchmal fest, dass manche Leute, die diese Art von Demut zeigen, stolz darauf sind, wie demütig sie geworden sind. Es ist im Grunde möglich, dass jemand, der mutig und redegewandt ist und sehr effektiv handelt, einen echten Geist der Demut offenbart. Trifft diese Beschreibung nicht auch auf unseren König zu?

Wahre Demut bezieht sich auf zwei grundlegende Entscheidungen, die wir treffen. Die erste Entscheidung ist anzuerkennen, dass alles, was wir sind und erreichen, nur der Tatsache geschuldet ist, dass jemand anders uns diesen Erfolg möglich gemacht hat. Echte Demut gibt dem die Anerkennung, der größer ist als wir, ohne dessen Hilfe und Unterstützung wir nichts tun könnten. Zweitens entscheidet sich wahre Demut, sich willentlich einer höheren moralischen Autorität unterzuordnen. Einfach ausgedrückt, wirklich demütige Menschen gehorchen nicht nur bei aktiven Entscheidungen, sondern akzeptieren auch ihren Platz, ihre Stellung und ihr Los im Leben, die unsere höchste Autorität nach seinem göttlichen Ratschluss souverän festgelegt hat.

Interessanterweise sprach Christus immer davon, dass er alles zur Ehre seines Vaters im Himmel tat. Als er den blinden Bettler in Johannes 9 heilte, erklärte er, dass der Mann blind geboren war, damit die Werke Gottes an ihm sichtbar würden. Jesus hätte versucht sein können, sich aufgrund seiner Wunder selbst zu verherrlichen, stattdessen richtete er die Aufmerksamkeit auf die Macht Gottes, des Vaters. Als er auf die Erde kam, gab Jesus seine eigene Herrlichkeit auf. Er wurde falsch verstanden, an den Rand gedrängt, abgelehnt und wie ein Krimineller behandelt. All das nahm er auf sich, um seinen Vater zu verherrlichen durch sein Erlösungswerk für Menschen, die der Teufel in seinem Reich gefangen hielt. Für Jesus war der Verlust seiner eigenen Herrlichkeit so offensichtlich, dass er im hohenpriesterlichen Gebet bat (Joh 17), der Vater möge ihm die Herrlichkeit zurückgeben, die er hatte, bevor er auf die Erde gekommen war.

Unser König bewies wahre Demut, indem er nicht nur seinem Vater die Ehre gab und Gottes Auftrag annahm, sondern ihm auch den ganzen Weg zum Kreuz gehorsam war. Paulus unterstreicht diesen Aspekt echter Demut, wenn er schreibt, dass Christus »*sich selbst erniedrigte und gehorsam wurde bis zum Tod, ja, zum Tod am Kreuz*« (Phil 2,8).

Was machen wir also mit unserem Wunsch nach Anerkennung und einer gehobenen Position? Die Welt, in der wir leben, erhebt und feiert uns in gewisser Weise, wenn wir uns für uns selbst einsetzen. Im Reich

Gottes hingegen werden wir auf Gottes Weise und zu seiner Zeit erhöht. Nachdem Paulus in Philipper 2 erklärt hat, dass Jesus sich selbst erniedrigte, wird uns versichert, dass Gott, der Vater, seinen Sohn letzten Endes erheben wird. Petrus ermahnt uns: »*Demütigt euch nun unter die mächtige Hand Gottes, damit er euch erhöhe zur rechten Zeit, indem ihr alle eure Sorge auf ihn werft! Denn er ist besorgt für euch*« (1Petr 5,6-7). Interessanterweise steht diese Aussage direkt vor dem bekannten Vers, der sagt, dass unser Widersacher, der Teufel, uns zu verschlingen versucht. Dann heißt es weiter, dass Petrus' Leser schwere Verfolgung erlitten; sie sollten sich aber nicht selbst aus ihrer Not befreien, sondern sich auch weiterhin demütig von Gott gebrauchen lassen.

Wenn wir ein gehorsames und demütiges Leben zur Ehre Gottes und zum Nutzen seines Reiches führen, erfüllen wir einen Grundsatz, der unser Verhalten, unsere Einstellungen und Reaktionen mit wirklicher Gerechtigkeit durchdringt. Wir leben zur Ehre eines gerechten Gottes und folgen den Anweisungen dessen, der uns nichts auftragen wird, was nicht wirklich gerecht ist.

Das Zusammenspiel der Tugenden

Diese sieben Tugenden des Reiches Gottes fügen sich wunderbar zusammen und bewirken etwas für den König. Selten stehen sie unabhängig voneinander und allein. Liebe motiviert zu Gnade, Gerechtigkeit und zum Dienen. Gerechtigkeit braucht Wahrheit, Gnade, Demut und Liebe, um nicht kalt und grausam zu sein und falsch angewandt zu werden. Selbstbeherrschung benötigt Wahrheit, um sich von ihr leiten zu lassen, und Demut, um sie vor Stolz und einer verurteilenden Haltung zu bewahren. All diese Tugenden führen zu einer gerechten Lebensweise, die in einer unerschütterlichen Treue zu Christus verwurzelt ist. Er zeigt uns, wie wir diese Tugenden in der gegenwärtigen Welt ausleben sollen.

Tugenden des Reiches Gottes vs. irdische Werte

Wesensart	Tugend des Reiches Gottes
- Steht im Gegensatz zu Unwahrheit und Sünde - An das biblisch Absolute gebunden - Offen für Überzeugung - Überzeugt von dem, was wahr ist	Wahrheit
- Nutzt Macht und Mittel, um andere zum Erfolg zu führen - Großzügig - Vergibt anderen	Gnade
- Sorgt sich um andere - Barmherzig - Teilt den Besitz mit anderen - Aufopfernd und langmütig	Liebe
- Nutzt die eigene Position, um andere zu fördern und weiterzubringen - Kümmert sich um die Bedürfnisse anderer - Möchte anderen dienen - Sieht Geld als Mittel an, um anderen zu helfen	Dienen
- Urteilsfähig und diszipliniert - Entschlossen - Friedfertig, vorsichtig	Selbstbeherrschung
- Möchte unterdrückte Menschen befreien - Beschützt andere - Setzt sich für die Gleichberechtigung aller Menschen ein	Gerechtigkeit
- Gibt dem Anerkennung, dem sie gebührt - Akzeptiert den zugewiesenen Platz - Sanftmütig - Gehorsam - Dankbar	Demut

Tugenden des Reiches Gottes vs. irdische Werte

Irdischer Wert	Konsequenzen
Toleranz	- Tolerant gegenüber Unwahrheit und Sünde - Pragmatisch - Verschlossen für Überzeugung - Schwankend
Gier	- Nutzt Macht und Mittel zum persönlichen Gewinn auf Kosten anderer - Rücksichtslos - Rachsüchtig
Ichbezogenheit	- Beschäftigt sich hauptsächlich mit sich selbst - Unbarmherzig - Häuft Besitz an - Will weder Opfer bringen noch Leiden ertragen
Herrschen	- Strebt nach Achtung und Anerkennung - Gleichgültig gegenüber den Bedürfnissen anderer - Erwartet von anderen, dass sie ihm dienen - Materialistisch
Sinneslust	- Anfällig für jeden Impuls und Suchtverhalten - Unentschlossen - Opfer des eigenen sündigen Verhaltens
Unterdrückung	- Behandelt Schwache ungerecht zum eigenen Nutzen - Zerstört andere, um selbst besser dazustehen - Fördert Unruhen; wirtschaftlicher Niedergang
Überheblichkeit	- Nimmt die Anerkennung für sich selbst - Neidisch, eifersüchtig - Arrogant und durchsetzungsfähig - Ungehorsam - Klagend

Das sind die Tugenden, an denen Christen gemessen werden. Sie sind der Boden, auf dem wir all unsere Entscheidungen treffen. Sie sind der Kern des Reiches Gottes, das durch uns zum Ausdruck kommt. Sie sind der Schlüssel zu einem christlichen Charakter und unser Schutz vor den Folgen der irdischen Werte, die beständig versuchen, unsere persönliche Stabilität, Zufriedenheit und unsere Beziehungen zu untergraben und zu zersetzen.

Schauen Sie sich die Tabelle »Tugenden des Reiches Gottes vs. irdische Werte« an und achten Sie auf den Gegensatz zwischen den Grundsätzen des Reiches Gottes und denen des gegenwärtigen Weltsystems.

Dass wir tatsächlich aus dem Reich der Finsternis befreit und in das Reich seines geliebten Sohn versetzt worden sind, beweist sich darin, dass wir diese Tugenden angenommen haben, die unser König so deutlich zum Ausdruck gebracht hat. Christusähnlichkeit entsteht, wenn wir ihn in uns regieren lassen. Wenn andere an uns bemerken, dass wir wie unser König sind, ist das das höchste Lob, das wir in diesem Leben empfangen können.

Obschon diese Tugenden unser ganzes Handeln bestimmen und leiten, lenkt Christus den Blick auf spezielle Einstellungen und Anwendungen, die einen Christen charakterisieren, dessen Herz auf den Himmel ausgerichtet ist. In der Bergpredigt beantwortet er die Frage: »Wie sieht mein alltägliches Denken und Handeln aus, wenn ich nach den Tugenden des Reiches Gottes lebe?«

Kapitel 14
Grundsätze und Einstellungen des Reiches Gottes
Die Predigt unseres Lebens

Viele hitzige Diskussionen enden mit der verbalen Pattsituation: »Lass uns der Wahrheit ins Gesicht sehen, wir haben einfach unterschiedliche Ansichten.« Wie kommt es, dass der eine Angeln für den langweiligsten Zeitvertreib auf der ganzen Welt hält und Einkaufen für das aufregendste Ereignis am Wochenende? Die meisten Männer können das nicht verstehen. Es ist eine Frage der Perspektive. Sie beeinflusst alles. Was wir vom Leben, von Musik, Mode und Freunden halten, wird von unserem Standpunkt bestimmt.

Christen, die sich nach dem Reich Gottes richten, erkennen nicht nur, dass wir einen Ortswechsel vorgenommen und uns neue Lebensprinzipien zu Eigen gemacht, sondern auch eine völlig neue Lebensperspektive bekommen haben. Einen Standpunkt, der unser Denken und unser Handeln revolutioniert. Christen, die nach den Tugenden des Reiches Gottes leben wollen, müssen die Perspektiven und die sich daraus ergebenden Einstellungen verstehen und annehmen.

Ich bin als Pastorensohn aufgewachsen, und jedes Mal wenn man mich mit »junger Mann« ansprach, wusste ich, jetzt gibt's Schwierigkeiten: »Junger Mann, du bist der Sohn eines Pastors. Du solltest den anderen Kindern ein Vorbild sein.« Ganz ehrlich, die Vorteile und Privilegien eines Pastorensohns nahm ich nur allzu gerne an, aber ich hatte wenig oder kein Interesse daran, mein Verhalten entsprechend dieser Rolle zu ändern. »Gut sein« war nicht unbedingt das, was ich wollte. So wie jedes andere Kind hatte ich eine Menge Unsinn im Kopf, und sich anzupassen, machte keinen Spaß.

Wenn wir uns als Christen nicht auf das Richtige konzentrieren, haben wir viel gemein mit dem kleinen Pastorensohn. Wir freuen uns über die Vorteile des Reiches Gottes – über unsere persönliche Bedeutung, Sicherheit und Bewahrung vor Hoffnungslosigkeit –, haben aber unsere Mühe, den Haltungen und Prinzipien des Reiches Gottes treu zu sein und mit ihnen übereinzustimmen. Der Unterschied zu unserem armen Pastorensprössling ist: Es ist ein Privileg und kein Problem, nach den Prinzipien des Reiches Gottes zu leben. Wir müssen nur die Realität der Ewigkeit und den Wert des Reiches Gottes begreifen – insbesondere wenn wir sie mit den Folgen eines Lebens nach den Grundsätzen dieser Welt vergleichen.

Eine Erklärung des Königs

Das Kommen Jesu zeigte uns das Reich Gottes, vor allem wie wir es in dieser Welt ausleben sollen. Nirgendwo wird das deutlicher als im Matthäusevangelium. Mehr als die anderen Evangelien thematisiert er, dass Jesus der König ist. Und nirgends werden die Prinzipien und Haltungen des Reiches Gottes detaillierter beschrieben als in der Bergpredigt (Mt 5–7). Die Bergpredigt war, wie manche sie bezeichnet haben, die »Ordinationspredigt« für die Jünger, die ihnen den andersartigen Charakter christlichen Verhaltens aufzeigte. Aus irdischer Sicht ist diese Predigt ein radikaler Ausdruck des Reiches Gottes im Gegensatz zu den normalen Lebensmustern in dieser finsteren Welt. Ein Bibellehrer hat die Bergpredigt die »Magna Charta des Reiches Gottes« genannt.

Leider halten viele die Bergpredigt nur für eine prophetische Aussage Jesu über das Leben im Tausendjährigen Reich, wenn er auf dieser Erde herrschen wird. Und obwohl das sicherlich stimmt, übersieht es doch die Tatsache, dass die in dieser Predigt behandelten Prinzipien und Haltungen ewige Merkmale sind, die das Wesen des Königs selbst bestimmen. Wir würden das ewige Wesen der Gerechtigkeit verzerren, würden wir diesen Aspekt des Reiches Gottes ignorieren und diese Einstellungen erst umsetzen, wenn Jesus auf der Erde als König regiert. In unseren Herzen regiert er schon heute als König. Wir leben jetzt unter seiner Autorität und unterstellen ihm gerne alles, was wir sind und haben.

Die Bergpredigt zeigt zehn Lebensprinzipien auf, die zu eindeutigen Haltungen des Reiches Gottes bei uns führen. Diese zehn Prinzipien formen unser Denken und unser Handeln in jedem Lebensbereich und liefern ein genaues Bild vom König, der in uns regiert. Sie befassen sich mit einer radikal anderen Sichtweise von Menschen, einem neuen Sinn im Leben, einzigartigen Sichtweisen in Bezug auf persönliche Beziehungen, persönliche Frömmigkeit, Wohlstand, inneren Frieden, persönliche Verantwortung, Gebet, geistliches Empfinden und der Autorität der Verkündigung Jesu. Ähnlich den zehn Geboten können wir unser Leben nach diesen zehn Perspektiven des Reiches Gottes ausrichten und prüfen, wie weit es mit unserem christlichen Verhalten steht. Sie legen auch unsere Verantwortlichkeit fest, die wir gegenüber dem König haben.

Was dem König wichtig ist

Bevor wir jedoch die Prioritäten des Königs in unserem Leben umsetzen können, möchte ich sechs Punkte anführen, die uns helfen, die Bedeutung der Bergpredigt zu verstehen und sie effektiv anzuwenden.

Erstens: Jesus wollte, dass wir deutlich die Ewigkeit im Blick haben. Wenn es keine jenseitige Welt gibt, macht diese Predigt wenig Sinn. Sie können beispielsweise ihren Mantel weggeben, wenn der Besitz, der wirklich zählt, im Himmel schon auf Sie wartet. Wenn es in der

Ewigkeit ein besseres, sicheres und längeres Leben gibt, dann sind die Forderungen der Predigt vernünftig und umsetzbar.

Zweitens: Da Gerechtigkeit der zentrale Punkt der Herrschaft Christi ist, ist sie der höchste Maßstab für alle Überlegungen im Leben. Wenn wir Gefahr laufen, etwas Falsches zu tun, sollten wir uns an der Gerechtigkeit orientieren und nicht der Ungerechtigkeit nachgeben. Der Bergpredigt zufolge ist es besser, sich benachteiligen zu lassen, als anderen Anlass zu ungerechtem Handeln zu geben.

Drittens: In seiner ganzen Verkündigung räumt Christus dem inneren, geistlichen Leben höchste Priorität ein. Im Gegensatz zum religiösen Umfeld seiner Zeit zählt für ihn nicht das äußere Erscheinungsbild, sondern der innere Mensch. Für den König sind Menschen wie Früchte. Es kommt nicht darauf an, wie gut sie aussehen, es ist das Innere, das den Wert bestimmt.

Viertens: Die Bergpredigt stellt das Geistliche eindeutig über materielle und vergängliche Werte. Die Haltung des Reiches Gottes entscheidet sich immer für das Erstere. Die Seele ist von größerer Bedeutung.

Fünftens: Wir müssen die Spannung verstehen und akzeptieren, die den Lehren Jesu eigen ist. Er legt einer gefallenen und trügerischen Welt die Maßstäbe seines vollkommen reinen Reiches auf. Wenn die Bergpredigt manchmal der Vernunft dieser Welt zu widersprechen scheint, liegt das daran, dass die Sicht dieser Welt zwangsläufig im Konflikt mit den Grundsätzen des Reiches Gottes steht. Das Problem ist nicht die Bergpredigt, sondern diese unvollkommene Welt. Echte Weisheit ist eine Sache des Königs.

Der sechste und letzte Punkt bei der Anwendung der Prinzipien und Verhaltensweisen der Bergpredigt ist: Wir sollten nicht erwarten, dass Gott uns so behandelt, wie wir andere nicht behandeln wollen. Wenn wir anderen gegenüber unbarmherzig, nachtragend und gemein sind, ist es vermessen von uns, Gott zu bitten, dass er geduldig, langmütig, freundlich und gnädig zu uns ist.

Durch diese sechs Raster müssen wir die Bergpredigt filtern, wenn wir ihre Lehren verstehen und anwenden wollen.

Seine Predigt umsetzen

Die Bergpredigt ist im Grunde das Handbuch für den Umgang mit der geistlichen Welt in uns. Die Tabelle »Grundsätze und Einstellungen des Reiches Gottes« auf Seite 222f. fasst die zehn Prinzipien und die sich daraus ergebenden Haltungen zusammen. Anhand dieser Richtlinien können wir die Ewigkeit in unserem alltäglichen Leben zum Ausdruck bringen. Niemand kann die Realität eines gerechten, siegreichen Königs ignorieren, wenn wir tief in unserem Inneren von diesen Verhaltensweisen bestimmt werden.

1. Menschen im Blickpunkt

Der erste und bekannteste Abschnitt der Bergpredigt lenkt unseren Blick auf *Menschen*. Dieser Teil, allgemein bekannt als die Seligpreisungen (Mt 5,1-12), zeichnet ein völlig neues Bild von den Menschen, die in dieser Welt als wirklich gesegnet gelten. Die Welt, in die Jesus kam, unterschied sich nicht so sehr von der Welt, in der wir leben. Segen oder Glück definiert diese gegenwärtige Welt mit Wohlstand, Macht, Komfort, Gesundheit und der Chance, sich seine Träume zu erfüllen. Menschen, die diese Ziele erreichen, werden von dieser Welt als gesegnet angesehen. Jene, die es nicht schaffen, sind bedeutungslos, schwach und zu bedauern. Jesus lenkt unseren Blick in eine ganz andere Richtung. Für ihn sind die wahrhaft gesegneten Menschen die, die arm im Geist sind, die Trauernden, die Sanftmütigen, die nach Gerechtigkeit Hungernden und Dürstenden, die Barmherzigen, die reinen Herzens sind, die Friedensstifter und die um der Gerechtigkeit willen Verfolgten.

Zu dem Wort, das Jesus hier für *glückselig* benutzt, gibt es eine interessante Anmerkung. Das griechische Wort bedeutet *glücklich*. Interessanterweise war die Insel Zypern mit ihrem herrlichen Klima, ihren vielen Blumen und Früchten, ihrem Reichtum an Mineralien und natürlichen Ressourcen als »die glückliche Insel« bekannt – sozusagen die Karibik jener Zeit. Wenn die Griechen von Zypern sprachen, verwendeten sie dieses Wort. Die Reichen hatten schöne Häuser auf der Insel, und die Armen boten sich ihnen als Diener an. Verglichen mit den reichen Inselbewohnern, schien diese unterprivilegierte Klasse alles andere als gesegnet. Das traf nicht nur auf Zypern zu, sondern auch auf Israel, wo Segen am materiellen Wohlstand gemessen wurde. Jene, die nicht viel besaßen, waren dementsprechend auch nicht besonders gesegnet.

Jesus aber sagt, diejenigen, die alles andere als gesegnet erscheinen, sind aus der Sicht des Reiches Gottes in Wirklichkeit die Gesegneten. Und er erklärt uns auch, warum. Irdischer Segen ist nichts weiter als flüchtiges Glück. Wie das Feuerwerk am Unabhängigkeitstag hinterlässt es nur eine Rauchspur am Himmel; und es ist der Auftakt für echte Verluste auf der anderen Seite, wenn wir nicht in Jesus Christus gefunden werden. Aber jene, die in dieser Welt Verluste und Enttäuschungen erleiden, besitzen eine klarere Hoffnung auf die Ewigkeit, wo ihnen Segen sicher ist. Ihnen fällt es leichter, an den Wert zukünftiger Dinge zu glauben, weil sie hier so wenig empfangen haben.

Die *Armen im Geist* sind diejenigen, die ihr Herz auf den Reichtum setzen, den der König ewig für sie bereithält. Da sie allein auf Jesus vertrauen, ist ihrer das Reich der Himmel. Diejenigen, die heute *trauern*, können gewiss sein, dass sie in der Ewigkeit von Gott getröstet werden. Das ist mit Sicherheit höher zu bewerten als ein ungetrübtes Leben hier auf der Erde und eine Ewigkeit voller Klagen. *Sanftmütige* Menschen zeigen Gnade und Vergebung gegenüber denen, die schuldig an ihnen geworden sind. Sie gebrauchen nicht ihre Macht, um sich an ihren

Feinden zu rächen. Sie sind verwundbar und erleiden große Verluste. Aber dennoch werden sie ein Erbe bekommen, das ihnen nicht weggenommen werden kann. Jesus sagte: »*Sie werden das Land erben*.«

In einer Welt, wo Menschen danach hungern, ihre bösen Lüste zu befriedigen, sagt Jesus, dass diejenigen, die nach *Gerechtigkeit streben*, letzten Endes zufriedengestellt werden.

Den *Barmherzigen* wird Gottes Barmherzigkeit zuteil.

In einer Welt, in der Menschen mit manipulativen Fähigkeiten ein hohes Ansehen genießen, hebt Jesus jene hervor, die *reine* Motive haben, und verheißt ihnen einen vertrauten Umgang mit Gott.

Im Gegensatz zu jenen, die Einschüchterung und Unfrieden für ihre egoistischen Zwecke säen, sagt Jesus, dass jene, die sich für Frieden einsetzen, in der Ewigkeit als Söhne Gottes bekannt sein werden, da Gott selbst der größte *Friedensstifter* ist.

Menschen, die ihr Leben nach den Tugenden des Reiches Gottes ausgerichtet haben und von einer Welt *verfolgt* wurden, die die Grundsätze des Himmels hasst, werden unerschütterlich feststehen, da der Himmel ewig ihnen gehören wird. Am Ende des Abschnitts erinnert Jesus diejenigen von uns, die um der Gerechtigkeit willen verfolgt werden, daran, dass ihr »*Lohn in den Himmeln groß ist*« (Mt 5,12).

Aus dieser einzigartigen ewigen Sichtweise in Bezug auf Menschen ergeben sich viele grundsätzliche Haltungen. Zwei wollen wir uns anschauen. Erstens: Ich bekomme eine völlig neue Sicht von anderen Menschen. Auf einmal bewundere ich ganz andere Menschen als zuvor und eifere ihnen nach. In dieser Welt ist es leicht, die Mächtigen zu bewundern und es ihnen gleich zu tun. Aber ein Christ sieht Menschen mit anderen Augen. Ich bewundere die Menschen um mich herum, die Ehre in Bezug auf das Reich Gottes haben. Sie haben meinen Respekt und meine Anerkennung. Menschen, die im geistlichen Sinne wirklich gesegnet sind, nehme ich mit offenen Armen auf und schäme mich nicht für sie.

Zweitens: Diese Sicht der Dinge bringt mich dazu, Gerechtigkeit, Barmherzigkeit, Reinheit, Frieden und Ausharren mehr als alles andere zu schätzen.

Wenn ich Gerechtigkeit in den Mittelpunkt stelle, werde ich erfahren, wie befriedigend die Gerechtigkeit ist, die die Ewigkeit charakterisieren und regieren wird. Ich entwickle schon hier Muster für eine gerechte Lebensweise. Ich vermeide die Enttäuschung, die Ungerechtigkeit mit sich bringt und ein erfülltes Leben verhindert.

Da ich weiß, dass Gott denen Barmherzigkeit schenkt, die zu anderen barmherzig sind, bin ich bemüht, diese Eigenschaft in all meine Beziehungen einfließen zu lassen.

Diese Lebensperspektive sollte mich zu einem reinen Herzen anspornen, was bedeutet, dass ich meine Motive an dem gerechten Maßstab des Reiches Gottes messe.

Als Christ werde ich versuchen, dem Frieden nachzujagen und ihn in meinen Beziehungen herrschen zu lassen, damit ich diesen friedensstiftenden Charakter meines Königs widerspiegele.

Ich gerate nicht ins Wanken, auch wenn ich missverstanden, verleumdet oder an den Rand gedrängt werde – wenn man mich physisch verfolgt oder seelisch unter Druck setzt, weil ich mich ganz den Tugenden und Grundsätzen der Gerechtigkeit verschrieben habe und dadurch zeige, dass ich zum Reich Gottes gehöre. Ich vertraue darauf, dass das Reich der Himmel mir gehört, selbst wenn man mir hier alles wegnehmen würde.

Diese Sichtweise verändert mein Leben von Grund auf.

2. Sinn im Leben

Das zweite Prinzip, das unsere Lebenseinstellung als Christen völlig verändert, definiert den *Sinn* des Lebens neu. Jesus sagt in der Bergpredigt weiter (Mt 5,13-16), dass wir als Salz und Licht in dieser Welt leben sollen; Salz dient als Geschmacksstoff. Jesus will deutlich machen, dass unser Handeln in dieser Welt einen volleren, besseren Geschmack ins Leben bringen soll. Der Kontext legt nahe, dass wir dies durch die Grundsätze des Reiches Gottes verwirklichen können. Wenn wir die einzigartigen Tugenden und Prinzipien des Reiches Gottes ausleben, kommt das einer ansonsten faden Welt zugute.

Salz hat auch eine konservierende Wirkung. Zur Zeit Jesu erhielten viele Soldaten einen Teil ihres Solds in Form von Salz, ein wertvoller Rohstoff, der ihre Nahrung vor dem Verderben schützte. Wie Salz Fleisch konserviert, so sollen Christen die Wahrheit bewahren, indem sie sich für die Grundsätze der Gerechtigkeit einsetzen. Wenn wir die Gerechtigkeit des Reiches Gottes in unserem Leben zum Ausdruck bringen, dienen wir als Konservierungsmittel in dieser Welt. Durch eine gerechte Verkündigung und Haltung tragen wir dazu bei, Vernunft und Sicherheit in der Gesellschaft aufrechtzuerhalten, sofern diese nach gerechten Maßstäben lebt. Das Salz unserer Gerechtigkeit schützt eine ansonsten zerfallende Welt, wenn Eltern gottesfürchtige Kinder erziehen, Arbeitgeber eine biblische Ethik gegenüber ihren Angestellten anwenden, Wähler gerechte Bemühungen unterstützen und Bürger gegen Gewalt und Ungerechtigkeit protestieren.

Christen sind Lichter in der Dunkelheit. Unser »Licht« ist die Wirkung, die unsere guten Taten (V. 16) auf diese finstere Welt haben. Gemeint sind nicht irgendwelche netten Pfadfindergeschichten. Mit guten Taten ist nicht nur gemeint, einer alten Dame über die Straße zu helfen – das kann es auch sein –, aber im Grunde gehen sie viel tiefer und sind bedeutsamer als das. In der Bibel sind gute Taten das Ergebnis einer nicht verhandelbaren Hingabe an die Gerechtigkeit. Sie sind die Folge eines Lebens, das vollkommen unter der Autorität des Königs steht. Da Jesus, der König, zweifellos gut ist und nichts anderes als gut sein kann, kann nur Gutes von meinem Leben ausgehen, wenn ich mich ihm unterordne. Jesus sieht, dass unsere guten Taten wie Lichtstrahlen in die Dunkelheit dieser Welt scheinen.

Wie eine Stadt auf einem Berg werden auch wir zwangsläufig bemerkt. Auch wenn die Menschen uns nicht zuhören wollen, so sehen sie doch, wie unwiderstehlich diese guten Taten sind im Vergleich zu den verheerenden Folgen ihrer Ungerechtigkeit. Sie müssen zumindest zugeben, dass etwas Einzigartiges an unserem Leben ist. Und wie der Text sagt, werden viele von ihnen zum König kommen und ihn zusammen mit uns verherrlichen.

Kurz nach dem Zweiten Weltkrieg begann Europa die furchtbaren Spuren seiner Zerstörung zu beseitigen. Der Krieg hatte viele verheerende Schäden hinterlassen. Inmitten der Trümmer bettelten kleine Waisenkinder um Essen, und manchmal verhungerten sie auf den Straßen der vom Krieg zerstörten Städte.

An einem frostigen Morgen kehrte ein amerikanischer Soldat in London zurück zu seiner Kaserne. Aus seinem Jeep bemerkte er einen kleinen Jungen, der seine Nase gegen das Schaufenster einer Konditorei drückte. Pastor Chuck Swindoll erzählt, was dann geschah.

Im Laden knetete der Bäcker Teig für frische Donuts. Der hungrige Junge starrte ihn schweigend an und beobachtete jede Bewegung. Der Soldat stoppte seinen Jeep, stieg aus und ging ruhig zu dem kleinen Jungen rüber. Durch das beschlagene Fenster konnte er die köstlichen Leckerbissen sehen, wie sie heiß aus dem Ofen gezogen wurden. Der Junge stöhnte leise auf, während er den Bäcker beobachtete, wie er sie unter die gläserne Ladentheke legte.

Der Soldaten fühlte mit dem unbekannten Waisenkind mit, als er neben dem Jungen stand.

»Mein Kleiner, möchtest du einen?«

Der Junge erschrak.

»O, ja ... gerne!«, sagte er.

Der Amerikaner ging ins Geschäft, kaufte ein Dutzend in einer Tüte und kam wieder raus zu dem Jungen. Er lächelte, hielt ihm die Tüte entgengen und sagte: »Für dich.«

Laut Swindoll hatte sich der GI schon umgedreht und war im

Weggehen, als er ein Ziehen an seinem Mantel spürte. Er sah sich um, und da stand das Kind an seiner Seite. »Mister, bist du Jesus?«, fragte ihn der kleine Junge.[1]

Wie dieser GI sind wir Jesus am ähnlichsten, wenn wir gerechten Impulsen nachgeben und das tun, was gut und richtig ist. Das bedeutet, Licht in die Dunkelheit strahlen zu lassen. Wenn wir unser Leben ganz dem König ausliefern, dann werden unser Licht und unsere guten Taten letzten Endes die Dunkelheit besiegen.

3. *Persönliche Beziehungen*

Das dritte Prinzip handelt von *persönlichen Beziehungen* – vor allem von schwierigen und herausfordernden (Mt 5,21-48). Da die Gerechtigkeit der zentrale Punkt des Reiches Gottes ist, muss sie all unsere Beziehungen bestimmen. Wir vermeiden alle ungerechten Handlungen und Reaktionen, selbst wenn das Verlust für uns bedeutet und wir auf unsere vermeintlichen Rechte und Privilegien verzichten müssen. Christen sollten jeden Anschein von Ungerechtigkeit vermeiden.

Außerdem möchte ich betonen, dass sich dieser faszinierende Teil der Bergpredigt eindeutig mit ewigen Dingen befasst. Jesus sagt, wir können zwar äußerlich gerecht handeln, aber gleichzeitig noch negative Einstellungen in uns haben. Aufgrund dieser negativen Einstellungen sind wir schuldig. Zur Zeit Jesu hatten die Juden ihr religiöses Moralsystem so angelegt, dass sie Gerechtigkeit lediglich an äußeren Dingen festmachten. So konnte ein Mensch äußerlich gerecht erscheinen und in seinen Beziehungen innerlich doch verdorben sein.

Genau aus diesem Grund bezeichnete Jesus die religiösen Führer auch als »*übertünchte Gräber*«. Alles, was mit dem Tod zu tun hatte, war für die Juden damals verunreinigt. Da von den Juden an den Festtagen zeremonielle Reinheit verlangt wurde, durften sie kein Grab berühren;

dies galt schon als Verunreinigung. Deshalb tünchten die Pharisäer die Gräber um Jerusalem herum, damit die Menschen sie leicht erkennen und selbst den geringsten versehentlichen Kontakt damit umgehen konnten. Dieser Hintergrund verleiht Jesu Anschuldigung gegen die äußerlich reine Haltung der Pharisäer besonderes Gewicht. In Wirklichkeit waren sie innerlich zutiefst verunreinigt.

Daran sollten wir denken, wenn Jesus uns auffordert, Ungerechtigkeit in zwischenmenschlichen Beziehungen zu vermeiden und sicherzugehen, dass unsere innere Haltung stimmt. Jesus schildert mehrere Beispiele, wo ein gerechter Umgang in unseren persönlichen Beziehungen erforderlich ist.

Jeder weiß, wenn wir unseren Bruder so sehr hassen, dass wir ihn töten, machen wir uns des Mordes schuldig. Wir gestehen uns jedoch kaum ein, dass wir bereits aufgrund unseres Hasses schuldig sind. Jesus sagt, wenn uns dieser Hass dazu verleitet, den Ruf eines anderen zu zerstören oder seinen Wert zu schmälern, fallen wir unter das Gericht (V. 21-22). Wir verhalten uns richtig, wenn wir unsere Feinde Gott überlassen. Statt Groll zu hegen und uns mit gehässigen Worten rächen zu wollen, streben wir nach Gerechtigkeit in unseren Beziehungen, selbst bei Menschen, die uns gekränkt und uns verärgert haben.

Das letzte Abendmahl von Leonardo da Vinci ist eines der großen Meisterwerke der Renaissance. Während da Vinci an seinem Werk arbeitete, ärgerte er sich angeblich über einen bestimmten Mann. Sein Temperament brach durch, und er griff den Mann mit bitteren Worten an.

Nachdem er wieder an die Arbeit zurückgekehrt war, versuchte er dem Gesicht Jesu ein paar feine Züge zu verleihen. Aber er war verzweifelt, weil er seine Fassung nicht wiedergewinnen konnte. Unfähig weiterzumachen, legte er schließlich seinen Pinsel hin und ging zu dem Mann, um sich bei ihm zu entschuldigen. Erst nachdem er seine Entschuldigung angenommen hatte und mit Gott alles im Reinen war, konnte der Künstler das Gesicht Jesu beenden.

Obgleich wir nicht wissen, ob diese Geschichte wahr ist, wird uns ihr Sinn doch klar: Unsere Beziehung zu anderen Menschen beeinflusst unsere Beziehung zu Gott.

Als Nächstes macht Jesus deutlich, dass Menschen, die ihm ihr Leben übergeben haben, den König nicht anbeten können, solange sie mit anderen in Unfrieden leben. Wenn wir eine andere Person verletzt haben, sollen wir sofort zu ihr gehen und uns mit ihr aussöhnen. Ist das erst einmal geschehen, können wir mit unserer Anbetung fortfahren.

Wenn ich jemandem so sehr Unrecht getan habe, dass ich vor Gericht komme, weil ich wirklich schuldig bin, muss ich es vorher mit der betreffenden Person in Ordnung bringen und wieder eine gerechte Beziehung zu ihr herstellen. Jesus sagt, ich soll diesen Menschen zu meinem Freund machen.

Verheirateten gab Jesus besondere Anordnungen hinsichtlich der richtigen Beziehung. Dem jüdischen Volk war klar, dass man bei Ehebruch vor Gott moralisch schuldig war. Jesus vergrößerte die Verantwortung noch, indem er sagte, dass man sich bereits des Ehebruchs schuldig mache, wenn man in seinem Herzen ehebrecherischen Gedanken hege (V. 28). Wir haben die Ehe schon gebrochen, wenn uns die Lust nach einem anderen Partner verzehrt, und wir nur von der Tat abgehalten werden, weil wir keine Gelegenheit dazu haben oder uns fürchten, ertappt zu werden (V. 28). Ein Mensch mit unmoralischen Fantasien, auch wenn er sie nicht umsetzen kann, ist weder gerecht noch unschuldig.

In Bezug auf moralische Kompromisse in Beziehungen sagt Jesus: Wenn unsere Augen oder Hände uns zur Sünde verleiten, wäre es für unsere Seele besser, wenn wir Augen oder Hände vom Körper abtrennen würden. Jesus hätte den Wert einer gerechten Lebensweise nicht deutlicher zum Ausdruck bringen können. Für Christen ist Gerechtigkeit und geistliches Wohlergehen wichtiger als Sehvermögen, Geschicklichkeit oder alles andere in dieser Welt.

Hinsichtlich unseres Ehepartners ruft Christus uns zu Treue auf. Das jüdische Gesetz gestattete es Männern, sich grundlos von ihren Frauen scheiden zu lassen. Daher waren Frauen einem großen Risiko ausgesetzt. Um in der Gesellschaft zu überleben, hatten geschiedene Frauen zwei Möglichkeiten: Wiederverheiratung oder sexuelle Promiskuität. Wenn sich ein Mann von seiner Frau scheiden ließ, setzte er sie der Gefahr der Wiederverheiratung aus, was in Gottes Augen Ehebruch ist, da die Scheidung von vornherein ungültig war. In Extremfällen wurden Frauen dazu gedrängt, sich auf der Straße zu prostituieren. Der einzige Grund, den Jesus für eine Scheidung akzeptiert, ist Ehebruch. Im Gegensatz dazu forderte Jesus die Männer auf, ihre Frauen zu beschützen, Geduld mit ihnen zu haben und sie zu lieben.

Jesus sprach auch über das Verhalten von Gläubigen bei vertraglichen Vereinbarungen. Zur Zeit Jesu schlossen die Juden Vereinbarungen üblicherweise, indem sie beim Himmel, bei Jerusalem oder – so seltsam es auch klingen mag – bei ihrem eigenen Haupt schworen. Jesus fordert uns auf, unser Wort zu halten, ohne uns auf eine übergeordnete Autorität zu berufen. Gläubige geben ihr Wort und halten sich daran, ungeachtet der Folgen. Sie nehmen Versprechen ernst, da es um die Integrität dessen geht, der es gegeben hat.

Wenn jemand gegen uns ist und uns etwas Böses will, sollen wir uns seinem ungerechten Verhalten nicht anpassen. Obwohl unsere normale Reaktion Rache wäre, sollen sich Christen lieber zweimal schlagen lassen, als dem anderen das Böse heimzuzahlen. Und wenn uns jemand wegen unseres Unterhemds vor Gericht bringen will, sollen wir ihm auch den Mantel überlassen. Wenn uns jemand zwingt, eine Meile mit ihm zu gehen, sollen wir zwei mit ihm gehen. Auch wenn diese Reaktionen unvernünftig erscheinen, die Alternative wären dauerhafte Feindseligkeiten. Christen schätzen den Frieden mehr, als sich zu wehren. Ihnen sind Beziehungen wichtiger als ein Unterhemd. Und sie sind gewillt, den Kürzeren zu ziehen, wenn es dem anderen etwas nützt. Dieses Verhalten ist geradezu revolutionär.

Kurz nachdem sich die Türen zur ehemaligen Sowjetunion öffneten, luden russische Bildungsexperten amerikanische christliche Organisationen ein, Lehrern den Jesus-Film zu zeigen und sie anhand des Wortes Gottes in ethischen Fragen zu schulen. Viele christliche Organisationen legten ihr Geld im Namen von *CoMission* zusammen und nahmen diese Einladung an. Sie hatten die Möglichkeit, Lehrern das Evangelium zu bringen, mit ihnen die Bibel zu studieren und Gemeinden zu gründen.

Zweieinhalb Jahre lang gaben mehr als tausend amerikanische Christen ein Jahr ihres Lebens dafür, um an diesem Projekt teilzunehmen, bis die russisch-orthodoxe Kirche Druck auf die Regierung auszuüben begann, diese »Evangelisten« – die laut ihren Worten unter dem Vorwand der Bildung gekommen waren – aus den Schulen fernzuhalten.

In einer Geste des guten Willens hatte *CoMission* das Bildungsministerium mit Kopiergeräten ausgestattet, da eine gute technische Ausstattung zu jener Zeit rar war. Als das Bildungsministerium anordnete, Schulen nicht länger für das Werk von *CoMission* zu öffnen, wurden genau diese Geräte benutzt, um die Verfügung zu kopieren. Auf halber Strecke ging dem Ministerium das Papier aus. Da *CoMission* sie nicht nur mit der technischen Ausstattung versorgt hatte, sondern auch mit stapelweise Papier, bat das Ministerium um Nachschub.

Hätten die Verantwortlichen bei *CoMission* irdisch reagiert, hätten sie ihnen ins Gesicht gelacht, da das Bildungsministerium seine Einladung so unfreundlich zurückgezogen hatte. Aber als gute Christen fragten die Leute von *CoMission* in Moskau, wie viel Papier sie bräuchten, und lieferten ihnen dann genug, um das Projekt zu beenden.

Dadurch gewannen sie die Herzen der Russen, die keine Wahl hatten und die Schulen in ihrem Land informieren mussten. Hätte *CoMission* ihnen das Papier verwehrt, hätten sie sich genauso wie alle anderen in dieser Welt verhalten. Dass sie die zweite Meile gingen, verringerte die Spannungen in einer feindlichen Umgebung und hielt das Herz von einigen Russen für das weitaus wichtigere Evangelium Jesu Christi geöffnet.

Als Nächstes folgt die möglicherweise größte Herausforderung in menschlichen Beziehungen. Im Allgemeinen herrscht die Ansicht, dass »wir unseren Nächsten lieben und unseren Feind hassen sollen« (heute würde man sagen: »Wie du mir, so ich dir«). Aber Jesus fordert uns auf, unsere Feinde zu lieben und für die zu beten, die uns verfolgen, weil wir dann so werden wie unser himmlischer Vater.

Diese Prinzipien sind einleuchtend, wenn wir uns daran erinnern, dass der zentrale Punkt dieses Reiches Gerechtigkeit in einer gefallenen Welt folgender ist: Das Reich Gottes wird an dem gemessen, was in uns ist; und geistliches Verhalten ist von größerem Wert als das, was uns persönlich als richtig erscheint.

4. Persönliche Frömmigkeit

Nachdem Jesus über unser Verhalten zu unseren Mitmenschen gesprochen hat, beginnt er aufzuzeigen, wie wir mit unserem Vater im Himmel leben sollen. Das ist das vierte Prinzip des Reiches Gottes: *persönliche Frömmigkeit* (6,1-13). Dieses Prinzip steht im Gegensatz zu den öffentlichen religiösen Machenschaften jener Zeit. Das wurde daran sichtbar, dass die Leute religiöse Praktiken zu ihrem eigenen Gewinn ausübten.

Die drei Bereiche, über die Jesus hauptsächlich redet, sind Geben, Beten und Fasten. Jesus bezeichnet die Menschen, die diese Tätigkeiten ausübten um gesehen zu werden, als *Heuchler*. Heuchler sind Leute, deren Leben genau dem widerspricht, was sie vorgeben zu glauben. Religiöse Verhaltensweisen konzentrieren sich auf das, was außerhalb von uns liegt und über uns hinausgeht. Wir leben unseren Glauben für Gott. Wenn wir sagen, wir dienen Gott, aber in Wirklichkeit wollen wir nur uns selbst dienen, sind wir Heuchler. Tun wir Gottes Werk zu unserem Nutzen, dann rauben wir ihm die Ehre, die ihm gebührt. Wenn wir uns selbst dienen, aber den Anschein erwecken, wir würden dem Himmel dienen, verlieren wir unsere ewige Belohnung, da wir uns bereits auf Erden belohnt haben.

Wir sollen im Verborgenen geben, ohne an persönlichen Gewinn zu denken.

Wir sollen auch im Verborgenen beten und unserem Vater vertrauen, dass er uns hört und uns hilft. Anschließend lehrte Jesus seine Jünger das »Vater unser«, das unseren Blick von uns weg lenkt auf die Herrlichkeit des Vaters und anschließend auf unsere Grundbedürfnisse wie Nahrung, Vergebung und Schutz vor Bösem.

Und falls wir den Teil »*wie auch wir unseren Schuldnern vergeben*« nicht beten wollen, stellt sich die Frage, wie wir erwarten können, dass Gott uns vergibt.

Wenn wir fasten, sollen wir das nicht vor anderen tun, damit sie aus unserer abgemagerten und schwächlichen Statur schließen, wie geistlich wir sind. Da Fasten etwas Persönliches zwischen unserem Vater und uns ist, sollen wir den Menschen um uns herum nicht zeigen, dass wir fasten. Das braucht nur Gott zu wissen. Bürger des Reiches Gottes schätzen die vertrauliche Beziehung zu ihrem König und üben sich in Gottesfurcht zu seiner Ehre und nicht zu ihrer eigenen.

5. Wohlstand

Nur wenige Dinge stellen eine größere Gefahr für das christliche Leben dar als *Wohlstand*. Die Prinzipien des Reiches Gottes lassen uns Wohlstand in einem anderen Licht sehen (6,19-24). Wir können unmöglich hinter Geld her sein und gleichzeitig unser Leben Gott hingeben. Jesus macht deutlich, wie töricht es ist, nach Geld zu streben, da irdische Schätze leicht zerstört oder gestohlen werden können. Radikale wirtschaftliche Veränderungen, persönliche Krisen oder spekulative Investitionen können zu schnellem Verlust führen. Wenn wir nicht vorsichtig sind, bauen wir unsere Sicherheit auf diese unsicheren Werte. Jesus hingegen lehrt, dass Gläubige Schätze auf der anderen Seite sammeln sollen, wo sie dauerhaften Nutzen bringen und von größerem Wert sind.

Wenn die Sichtweise dieser gefallenen Welt unsere Meinung über Wohlstand diktiert, befinden wir uns in tiefer Dunkelheit. Jeder Bereich unseres Lebens ist davon betroffen. Die Jagd nach Geld um des Geldes willen schadet unseren familiären Beziehungen, macht uns stolz bei Erfolg und stürzt uns in Verzweiflung, wenn wir scheitern.

6. Frieden

Zugegeben, wenn wir unseren Fokus von finanziellem Wohlstand abwenden und uns ewigen Schätzen zuwenden, machen wir uns schnell Gedanken, wie wir am besten für unsere Bedürfnisse sorgen können. An diesem Punkt richtet Jesus unsere Aufmerksamkeit auf seinen *Frieden*. Er erinnert uns daran, dass unser Vater im Himmel für unsere Bedürfnisse sorgt. Er weist auf Vögel und Blumen hin, um die sich der Vater auf wunderbare Weise kümmert. Dann fordert er uns auf, ewige Dinge an die erste Stelle zu setzen, weil der Vater weiß, was wir benötigen. Zudem ermutigt er uns, jeden Tag für das Reich Gottes zu leben und uns nicht um Morgen zu sorgen. Christen wissen: Sie müssen sich *heute* für das Reich Gottes einsetzen und das Morgen dem König überlassen, der auch dann noch für sie sorgt.

Der große Prediger Charles H. Spurgeon erfuhr diesen Frieden, als er einmal versuchte, für arme Londoner Kinder Geld aufzutreiben. Er kam nach Bristol in der Hoffnung, dreihundert Pfund einzusammeln, um sein Werk an heimatlosen Londoner Kindern zu finanzieren. Am Ende der Veranstaltungswoche hatte sich das Leben von vielen Menschen verändert und sein finanzielles Ziel war erreicht. Als er am Abend betete, schien ihm eine Stimme zu sagen: »Gib das Geld Georg

Müller« (der Gründer der Waisenhäuser in Bristol, England). »Oh, nein, Herr«, antwortete der Spurgeon, »ich brauche es für meine eigenen Waisenkinder.«

Spurgeon wurde den Gedanken nicht los, dass er sich von dem Geld trennen sollte. Erst als er sagte: »Ja, Herr, ich tu es«, wurde er ruhig.

Mit großem Frieden ging er am nächsten Morgen zu Müllers Waisenhäusern und fand den großen Mann des Gebets auf seinen Knien. Der bekannte Prediger legte seine Hand auf Müllers Schulter und sagte: »Georg, Gott hat mir deutlich gemacht, dass ich dir diese dreihundert Pfund geben soll.«

»Oh, mein lieber Bruder«, sagte Müller, »ich habe mir gerade genau diese Summe von ihm erbeten.«

Anschließend weinten und freuten sich die beiden Diener des Herrn zusammen. Als Spurgeon nach London zurückkam, lag auf seinem Schreibtisch ein Brief mit dreihundert Guineas (eine englische Währung, die bis 1816 galt). »Der Herr hat mir meine dreihundert Pfund mit dreihundert Schillingen Zinsen zurückgezahlt!«, rief er vor Freude aus.

Spurgeon erlebte, was ein anderer großzügiger Christ einmal sagte: »Ich schaufle hinaus, und Gott schaufelt hinein, und er hat eine größere Schaufel als ich.«

7. Persönliche Verantwortung

Das nächste Prinzip des Reiches Gottes handelt von *persönlicher Verantwortung*. Jesus erinnert diejenigen, die sich auf die Fehler anderer konzentrieren (und sich im Vergleich mit ihnen gut fühlen), an ihre eigene Verantwortung. Auch das ist eine Form von Heuchelei, wenn wir das Verhalten anderer verurteilen, obwohl unser eigenes korrekturbedürftig ist. Jesus betont, dass wir nur dann das Recht haben, uns mit den Fehlern anderer zu beschäftigen, wenn wir vorher unsere eigenen in den Griff bekommen haben. Wir werden nach dem Maßstab beurteilt, den wir anderen auferlegen. Wie ich bereits herausgestellt habe, findet sich in der ganzen Bergpredigt eine Art Wechselseitigkeit – wir werden so behandelt, wie wir andere behandeln. Wir empfangen Barmherzigkeit in dem Maße, wie wir barmherzig sind. Wir werden vom Himmel belohnt, wenn wir dem Himmel unsere Liebe schenken. Uns wird vergeben, wenn wir vergeben. Und wir werden nach demselben Maßstab beurteilt, wie wir andere beurteilen.

Nachdem Jesus uns ermahnt hat, zuerst uns zu beurteilen und dann die anderen, sagt er uns, wir sollten unseren Umgang sorgfältig auswählen. Er erklärt, dass manche Leute unverbesserlich sind und ihre Fehler nicht einsehen. Wie Hunde oder Schweine verschlingen sie, was wir ihnen über das sagen, was heilig und gerecht ist. Wenn jemand bis ins Innere schlecht ist, sollten wir das Heilige und Wertvolle für uns behalten und diese Person nicht mit gerechten Worten zurechtweisen.

8. Abhängigkeit

Christen haben eine ganz andere Sichtweise darüber, wer das Sagen hat. Sie wissen, dass sie es nicht sind. In einer Welt, in der Unabhängigkeit als Stärke angesehen wird, verlassen wir uns nicht auf unsere eigenen, sondern auf Gottes Pläne (7,7-11). Unsere Pläne können scheitern, seine nie.

Da Gott die Leitung hat, bittet der Gläubige ihn oft um Rat. Durch Gebet drückt sich unsere *Abhängigkeit* von Gott am deutlichsten aus. So wie Jesus kommen wir regelmäßig zu ihm, um Rat und Trost zu finden. Wenn wir dem Gebet Vorrang in unserem täglichen Leben geben, zeigen wir, dass wir auf Gottes Antwort zu unserem Wohl vertrauen.

In dem Vertrauen, dass unser himmlischer Vater noch liebevoller ist als unser irdischer Vater, bringen wir unsere klaren Bitten vor ihn. Dazu fordert Jesus uns auf.

9. Das Leben als Minderheit

Jesus führt seine Lehren über das Reich Gottes zu Ende, indem er uns daran erinnert, dass unsere geistliche Erkenntnis und unser Lebensstil das Wesen seines Reiches glaubwürdig zum Ausdruck bringen müssen. Der Weg des Reiches Gottes ist schmal und seine Pforte eng. Der schmale Weg führt zum Leben; und nur wenige finden ihn, weil die meisten den breiten Weg bevorzugen. Er warnt uns, dass viele falsche Propheten uns in die Irre führen und uns vom schmalen Weg abhalten wollen. Aber ihre mangelnde geistliche Weisheit zeigt sich in den Früchten ihres Lebens. Falsche Propheten sollten nach den in der Bergpredigt enthaltenen Grundsätzen des Reiches Gottes beurteilt werden. Des Weiteren macht er uns darauf aufmerksam, dass nicht jeder, der Jesus als Herrn bezeichnet, zum Reich Gottes gehört.

10. Die Zuverlässigkeit der Verkündigung

Zum Schluss ruft Jesus, der König, uns auf, unser Leben auf seine Verkündigung zu bauen, weil sie *dauerhaft Bestand* hat. Gottes Wort hat absolute Autorität. Wir werden aufgefordert, seinen Lehren gehorsam zu sein. Menschen, die ihr Leben nach den Grundsätzen dieser Predigt ausrichten, vergleicht Jesus mit einem Mann, der sein Haus auf ein solides Fundament baut. Aber diejenigen, die die Worte Jesu hören und ihnen nicht gehorchen, sind wie ein Mann, der sein Haus auf Treibsand gebaut hat und in Gefahr ist, wenn Gottes Gericht kommt.

Das sind also die Prinzipien und Einstellungen des Reiches Gottes. Sie basieren auf der Realität der Ewigkeit, der Gerechtigkeit seines Reiches, dem inneren geistlichen Leben, der deutlichen Spannung eines gerechten Verhaltens in einer gefallenen Welt, der Überlegenheit des Geistlichen vor dem Materiellen und der Tatsache, dass Gott uns nur so behandelt, wie wir andere behandeln.

Grundsätze und Einstellungen des Reiches Gottes
(aus Matthäus 5–7)

Irdische Prinzipien	Prinzipien des Reiches Gottes	Prinzipien und Verhaltensweisen des Reiches Gottes
Segen in dieser Welt ist Erfolg, Macht, Reichtum, Komfort, Sicherheit und Anerkennung	1. Segen liegt darin, dass wir in der Ewigkeit von Gott getröstet und belohnt werden und vertrauten Umgang mit ihm haben (5,1-12)	- Machen Sie sich bewusst, dass Glück eine langfristige Realität ist - Ehren und stärken Sie Menschen, die wirklich gesegnet sind - Akzeptieren Sie ihr Los in diesem Leben im Hinblick auf ihre ewige Belohnung
Der Sinn des Lebens besteht darin, den persönlichen Frieden und Wohlstand zu verbessern und zu vergrößern	2. Der Sinn des Lebens besteht darin, die Sache unseres Königs voranzubringen, indem wir Salz und Licht in einer faden, zerfallenden und finsteren Welt sind (5,13-20)	- Setzen Sie sich für Gerechtigkeit ein - Suchen Sie aktiv nach Gelegenheiten, um Hunger und Durst nach Gott zu bekommen - Versuchen Sie, dem Zerfall aktiv entgegenzuwirken
Beziehungen dienen dem persönlichem Nutzen	3. Beziehungen zu schwachen Menschen sollen rein, untadelig und fair sein, und unseren Feinden sollen wir vergeben (5,21-48)	- Bemühen Sie sich, in jeder Situation richtig zu handeln - Stellen Sie Ihre Rechte und Sicherheit hinten an und verhalten Sie sich richtig
Gute Taten dienen der eigenen Ehre	4. Persönliche Frömmigkeit bedeutet: Der Schwerpunkt liegt auf der eigenen Hingabe an Gott (6,1-18)	- Verbringen Sie viel Zeit damit, Ihre persönliche Beziehung zu Gott zu pflegen - Überlegen Sie sich Möglichkeiten, wie Sie seine Herrlichkeit in Ihrem Leben zeigen können

Wohlstand entsteht durch die Anhäufung von Besitz	5. Echter Wohlstand entsteht dadurch, dass wir für die Ewigkeit leben und das Reich Gottes voranbringen (6,19-24)	- Versuchen Sie mit allem, was Sie haben, für die Ewigkeit zu leben - Setzen Sie Ihre Zeit und Energie für Dinge ein, die Einfluss auf die Ewigkeit haben
Das Leben wird von der ständigen Angst bestimmt, dass man plötzlich alles verlieren kann	6. Das Leben wird von Frieden bestimmt, weil man weiß, dass nur ewige Dinge sicher und erstrebenswert sind (6,25-34)	- Vertrauen Sie Gott, dass er auf seine Weise und zu seiner Zeit für Sie sorgen wird - Werfen Sie alle Ihre Sorgen auf ihn
Das eigene Handeln wird entschuldigt, indem man sich mit anderen vergleicht, ihnen die Schuld gibt und sie verurteilt	7. Ich bin für mein Handeln persönlich verantwortlich, bevor ich andere korrigieren kann (7,1-6)	- Konzentrieren Sie sich auf Ihre eigenen Fehler und unternehmen Sie etwas dagegen - Nehmen Sie andere zur Seite, wenn Sie gerechtfertigte Kritik gegen sie haben
Selbstgefälliges Verhalten stellt Gottes Güte und Fürsorge in Frage	8. Ein von Gott abhängiges Leben, das durch Gebet zum Ausdruck kommt, vertraut auf die Güte unseres Vaters (7,7-12)	- Lassen Sie Ihr Leben vom Gebet bestimmen - Vertrauen Sie darauf, dass Gottes liebevolles Handeln Ihre Grundbedürfnisse stillt, ungeachtet der Folgen
Das Leben wird möglichst so gestaltet, dass es der Mehrheit entspricht und von ihr akzeptiert wird	9. Man muss im Leben bereit sein, Schwierigkeiten zu ertragen und oft der Minderheit anzugehören (7,13-23)	- Akzeptieren Sie die alternativen Verhaltensweisen des Reiches Gottes, die nicht mit der Mehrheit übereinstimmen - Nehmen Sie den schmalen, rechten Weg, auch wenn es unbequem ist
Persönliche Triebe und Wünsche sind maßgeblich im Leben	10. Das Wort des Königs, die Bibel, ist die Autorität in unserem Leben (7,24-29)	- Seien Sie dem König treu - Gehorchen Sie gerne den Anordnungen des Königs

Die Bergpredigt ist das Handbuch für den Umgang mit der geistlichen Welt in uns. Sie macht deutlich, was es bedeutet, für die zukünftige Welt und unter der Autorität des Königs zu leben. Sie veranschaulicht die Grundsätze der Ewigkeit in der Praxis für unser Leben.

Benutzen Sie die Tabelle »Grundsätze und Einstellungen des Reiches Gottes« als Spiegel. Überprüfen Sie Ihr Leben, wie es heute ist, anhand dieser Tabelle. Wie sehr entsprechen Ihre Sicht vom Leben und Ihr Lebensstil dem Standpunkt des Königs? Wenn Sie Ihre besonderen Lebensumstände auf die aufgelisteten Prinzipien anwenden wollen, beantworten Sie die folgenden Fragen:

1. Wie schneiden Sie bei den Grundsätzen und Einstellungen des Reiches Gottes ab? (Berücksichtigen Sie Ihre speziellen Einstellungen und Verhaltensweisen zu Hause und am Arbeitsplatz.)
2. Ist Ihr Leben mehr von irdischen Prinzipien gekennzeichnet?
3. An welchen Lebensbereichen müssen Sie noch arbeiten, um das Reich Gottes deutlicher zum Ausdruck zu bringen?
4. Womit können Sie anfangen?

Menschen, die von den Grundsätzen des Reiches Gottes angetrieben und bestimmt werden, die ihr Leben in Übereinstimmung mit den Prinzipien und Verhaltensweisen dieses Reiches bringen, durchdringen die Finsternis mit dem Licht der Ewigkeit. Das Reich Gottes hat seine Kultur. Die Ewigkeit hat ihre eigene Art. Und diejenigen von uns, die vom Reich der Finsternis in das Reich seines geliebten Sohnes versetzt worden sind, haben das Privileg und die Verantwortung, unserer zerfallenden Welt einen Ausblick auf die noch kommende große Vorstellung zu geben. Wir sind herausgefordert, den Triumph des Reiches Gottes inmitten der Nöte dieser gefallenen Welt sichtbar zu machen.

Teil 4
Diese gegenwärtige Welt

Martin Luther hatte Recht, als er schrieb: »Diese Welt ist voll mit Teufeln, die drohen, uns zugrunde zu richten.« Ja, das vergessen wir leicht – zu unserem Nachteil. Die Absicht des Teufels mit diesem Planeten ist, seinem Schöpfer Schande zu bereiten, indem er die Schöpfung und die Krönung der Schöpfung zerstört: den Menschen. Daher kommen alle Spannungen und Probleme.

Aber für Christen ist diese gegenwärtige Welt die Bühne, auf der wir inmitten von Herausforderungen und Schmerzen den ewigen Triumph Gottes sichtbar machen dürfen.

So kommt Luther zu dem Schluss: »Wir werden uns nicht fürchten, denn Gott hat angeordnet, dass seine Wahrheit durch uns triumphiert.«

Als Bürger der Ewigkeit ist es unser Privileg, hier schon siegreich für den König zu leben, der in uns regiert.

Kapitel 15
Spannungen
Was wir in dieser Welt zu erwarten haben

Unsere schlimmsten Viertel in Chicago sind voller Verrat, Angst und Verzweiflung. Die Auswirkungen sind Schuld und Schande. Die Haupt- und Nebenstraßen sind Orte, wo die Menschen schmutzige Geschäfte machen und ihre Seele für nichts verkaufen, nur um leer und enttäuscht zu bleiben.

Geistlich gesehen ist die Welt in ihrem heutigen Zustand eine finstere Gegend – ganz gleich, wo wir leben. Es ist eine ernüchternde Tatsache, dass es keinen sicheren Ort gibt. Unsere Häuser sind nicht sicher. Unsere Gemeinden sind nicht sicher. Freundschaften sind nicht sicher. Und auch allein bin ich nicht sicher. Wenn wir an einen abgeschiedenen Ort flüchten könnten, würde diese Welt doch mit uns gehen, da sie uns überall hin verfolgt. Sie ist nicht nur um uns herum, sie ist auch *in* uns. Bis wir sicher auf die andere Seite überwechseln, werden uns Spannungen und Probleme begegnen, die in dieser Welt einfach unvermeidbar sind. Zu meinen, diese Welt wäre Gläubigen ein Freund, ist die schlimmste Täuschung von allen. Für die zukünftige Welt und in Treue zu unserem König zu leben, wäre ein Kinderspiel, würden wir es nicht in der Welt um uns herum tun müssen.

Keiner muss Scott und Janet Willis sagen, dass diese Welt eine üble Umgebung zum Leben ist. Nöte und Probleme brachen tonnenschwer über sie herein. Ebenso wenig muss man Opfer von Vergewaltigung, Inzest oder Missbrauch davon überzeugen. Ein Mensch, der gerade seinen Arbeitsplatz, seine Gesundheit oder sein Vermögen verloren hat, wird nur allzu leicht zugeben, dass das Leben hier weitaus weniger ist, als erwartet.

Ich habe mehr erwartet

Für Christen ist es wichtig, die richtigen Erwartungen bezüglich des Lebens in dieser Welt zu haben. Falsche Erwartungen sind der Stoff, aus dem Enttäuschungen entstehen. Richtige Erwartungen machen uns realistisch.

Diejenigen von uns, die Kinder haben, wissen, dass es durchaus zu traumatischen Situationen zu Hause kommen kann, wenn man zu hohe Erwartungen hat, die sich nicht erfüllen. Ich werde nie vergessen, als unsere Kinder mich fragten, ob ich mit ihnen in den Zirkus gehe. Da ich nicht zu grausam sein wollte, sagte ich *vielleicht* und hatte das Gespräch auch schon wieder vergessen. Eltern sollten wissen, dass jede Antwort, die kein klares Nein ist, ja bedeutet. Als ich am nächsten Dienstag nach Hause kam, liefen mir meine Kinder an der Tür schon entgegen und erinnerten mich, dass ich ihnen an diesem Abend einen Zirkusbesuch versprochen hatte.

Ich hielt inne. Ich dachte noch einmal an ihren Wunsch und sagte dann gleichgültig: »O, das habe ich vergessen. Wir werden nicht hingehen.« Sie schauten sich an, zuckten mit den Schultern und hüpften dann fröhlich weg, um sich was anderes zu suchen – Schön wär's!

Ich bin überzeugt, dass wir viele von unseren Enttäuschungen in dieser Welt auf unrealistische Erwartungen zurückführen können. Wenn wir erwachsen werden, erwarten wir ein gewisses Maß an Komfort, Spaß, Frieden und Wohlstand. Francis Schaeffer bemerkt, der Wunsch nach persönlichem Frieden und Wohlstand sei die treibende Kraft und grundlegende Erwartung der meisten Amerikaner. Unser Problem ist nicht, dass wir persönlichen Frieden und Wohlstand wollen; wir sind dazu erschaffen. Das Problem ist vielmehr, dass wir erwarten, diese Dinge in dieser Welt zu finden. Und wenn wir etwas davon abbekommen, ist es alles andere als sicher und stets weniger, als wir erwarteten.

Realistische Erwartungen sind entscheidend für ein erfolgreiches christliches Leben auf dem Weg in die Ewigkeit. Wie ich bereits erwähnt habe, in der zukünftigen Welt finden wir endgültigen, sicheren, persönlichen Frieden und Wohlstand im Überfluss. Damit können wir sicher rechnen. Was können wir also realistischerweise hier erwarten? Die Bibel spricht von zwei Dingen: Spannungen und Problemen. Und obwohl Gott uns Zeiten der Gnade schenkt, in denen wir Ruhe, Freude und Wohlstand erfahren, sollten wir doch die realistische Sicht haben, dass das Leben voller Menschen und Erfahrungen ist, die unseren Hoffnungen und Träumen widersprechen.

Um unsere Erwartungen möglichst realistisch zu halten, müssen wir begreifen, warum Spannungen und Probleme unser Leben auf der Erde charakterisieren. Die Antwort hat mit dem Wesen dieser Welt zu tun.

Was geht in der Welt vor?

Die Bibel liefert uns drei verschiedene Definitionen von dieser Welt. Eine ist die physische Welt, der Planet (Joh 21,25). Auch die Menschheit wird in der Bibel als die Welt bezeichnet (Joh 3,16). Aber es ist nicht der physische Planet Erde oder seine Menschen, die die Hauptursache für Spannungen sind. Die Menschen sind nur Figuren in einem großen Plan, der seinen Ursprung in der frühsten Geschichte der Menschheit und in den verborgensten Winkeln der vergangenen Ewigkeit hat. Dort entstand ein Plan, dessen Macht und Absichten über diesen Planeten und seine Menschen hinausgehen. Dieser Aspekt der Welt macht uns zu schaffen.

Diese Welt ist das Reich des Erzfeindes unseres Königs: der Feind unserer Seele, der Teufel. Er benutzt unseren Planeten und seine Menschen, um Krieg gegen den Namen und die Herrlichkeit unseres Gottes zu führen, der der unumstrittene Herrscher des Universums ist. Dieser Planet ist die Bühne des Universums, wo der Teufel Gott in Verruf bringen will. Und da wir der Höhepunkt der Schöpfung Gottes sind, stellen wir perfekte Ziele und Werkzeuge in den Bemühungen des Feindes dar, Gottes Ehre anzugreifen. Wir sind Objekte, die Satan zu seinen Zwecken benutzt, missbraucht, fallen lässt und zerstört. Daher kommen Spannungen und Probleme, und wir müssen lernen, das Siegesbanner des Reiches Gottes hinauszutragen.

Die Umgebung, in der wir leben, hat der Teufel zu seinen Zwecken manipuliert, und die Legionen der Hölle haben ihm dabei geholfen. Dass Satan über diese Welt herrscht, machen die Worte Jesu deutlich: Er nennt ihn den »*Fürst dieser Welt*« (Joh 12,31). Seine Herrschaft erstreckt sich über alle, die in diese Welt hineingeboren werden, da wir von Geburt alle sündig, ohne Hoffnung, hilflos und getrennt von Gott sind und unter der Herrschaft des »*Fürsten der Macht der Luft*« stehen (Eph 2,1-7). Laut Römer 8,19-22 »*seufzt*« die ganze Schöpfung unter der Last der Sünde und wartet auf die Erlösung, wenn wir in den neuen Himmel und die neue Erde eintreten. Von rostenden Metallen bis zu zerstörerischen Stürmen, schlechten Ernten und schwindender Gesundheit – die ganze Schöpfung hat unter dem Fluch dieses Herrschers zu leiden.

Ein trügerischer und tödlicher Ort

So wie das Reich Gottes eine eigene Kultur hat, die von dem Charakter des Königs bestimmt und definiert wird, besitzt auch diese Welt eine Kultur, die den dominanten Einfluss Satans widerspiegelt. So wie Gerechtigkeit und Sieg das geistliche Reich in uns charakterisieren, ist diese Welt von zwei grundlegenden moralischen Positionen gekennzeichnet: Lüge und Gewalt. Diese Grundprinzipien kommen in dem Gespräch zum Vorschein, das Jesus mit den Pharisäern führt. Er macht deutlich, dass ihr Leben aus dem Stoff dieses Weltsystems ist, da sie genau diese beiden Eigenschaften demonstrieren, die vom Fürsten dieser Welt stammen:

> »Jetzt aber sucht ihr mich zu töten, einen Menschen, der ich euch die Wahrheit gesagt habe, die ich von Gott gehört habe; das hat Abraham nicht getan. Ihr tut die Werke eures Vaters.« Sie sprachen nun zu ihm: »Wir sind nicht durch Hurerei geboren; wir haben einen Vater, Gott.« Jesus sprach zu ihnen: »Wenn Gott euer Vater wäre, so würdet ihr mich lieben, denn ich bin von Gott ausgegangen und gekommen; denn ich bin auch nicht von mir selbst gekommen, sondern er hat mich gesandt. Warum versteht ihr meine Sprache nicht? Weil ihr mein Wort nicht hören könnt. Ihr seid aus dem Vater, dem Teufel, und die Begierden eures Vaters wollt ihr tun. Jener war ein Menschenmörder von Anfang an und stand nicht in der Wahrheit, weil keine Wahrheit in ihm ist. Wenn er die Lüge redet, so redet er aus seinem Eigenen, denn er ist ein Lügner und der Vater derselben« (Joh 8,40-44).

Beachten Sie, wie Jesus sich von der Welt des Teufels distanziert, indem er sagt, dass er aus der Welt seines Vaters stammt. In Johannes 17 wiederholt er, dass er nicht von dieser Welt ist ebenso wenig wie seine Jünger, obwohl sie mitten in ihr leben. Die Welt Jesu ist von Wahrheit und Leben gekennzeichnet; die des Teufels von Betrug und Tod.

Lassen Sie mich das erklären.

Das ganze System dieser Welt wird von Lügen manipuliert, die uns in Satans unheilvollen Plan verfangen sollen. Solche Lügen machen uns glauben, dass Erfolg an persönlichem Ansehen und nicht am Charakter gemessen wird. Wir sollen glauben, dass Glück dadurch entsteht, dass wir uns selbst befreien und alles Mögliche zu unserem Vergnügen tun, statt ein gerechtes, gottgefälliges Leben zu führen. Wir lernen in dieser Welt, dass Macht am besten zum eigenen Nutzen gebraucht wird und unsere Gier befriedigen soll. Dass Wert bestimmt wird durch persönliches Ansehen, Position oder die Rollen, die wir spielen. Dass Geld und Besitz mehr wert sind als Reinheit und

Menschen. Dass Frieden darin zu finden ist, mit den richtigen Leuten am richtigen Ort zu sein. Dass Sexualität für meine eigene Zufriedenheit bestimmt ist. Dass das Ich über allem steht.

Diese Lügen machen deutlich, dass diese Welt nicht nur gefährlich, sondern auch weit von der Realität entfernt ist. Die Realität ist untrennbar mit der Wahrheit verbunden. Diese Welt ist eine Scheinwelt voller falscher Werte, die uns in den Untergang treiben sollen.

Schon ein flüchtiger Blick auf diese Welt, die vom Fürsten der Finsternis beherrscht wird, zeigt, dass Zerstörung und Tod allgegenwärtig sind. Verbrechen, willkürliche Gewalt und zerstörerisches Verhalten nehmen weiter zu. Beim Weihnachtseinkauf fiel mir in der Spielwarenabteilung eine groteske Figur auf. Über ihr standen stolz die Worte: »Skeletor, Herr der Zerstörung.« Genau das ist Satan. Seit Beginn der Zeit sind seine Ziele Zerstörung und Tod. Aufgrund seiner Absichten hat sich nie ein Mensch gebessert oder wird es jemals. Die Sünde durchdringt unser emotionales, geistiges und physisches Wesen. Wir können unseren inneren Zerfall in den schicken Prunk und Stil dieser Welt hüllen, aber der Untergang dieses Weltsystems ist unausweichlich und sicher.

Und genau so will es der Teufel auch, vor allem weil eine Welt voller Betrug und Zerstörung den souveränen Schöpfer in Verruf zu bringen scheint. Wann haben Sie zum letzten Mal gehört, dass jemand dem Teufel die Schuld für die Vernichtung des Lebens auf diesem Planeten gab? Jene, die es nicht wissen, sagen lieber: »Warum gibt es so viel Elend und Leid auf der Welt, wenn es einen Gott gibt, und er gut ist?« Die Wahrheit ist: Gott ist gut und bietet allen, die zu ihm kommen, Leben und Wahrheit an. Menschen, die diese gegenwärtige Welt wählen, entscheiden sich für die Pläne des Teufels für ihr Leben.

Er ist schuld. Und Gott wird zu seiner Zeit etwas dagegen unternehmen, wenn er den Teufel richtet und alle, die ihm gefolgt sind. Gleichzeitig wird er allen, die den schmalen Weg gegangen sind, die

Tore zu seiner ewigen Welt öffnen. Dann wird alle Ungerechtigkeit ausgeglichen und jedes Unrecht wiedergutgemacht.

Wenn die Bibel davon spricht, dass die Welt unter der Herrschaft des Teufels steht und von Lüge (Unwahrheit) und Gewalt gekennzeichnet ist, benutzt sie für Welt das Wort *cosmos*. Der Kosmos ist unsere Umgebung, das Land, durch das wir hindurchziehen. Es steht unter dem Einfluss unseres Feindes, des Teufel. Mit seiner Unwahrheit kontrolliert er die Einstellungen und Handlungen der Menschen und zermürbt sie langsam aber sicher mit leeren, falschen Hoffnungen und der Verzweiflung der Sünde.

Der Mittelweg

Als ich noch ein Junge war, hatte der Zirkus seine besten Zeiten. Jahr für Jahr gehörte er zu den größten Ereignissen in der Stadt. Früh morgens gingen wir mit unserem Vater zu den Zirkuswagen und sahen zu, wie Tiger, Löwen, Elefanten, Affen und all das Drumherum, das den Zirkus so faszinierend machte, entladen wurden.

Stand der Zirkus erst einmal, wurden die großen Attraktionen entlang des »Mittelwegs« in einer Reihe aufgestellt. Der Mittelweg führte zum Hauptzelt. Straßenverkäufer boten ihre Waren an, fröhliche Musik erklang, der Geruch von Würstchen und Zuckerwatte erfüllte die Luft und bunte Luftballons hüpften im Wind. Von den Karussells hörte man Menschen lachen und rufen. Der Mittelweg war fast zu viel für einen kleinen Jungen.

Während mein Vater und ich den Mittelweg entlanggingen, zogen mich die Nebenattraktionen am stärksten an. Große Poster warben für alle möglichen Attraktionen und wagemutige Kunststücke – ein Mann mit drei Augen, eine bärtige Frau, ein 270 Kilo schwerer Mensch, Schwert- und Feuerschlucker und ein Mann ohne Arme und Beine.

Marktschreier kündigten lebhaft die Sensationen an, die sich hinter den Postern verbargen.»Für 25 Cents können Sie die unglaublichsten Wunder der Welt erleben. Sehen Sie, was noch nie jemand vor Ihnen gesehen hat!« Und mein Vater sagte immer nur: »Joe, das ist Geldverschwendung. Es ist nicht so, wie es scheint.« So wollte ich voller Sehnsucht herausfinden, was wirklich hinter den Postern steckte, um selbst zu sehen, was mein Vater als Verschwendung und nicht der Mühe wert bezeichnete.

Als ich etwas größer war, sah ich mir natürlich diese Attraktionen im Zirkus an. Mittlerweile kostete es einen Dollar Eintritt, aber den zahlte ich gerne, um zu sehen, »was noch nie jemand zuvor gesehen hatte.« Zu meinem Entsetzen hatte mein Vater Recht: Es war tatsächlich Geldverschwendung. Es war nicht, was es schien, und ich fühlte mich um mein Geld betrogen. Entlang des Mittelwegs gab es viele andere Dinge, die mich nicht enttäuschten – die Zuckerwatte, die zwei Minuten auf dem Karussell, der Luftballon, der noch drei Tage lang an meiner Zimmerdecke klebte, nachdem der Zirkus vorbei war. Aber andere Dinge waren eine Verschwendung und enttäuschend.

Die Welt ist dem Mittelweg sehr ähnlich. Vieles in ihr ist aufregend. Doch während unser himmlischer Vater mit uns durchs Leben geht, warnt er uns vor den Sachen, die uns enttäuschen, unser Geld vergeuden und uns entstellen und sogar zerstören. Es sind die Nebenattraktionen, die uns verführen und unser Leben gefährden.

Die Welt ist aalglatt, raffiniert und verlockend. Die Dinge, die sie uns anbietet, erzeugen eine ständige Spannung in uns. Begierde bemächtigt sich unserer Seele. Ihre sinnlichen Angebote verführen uns mit dem Versprechen, unsere Sehnsucht sofort zu stillen. Besitz, Macht und berufliche Stellung versprechen uns, dass wir persönlich wichtig sind. Die Welt will uns weismachen, dass Selbsterfüllung das lohnendste aller Ziele ist. Ehrliche Christen geben zu, dass sie ständig mit den Verlockungen des Mittelwegs zu kämpfen haben. Wir haben es nötig, unser Herz wieder auf die Stimme des Vaters zu richten, der uns durch dieses Labyrinth hindurchführt.

Die Spannung zwingt uns zu der Entscheidung, wem wir glauben – dem Marktschreier am Mittelweg oder unserem Vater im Himmel? Wem gehört die Zuneigung unseres Herzens – dem Schwindler oder dem Vater?

Eine Definition von Spannung

Die klarste Belehrung der Bibel bezüglich der Spannung, der wir in dieser Welt ausgesetzt sind, findet sich 1. Johannes 2,15-17:

> »Liebt nicht die Welt noch was in der Welt ist! Wenn jemand die Welt liebt, ist die Liebe des Vaters nicht in ihm; denn alles, was in der Welt ist, die Begierde des Fleisches und die Begierde der Augen und der Hochmut des Lebens, ist nicht vom Vater, sondern ist von der Welt. Und die Welt vergeht und ihre Begierde; wer aber den Willen Gottes tut, bleibt in Ewigkeit.«

Die Spannung liegt darin, wem wir unsere Liebe und Treue schenken. Die Welt zu lieben, bedeutet, sie mit offenen Armen aufzunehmen, ihr nachzugeben und ihr loyal zu sein. Auf meinem Heimweg vom Büro komme ich regelmäßig an einem Blumengeschäft mit einem großen Vordach vorbei, auf dem für spezielle Angebote geworben wird. Ich werde nie vergessen, wie ich eines Abends vorbeifuhr und die Reklame las: »Nehmen Sie Rosen für Ihre größte Eroberung mit.« Ich musste lachen, als ich an Martie als meine »größte Eroberung« dachte.

Die Frage ist: Wer ist unsere »größte Eroberung«? Und angesichts dessen, was wir über den Widersacher wissen, sollten wir den Vater mit großer Liebe beschenken. Aber viele von uns lieben noch immer die Welt; sie leben für sie und opfern alles dafür, was sie scheinbar zu bieten hat. Wir scheinen bereit, unsere Karriere, unser Geld, unsere

Kinder und unsere sexuelle Reinheit für die Attraktionen am Mittelweg zu geben. Wenn die Welt unsere Gedanken und Herzen im Griff hat, ist die Liebe zum Vater nicht in uns. Wir können von der Liebe Gottes reden, singen und sie sogar hinausrufen, aber wenn wir uns immer wieder für die Welt statt für das Reich Gottes entscheiden, dann ist klar, dass wir uns hier häuslich eingerichtet und unsere erste Liebe verloren haben (Offb 2,4-5).

Die Welt zu lieben, heißt, dass wir die Lügen und die zerstörerische Struktur dieser Welt angenommen haben. Fragen Sie den Durchschnittschristen, was Erfolg ist, und Sie werden Frieden, Wohlstand, Position und Macht als Antwort bekommen. Für die meisten von uns bedeutet Erfolg Autos, Häuser, Urlaub und Ansehen. Aber genau das ist die Lüge, die uns das System dieser Welt erzählen will. Für persönlichen Gewinn zu leben, ist ein irdischer Wert, der in direktem Konflikt mit den ewigen Lehren über Wahrheit steht. Das Leben nach dem auszurichten, was für mich am besten ist, ist die falsche Perspektive, die der Teufel uns andrehen möchte. Alle, die die Lügen der Welt angenommen haben, haben sich schuldig gemacht, diese Welt mehr zu lieben als unseren Vater.

Oft machen wir uns den brutalen Charakter dieser Welt zu eigen. Deshalb sind wir häufig bereit, die Grundsätze dieses Systems zu unseren eigenen zu machen. Gerede und Verleumdung können dem Ruf anderer Menschen großen Schaden zufügen. Zorn und Rache zerstören Beziehungen genauso, wie sie unseren Opfern Wert und Würde rauben. Beleidigungen, körperlicher und sexueller Missbrauch drücken die Gewalt in dieser Welt aus. Und außerdem demonstrieren wir unsere gewalttätigen Impulse, wenn wir unsere Macht gebrauchen, um uns einen Vorteil gegenüber anderen zu verschaffen.

Und was ist mit der sinnlosen, willkürlichen Gewaltdarstellung in Film und Fernsehen? Mord, Vergewaltigung und homosexuelle Beziehungen (zusammen mit außerehelicher Sexualität) ziehen viele Menschen an die Kinokasse.

Die Lügen dieser Welt sind eine Beleidigung für den Gott der Wahrheit, und Gewalt verstößt gegen die Ordnung, die Gott zu seiner Verherrlichung und zum Wohl der Menschheit aufgestellt hat. Wenn wir die Welt lieben, indem wir ihre Lügen und zerstörerischen Einflüsse aufgreifen, können wir nicht Gott lieben, der wahr und aufbauend ist. Es ist ein Widerspruch gegenüber der Ewigkeit in unseren Herzen und unserem Anspruch, Bürger des Reiches Gottes zu sein.

Die Spannung in Bezug auf materielle Werte

Johannes will uns nicht nur von einer ganz allgemeinen Liebe zur Welt wegbringen, sondern auch von der speziellen Liebe zu den materiellen Werten dieser Welt. Dinge! Das ist der Kern des Kampfes. Dinge, die uns lieber geworden sind als unser Vater. Dinge, die wir uns wünschen. Dinge, für die wir gegen die Tugenden und Grundsätzen des Reiches Gottes verstoßen würden. Dinge in Form von Kleidung, Autos und Schlössern. Dinge wie Ansehen. Dinge wie Männer. Dinge wie Frauen. Dinge wie Kinder. Dinge, die wir mit Geld kaufen können. Dinge, die unserer Macht und unserem Erfolg Glaubwürdigkeit verleihen.

Vor fast sechzig Jahren wurde ein junger Mann, der damals die Bibelschule in Ottawa, Kanada, besuchte, von Dingen wie Geld, Ruhm und Erfolg gelockt. Sein kräftiger Bariton zog das Publikum in seinen Bann. Nach einem Vorsingen beim Radio bot der Manager dem jungen Mann einen Vertrag an. Aber er fügte hinzu, er erwartete von ihm, dass er Lieder aus der Hitparade singen würde.

An einem Samstagabend betete George Beverly Shea dafür, was er tun sollte. Er wusste: Entweder widmete er sich mit ganzem Herzen dem Radio und Jesus nur halbherzig, oder er lieferte sich ganz Jesus aus und opferte seine einmalige Chance.

Am nächsten Morgen setzte er sich ans Klavier und komponierte Musik und Text für ein Lied, das später berühmt wurde. Er schrieb: »Ich möchte lieber Jesus als Silber und Gold ... Ich möchte lieber Jesus als weltweiten Ruhm.« Diese Worte spiegelten Sheas Entscheidung wider: Er zog Jesus anderen Dingen vor.

Für George Beverly Shea bedeutete die Nachfolge Jesu, das Angebot eines Radiosenders abzusagen, das ihm Ruhm und Reichtum gebracht hätte. Stattdessen war er bereit, unbekannt zu bleiben und für Jesus zu singen. Natürlich hatte Gott einen anderen Plan mit Shea. Letzten Endes sang er vor Millionen von Menschen auf der ganzen Welt als Teil von Billy Grahams Evangelisationsteam. Und seine Begabung wurde gebraucht, um eine ganze Generation für Christus zu bewegen.

Aber viele Christen werden von den Dingen dieser Welt so verführt, dass sie sie mehr lieben als den Vater im Himmel. Dinge an sich sind nicht etwa böse. Schlecht sind sie erst dann, wenn die Liebe zu ihnen unsere Liebe zum Vater ersetzt und wir ungehorsam werden, um sie zu bekommen und zu genießen.

Ein treffendes Beispiel: die Frucht im Garten Eden.

Wie können wir wissen, ob wir Dinge mehr lieben als Gott? Wir lieben sie mehr, wenn wir bereit sind, ihm untreu zu werden, um sie zu bekommen oder uns an ihnen zu erfreuen. Wir lieben sie mehr als ihn, wenn wir Dinge zu unserer Ehre gebrauchen statt zu seiner, zu unserem Vergnügen auf seine Kosten, oder wenn sie uns kontrollieren, statt von Gott kontrolliert zu werden.

Am Anfang funktionierte unsere Erde noch vorbildlich: Adam und Eva liebten den Vater mehr als die Dinge, die er ihnen gegeben hatte. Alles, was Gott geschaffen hatte, war gut. Im Garten stand der Baum der Erkenntnis des Guten und Bösen, von dem zu essen Gott Adam und Eva verboten hatte. Ihr Gehorsam sollte ausdrücken, dass sie ihren Gott mehr liebten als die Dinge, die er geschaffen hatte. Solange sie ihn liebten und ihm inmitten seiner Schöpfung treu waren, durften sie all seine Freuden, seinen Frieden und den Reichtum des Gartens genießen.

Mit diesem »Himmel auf Erden« im Garten Eden verfolgte Gott einen bestimmten Plan. Gott, der Schöpfer, wollte ungehinderte Gemeinschaft mit seinen Geschöpfen haben. Sie sollten sich ihm und seinem Plan unterordnen und alles, was er geschaffen hatte, zu seiner Verherrlichung verwalten. Es sah so aus:

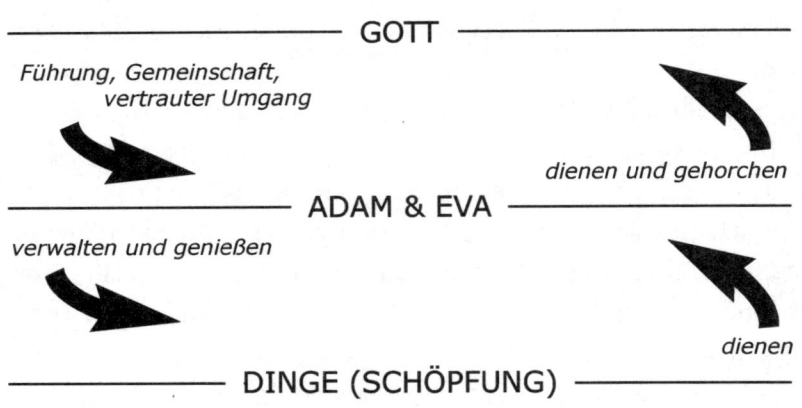

Doch all das änderte sich, als der Teufel diese vollkommenen Bedingungen störte. Es ist nicht zu übersehen, dass er die Dinge der Schöpfung benutzte, um das erste Menschenpaar zu verführen und sich ihm zu unterwerfen. Es war der von Gott geschaffene Baum, durch den sie angelockt wurden. Als sie ihn mehr liebten als Gott, brach buchstäblich die Hölle über sie herein. Nach der Versuchung und dem Sündenfall sah die Ordnung des Lebens auf diesem Planeten ganz anders aus:

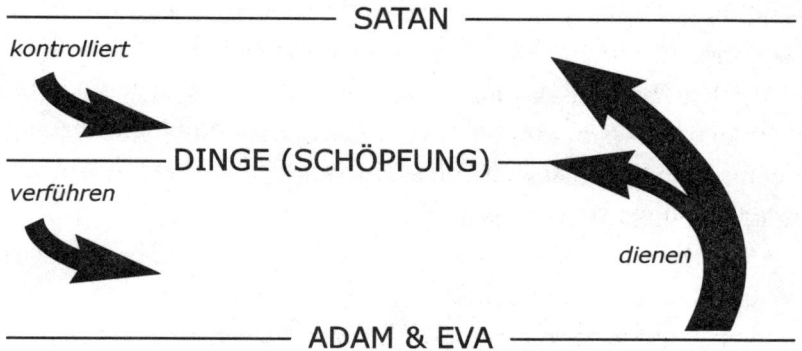

Der Teufel benutzte die Dinge dieser Welt, um Gottes geliebte Geschöpfe zu verführen, und als er seinen Plan ausgeführt hatte, war die Krone der Schöpfung an die Dinge dieser Welt und ihren neuen Herrscher versklavt. Als Resultat wurde Gott aus der Gleichung gestrichen. Dieser Wechsel führte zu Schuld und Schande statt zu Freude und Wohlstand, und der Wert und die Herrlichkeit Gottes wurden in Misskredit gebracht.

Die Geschöpfe liebten das Geschaffene mehr als den Schöpfer, und nichts und niemand war mehr so wie vorher.

Eine neue Geschäftsleitung

Ab diesem Zeitpunkt konnte man ein neues Schild über unserem Planeten aufhängen: »Unter neuer Geschäftsleitung«. Die Welt, die zur Ehre des allmächtigen Gottes geschaffen war, wurde jetzt von Legionen gefallener Engel regiert unter der Leitung ihres Anführers, der Anspruch auf den Titel als Fürst dieser Welt erhob, nachdem er die Verwalter dieses Planeten gefangen genommen hatte. Geschäftsbücher sagen uns, dass Organisationen ein Spiegelbild ihres Managements sind. Führungskräfte, die menschen- und dienstorientiert sind, schaffen eine Unternehmenskultur, die den Schwerpunkt auf das Leben ihrer Angestellten und Kunden legt. Gewinn- und produktorientierte Führungskräfte können, wenn sie nicht vorsichtig sind, ein Umfeld schaffen, das mehr Wert auf die Erzeugnisse und den Profit legt als auf die Angestellten und Kunden. Diese Welt ist ein direktes Spiegelbild von der Persönlichkeit, den Absichten und Prioritäten ihres Managements.

Martie und ich haben ein paar Lieblingsrestaurants, die wir aufsuchen, wenn wir mal rauskommen wollen. Da wir sie in regelmäßigen Abständen besuchen, kennen wir das Personal und freuen uns auf seine Dienste. Mehr als einmal sind wir wieder gekommen und haben festgestellt, dass der von uns geliebte Ort eine neue Geschäftsführung hatte. Jetzt arbeiteten dort andere Menschen mit einer unterschiedlichen Qualität von Dienstleistung, und meistens waren wir enttäuscht.

Wenn wir uns diese Welt genau ansehen, werden wir enttäuscht sein vom Management und der Dienstleistung. Allerdings ist es nicht leicht zu erkennen. Auf den ersten Blick sind ihre Angebote unwiderstehlich. Der Teufel hat seine Trostlosigkeit unter den verlockenden Lichtern und dem lauten Gelächter dieser verlorenen und sterbenden Welt versteckt. Der verführerische Reiz, der im Widerspruch zu dem König und seinem Reich steht, zog Adam und Eva an, und sie sündigten gegen den Gott, der ihre Freude und Erfüllung war. Sie liebten die Schöpfung mehr als den Schöpfer. Stellen Sie sich vor, wie schmerzhaft es für Gott gewesen sein musste, wegen so wenig abgewiesen zu werden, nachdem er ihnen so viel anvertraut hatte. Obwohl sie alles hatten, glaubten sie, sie hätten noch immer nicht genug. Sie liebten die Gabe mehr als den Geber. Sie hatten ein Verhältnis mit einem Baum und schlossen Gott aus ihren Zuneigungen aus.

Doch anstatt alles zu zerstören, liebte Gott seine Schöpfung so sehr, dass er sich entschloss, die ursprüngliche Geschäftsführung wieder einzusetzen. Und Christen versuchen jetzt, nach diesem göttlichen Plan zu leben, indem sie Gott treu sind und die Schöpfung zu seiner Verherrlichung und Ehre verwalten.

Ein Freund von mir, der oft auf Reisen ist, erzählte mir, dass er einmal beim Einchecken ins Hotel eine ziemlich gut aussehende Frau im Foyer sah. Sie schaute ihn geradewegs an. Er dachte nicht weiter darüber nach und ging auf sein Zimmer. Als er seine Koffer auspackte, klopfte es an der Tür. Er ging zur Tür, und zu seiner Überraschung stand diese Dame vor ihm. Sie sagte: »Wie wär's, wenn wir uns heute Abend ein bisschen vergnügen?« Was sollte er tun? Er war allein. Niemand würde es erfahren. In diesem Augenblick benutzte der Feind ganz offensichtlich ein Geschöpf Gottes, um diesen gläubigen Mann von der Liebe und Treue zu Gott abzubringen. Er verlockte ihn, sich den Dingen der Welt hinzugeben. Als Christ sagte er aber: »Nein, vielen Dank«, und schloss die Tür. Er hatte sich an Gottes Plan gehalten, indem er den Gott der Schöpfung mehr liebte als die Dinge, die Gott geschaffen hatte. So behielt er die Kontrolle über das Geschaffene und verherrlichte den Schöpfer.

Die Verführung des Jahrmarkts

Doch bis wir für immer zu Hause sind, wird unser Feind die vergänglichen Dinge der Schöpfung benutzen, um uns zu seinem Zweck zu verführen. Er wird versuchen uns auf den Jahrmarkt zu locken, wo die Liebe zu den Dingen wichtiger ist als unsere Liebe zu Gott. Denken Sie daran: Der Garten Eden ist ein Beweis dafür, dass der Teufel die Dinge dieser Welt zu benutzen versucht, um uns unter seine Kontrolle zu bringen.

Wenn wir die Grenze der Liebe und Treue zu unserem Schöpfer überschreiten und uns die Dinge dieser Welt eigenmächtig nehmen, begeben wir uns in die Abhängigkeit des Teufels. Die Sachen, die uns

Freude machen sollen, werden uns schon bald beherrschen. Die Abhängigkeit von Essen, Sex, Pornografie, Geld, Autos, Drogen, Alkohol und vielen anderen Suchtmitteln macht es dem Teufel leicht, unser Leben zu ruinieren. Ich kann mir nichts Schlimmeres vorstellen, als mich an etwas zu erfreuen und anschließend zu hören, wie hinter mir eine Falltür zufällt, und ich erkennen muss, dass das, worüber ich mich gerade noch gefreut habe, Herrschaft über mein Leben gewinnt.

Aus diesem Grund fordert Johannes uns auf, uns nicht der Welt hinzugeben – dem Denk- und Lebenssystem des Teufels, das durch Lügen und Gewalt gekennzeichnet ist. »*... noch was in der Welt ist!*« (1 Jo 2,15) – wenn wir uns an irdische Dinge verlieren, beweist das, dass unsere Liebe zum Vater nicht länger der bestimmende Faktor in unserem Leben ist.

Nicht nur die Dinge um uns herum führen zu Spannungen, sondern auch das, was tief in uns ist.

Johannes warnt uns, dass »*alles, was in der Welt ist, die Begierde des Fleisches und die Begierde der Augen und der Hochmut des Lebens*«, untrennbar mit dem zerstörerischen System der gegenwärtigen Weltordnung verbunden ist (1Jo 2,16). Interessanterweise tragen wir all diese Spannung in uns. Das bedeutet, diese Welt ist nicht nur um uns herum, sondern wohnt in gewissem Sinne auch in uns. Deshalb werden wir auch nie sicher sein, wenn wir ein Einsiedlerleben in den Bergen oder auf einer einsamen Insel suchen.

Die Spannung in uns

Der Sündenfall im Garten Eden veränderte nicht nur die Umgebung, sondern auch das erste Menschenpaar. Die Sünde wohnte in den beiden, und die Lust zur Sünde trieb sie von innen an – so wie sie jetzt uns antreibt. Hätte Gott den Prozess nicht unterbrochen, hätte sich die Menschheit ganz schnell selbst zerstört. Das Potenzial dazu wurde in uns hineingelegt, als der Teufel uns zu Sündern nach seinem Bilde machte. Zum Glück hat Gott unsere zerstörerische Lebensweise durch seine wunderbare Erlösung durchbrochen. Aber noch hat die Erlösung nicht alle Konsequenzen des Sündenfalls aufgehoben. Wie Johannes sagt, wirken diese drei Kräfte der Welt in mir. Immer wenn ich sie in meinem Leben herrschen lasse, öffne ich dem Teufel Tür und Tor und bringe Schande und Enttäuschung in mein Leben.

Jakobus erkannte unsere Neigung, dem System dieser Welt nachzugeben, als er schrieb:

»Niemand sage, wenn er versucht wird: Ich werde von Gott versucht. Denn Gott kann nicht versucht werden vom Bösen, er selbst aber versucht niemand. Ein jeder aber wird versucht, wenn er von seiner *eigenen* Begierde fortgezogen und gelockt wird. Danach, wenn die Begierde empfangen hat, bringt sie Sünde hervor; die Sünde aber, wenn sie vollendet ist, gebiert den Tod. Irret euch nicht, meine geliebten Brüder« (Jak 1,13-16; Hervorhebung durch den Autor).

Was meint Jakobus mit diesen inneren Kräften? *Begierden* sind berechtigte Wünsche, die aus dem Gleichgewicht geraten sind oder die Grenze überschritten haben. Mit *Fleisch* meint die Bibel unsere normalen körperlichen, emotionalen und sinnlichen Impulse, die aber in unserem gefallenen Zustand nicht von Gott kontrolliert werden. Unsere Augen sind die Fenster, die alles, was in der Welt ist, mit unserem inneren System verbinden, das wiederum unser Verhalten bestimmt und reguliert. Der Hochmut des Lebens schließt die Impulse ein, die uns dazu bringen, uns selbst gut darzustellen.

Als Christen spüren wir die Spannung, dass wir einerseits Gott dienen wollen und andersseits uns selbst. Die Dinge um uns herum lösen die Begierde unseres Fleisches aus. Unsere Augen sehen Dinge, die unser Ich stärken und uns Spaß machen, und unser Stolz streckt sich nach allem aus, was unser Selbstwertgefühl fördert. Und der Preis ist: Wir verleugnen unsere Liebe und Treue zu Gott, der für uns all das hat, was diese Welt bieten kann und mehr, wenn wir erst einmal zu Hause sind.

Christen sind zufrieden mit dem, was sie haben, und dankbar für das, was ihre Liebe und Treue zu Gott ihnen gibt. Und sie geben gerne zu, dass auf der Erde nichts von Wert ist: Die Befriedigung ihres Fleisches, alles, was ihre Augen sehen, und alles, was ihnen Ansehen, Ruhm oder Vermögen bringen könnte, ist es nicht wert, dass sie die Treue zu ihrem König aufs Spiel setzen, der ihnen einen Ort bereitet und sie in der Ewigkeit mit unvergleichlichen Segnungen überhäufen wird. Christen sind in dieser Welt, um ihrem König zu dienen – nicht sich selbst oder den Dingen, die diese Welt zu bieten hat. Sie sind ihm treu und all dem, was in der Ewigkeit auf sie warten.

Kapitel 16
Probleme
Was bereitet uns Schwierigkeiten?

Murphys Gesetz sagt: »Alles, was schief gehen kann, geht auch schief.« Ich habe einen Freund, der sagt, dass *O'Tooles Gesetz* behauptet, Murphy war ein Optimist. Wir leben in einer gefallenen Welt inmitten einer gefallenen Menschheit, und deswegen sollten wir erwarten, dass unser Weg alles andere als eben ist. Die Welt, die auf uns zukommt, wird ohne Probleme sein (Offb 21,3-5). Wie das Buch Hiob sagt: »*Der Mensch ist zur Mühsal geboren, wie die Funken nach oben fliegen*« (5,7). Noch deutlicher warnte Jesus uns: »*In der Welt habt ihr Bedrängnis; aber seid guten Mutes, ich habe die Welt überwunden*« (Joh 16,33). Es ist von Bedeutung, dass Jesus nicht sagt, wir *könnten* Bedrängnis haben. Er stellt ganz klar, was wir zu erwarten haben: »*In der Welt* **habt** *ihr Bedrängnis*« (Hervorhebung durch den Autor). In allen Bereichen des Lebens können wir mit Problemen rechnen. Probleme sind das Wesen der neuen Geschäftsführung. Es wird Schwierigkeiten geben mit Gesundheit, Beruf, Kindern, Eltern, Freunden, Feinden, Geld, Autos, Häusern, Plänen, Träumen und allen anderen Dingen, die in unser Leben treten.

Die materielle Welt kann uns Probleme machen. Manchmal rührt es daher, dass wir unter gefallenen Menschen leben, die uns zu schaffen machen mit Lügen, Betrug, Gerede, Missverständnissen, Eifersucht, Neid, Ärger, Versuchungen, denen wir widerstehen müssen, und Erwartungen, die wir unmöglich erfüllen können. Bei einigen von uns hat das Leben inmitten einer gefallenen Menschheit tiefe Wunden hinterlassen.

Um die Probleme in der gegenwärtigen Welt noch zu verkomplizieren, sollten wir uns daran erinnern, dass auch wir gefallen sind und uns selbst haufenweise Ärger einbringen. In einem Comic sagt die Figur Pogo: »Wir haben den Feind gesehen, und wir sind es selbst!« Ich muss zugeben, dass es Tage gibt, an denen meine eigenen Reaktionen mich überraschen, wenn ich etwas denke, sage und tue, das geradezu nach Schwierigkeiten schreit. Ich kann mich nicht selbst von außerhalb beobachten und sagen: »Stowell, warst du das? Unglaublich!« Ein altes geistliches Sprichwort lautet: »Es ist nicht mein Bruder oder meine Schwester, sondern ich bin es, o Herr, der Gebet nötig hat.«

Das Problem ist ...

Als Jesus sagte, dass Probleme im Leben unvermeidlich sind, meinte er den Konflikt, in den seine Jünger mit dem System dieser Welt kommen würden, wenn sie die gerechten Grundsätze und Einstellungen des zukünftigen Reiches ausleben. Er stellte fest:

> »Dies habe ich zu euch geredet, damit ihr euch nicht ärgert. Sie werden euch aus der Synagoge ausschließen; es kommt sogar die Stunde, dass jeder, der euch tötet, meinen wird, Gott einen Dienst zu tun. Und dies werden sie tun, weil sie weder den Vater noch mich erkannt haben. Dies aber habe ich zu euch geredet, damit ihr, wenn ihre Stunde gekommen ist, daran gedenkt, dass ich es euch gesagt habe. Dies aber habe ich euch von Anfang an nicht gesagt, weil ich bei euch war« (Joh 16,1-4).

> »Wenn die Welt euch hasst, so wisst, dass sie mich vor euch gehasst hat. Wenn ihr von der Welt wäret, würde die Welt das Ihre lieben; weil ihr aber nicht von der Welt seid, sondern ich euch aus der Welt erwählt habe, darum hasst euch die Welt. Gedenkt des Wortes, das ich euch gesagt habe: Ein Sklave ist nicht größer als sein Herr. Wenn sie mich verfolgt haben, werden sie auch euch verfolgen; wenn sie mein Wort gehalten haben, werden sie auch das eure halten« (Joh 15,18-20).

Das System dieser Welt wirkt sich deutlich auf Amerika aus. Fast in unserer ganzen Geschichte blieb die Wucht dieser Welt hinter dem Vorhang unseres christlichen Erbes verborgen. Die Wurzeln unserer Gesellschaft gründeten sich auf das Gesetz Moses und die Lehren Jesu. Tugenden wie Ehrlichkeit, Integrität, Charakterstärke, Reinheit, Großzügigkeit, sexuelle Enthaltsamkeit, Freundlichkeit und harte Arbeit setzten sich durch. In der Vergangenheit hielt die Mehrheit der Bevölkerung Ehebruch, Homosexualität und Abtreibung für unmoralisches Verhalten und nicht für einen alternativen Lebensstil. Für die meisten Leute kam Scheidung nicht in Frage. Im Laufe der letzten sechs Jahrzehnte erklärte man die Tugenden des Reiches Gottes für unmodern, und die Absolutheitsansprüche der Gerechtigkeit sind im öffentlichen Leben nicht mehr gern gesehen.

Christen haben das Problem, dass ihnen ihr tugendhaftes und gerechtes Handeln zum Vorwurf gemacht wird. Licht ist nicht willkommen, wenn die Welt die Finsternis liebt. Das allgegenwärtige Weltsystem, das die amerikanische Kultur heute völlig kontrolliert, hat uns als Fackelträger an den Rand gedrängt. Der König wurde aus der Bildung ausgeschlossen, und säkulare Theorien über Humanismus und Evolution erklären den Studenten heute den Ursprung und Sinn des Lebens. Musik, Medien, Filme, Dokumentationen und Sitcoms stellen Christen als inkompetent, fanatisch, verrückt und gedankenlos dar. Wenn wir nach der Wahrheit des Reiches Gottes leben, werden wir von der Welt im Großen und Ganzen verspottet und gemieden. Der Druck, uns anzupassen, macht uns erhebliche Probleme.

Nur wenige Dinge verunsichern uns mehr als die Erkenntnis, dass unsere Gerechtigkeit uns unweigerlich Ablehnung, Unannehmlichkeiten und in manchen Fällen physischen Schmerz einbringt – und vielen sogar den Märtyrertod.

In der Bibel findet sich wahrscheinlich keine dramatischere Illustration darüber, wie bedrohlich unsere Beziehung zum König in einer feindlichen Umgebung sein kann, als die Geschichte von Petrus, nachdem sein Herr weggeführt und später gekreuzigt wurde. Wie Jesus vorausgesagt hatte, versagte Petrus, der sich seiner Hingabe an ihn so sicher war, unter dem Druck der Welt, als eine Magd ihn als Nachfolger Jesu wiedererkannte. Für einige von uns wird Verleugnung zum Lebensstil, und wir versuchen, als stillschweigende Jünger zu leben, damit uns niemand als Kinder des Königs erkennt. Andere hingegen, die sich dem Verhaltensmuster der Welt anpassen, verleugnen ihn ganz offen, um nicht aufzufallen und den Makel des Andersseins ertragen zu müssen. Manche von uns haben ihre Beziehung zum Herrn verleugnet, weil ihr ungläubiger Chef ihnen Druck machte und sie drängte, für die Firma zu betrügen. Andere haben Christus verleugnet, indem sie sich weigerten, die Tugenden und Verhaltensweise des Reiches Gottes anzunehmen.

Größer als die Probleme

Ganz ehrlich, die Spannungen dieser Welt stellen einen enormen Druck für uns dar. Aber wir müssen uns immer wieder gegenseitig mit der Wahrheit Mut machen, dass Jesus uns zum Sieg berufen hat und wir uns nicht ängstlich zurückziehen dürfen. Der Sieg ist unser. Unser Privileg. Als Christen verkünden wir unseren Sieg, indem wir das Reich Gottes durch unser Leben mutig zum Ausdruck bringen und uns weigern, unsere Beziehung zum König zu verleugnen.

Als ich jung war, schenkte Gott mir den Segen, viele junge Christen und Freunde in der Gemeinde zu haben, die Jesus Christus ihr Leben hingegeben hatten. Ich hatte auch einige gute Freundschaften zu unerretteten Jungen in meiner Gegend und meiner *High School*. Unsere Gemeinde plante eine Evangelisation, und ich hatte den Mut, einen meiner *High-School*-Freunde einzuladen. Ich erklärte ihm, was ihn am Abend erwartete, und ihm war klar, dass es eine religiöse

Veranstaltung sein würde. Er sagte mir, dass er nicht interessiert sei und nicht kommen wolle. Ich dachte nicht mehr daran, bis ich ihn am nächsten Montag in der *High School* zusammen mit anderen beliebten Schülern sah. Sie lachten, weil ich ihn zu dieser Veranstaltung eingeladen hatte, und machten Witze darüber, wie sehr er doch Religion nötig hätte. Ich hörte, wie sie sagten: »Er glaubt wohl, du müsstest errettet werden!«

Ich werde nie vergessen, wie ich mich fühlte, als ich an ihnen vorbei ging und sie lachen hörte. Abgelehnt. Ich spürte, ich hatte meinen Platz in dem Kreis verloren, in dem ich vorher noch akzeptiert war. Jetzt wurde mir klar: sich mit Jesus zu identifizieren, würde manchmal Ablehnung mit sich bringen.

Das, was folgte, half mir, diese Situation nicht zu vergessen. Mehrere Wochen später kam John, dieser Freund, den ich zu der Samstagsveranstaltung eingeladen hatte, durch einen tragischen Autounfall ums Leben. Die ganze Schule war von dem plötzlichen Tod geschockt, und ich wurde augenblicklich daran erinnert, dass das Leben mehr ist als das, was wir in dieser Welt haben. Ich bin mir sicher, John lachte nicht, als er seinem Schöpfer gegenübertrat, und es machte mich traurig, dass er nicht dafür bereit gewesen war. Mir war bewusst, dass ich abgelehnt worden war, weil ich ihn zu Jesus führen wollte, aber dies nahm ich gerne in Kauf, und ich hoffte, dass ich auch für den Rest meines Lebens dazu bereit wäre. Es gibt Dinge, die über diese Welt hinausgehen und die es wert sind, sich dafür verlachen zu lassen und abgelehnt zu werden. Wenn diese Welt alles wäre, was wir hätten, warum sollte sich dann irgendjemand ablehnen lassen, nur weil er auf der Seite des Königs steht? Aber die Verheißung auf ewige Freude, auf Gemeinschaft mit dem König in der zukünftigen Welt, ist ein Privileg, das ich nicht verleugnen möchte.

Peggy Noonan hatte Recht, als sie uns daran erinnerte, dass dies die kurze, grässliche und brutale Welt ist. Wenn wir nur das haben, was sie uns anbietet, sind wir elende Menschen.

Aber vergessen Sie nicht: Zusammen mit seinen Warnungen wegen der Probleme in dieser Welt gab Jesus uns den Trost, dass wir in ihm Frieden finden können und er die Welt überwunden hat. Er sagte: »*Dies habe ich zu euch geredet, damit ihr in mir Frieden habt. ... seid guten Mutes, ich habe die Welt überwunden*« (Joh 16,33).

Zu seiner Zeit wird der Tag der Abrechnung für diese gefallene Welt kommen, wenn die zukünftige sie ablöst. Wir sind Menschen dieser zukünftigen Welt, und deshalb gehört der Sieg des Friedens uns, selbst inmitten von Schwierigkeiten. Der Triumph zeigt, dass wir zur Ewigkeit gehören. Er ist das Kennzeichen des Reiches Gottes, das seinen Ausdruck in unserem Leben finden kann und muss.

Es ist nicht schwer, uns daran zu erinnern, dass diese Welt ein Ort ist, an dem wir den Schwierigkeiten nicht aus dem Weg gehen können. Täglich spüren wir die Spannungen der Welt um uns herum und in uns. Materielle, sexuelle, persönliche und beziehungsbedingte Spannungen üben Druck auf uns aus, dass wir uns den Vergnügungen dieser gefallenen Welt hingeben.

Aber Christus, der König, will uns Frieden in sich geben und die Zuversicht, die den Druck und die Schmerzen dieser Welt überwindet. Und wenn Frieden und Zuversicht uns gehören, haben wir nichts zu befürchten und keinen Grund, mutlos zu sein, vor allem weil wir ewig frei sein werden von Spannungen und Problemen. Die Erfahrung, die wir jetzt machen, ist in Wirklichkeit nur der letzte Versuch des Feindes, uns so viel Schaden zuzufügen, wie er vor seinem sicheren Ende noch kann.

Der Triumph des Friedens ist der Beweis der Ewigkeit in unserem Leben. Er ist das Banner des Reiches Gottes, das der Christ vor sich her trägt. Da das Kreuz und das leere Grab den Sieg bereits errungen haben, ist unser Leben von einem tiefen Gefühl des Friedens und unser Handeln von der Zuversicht in Christus geprägt.

Kapitel 17
Triumph
Frieden und Zuversicht inmitten von Chaos

Das Schicksal von Scott und Janet Willis erregte die Aufmerksamkeit der Medien wie nur wenige Berichte über Christen. Als sie ihre Zuversicht in den König und ihr Vertrauen auf Lohn in der Ewigkeit zum Ausdruck brachten, berichtete die Presse vielfach, dass sie unter einem Schockzustand litten. Sie meinten, dies sei zweifelsohne das erste Stadium der Trauer, Verdrängung genannt, was sie dazu befähige, über ihre religiösen Überzeugungen mit so viel Frieden und Zuversicht zu sprechen. Die Medien zeigten ein solches Interesse, dass einer der wichtigsten Nachrichtensender in Chicago vier Monate lang eine Fortsetzungsgeschichte brachte, und zu ihrer Überraschung stellten sie fest, dass Scott und Janet noch immer den Frieden und die Zuversicht hatten, durch die sie in den ersten Tagen nach dem Unfall gestärkt wurden.

Fünf Monate nach der Tragödie stand Scott bei einer Konferenz des *Moody Bible Institutes* vor 1500 Männern und erzählte, wie sein Glaube nicht erschüttert und sein Herz mehr zu seinem König hingezogen wurde als vor dem tragischen Unfall. Mit zittriger Stimme und tränenüberströmten Wangen sprach er darüber, dass der Frühling anbrach und die Baseballsaison wieder anfing. Er erzählte, wie er und seine Jungs jedes Frühjahr in den Park gegangen sein, wo die Stadtmeisterschaften ausgetragen worden seien, und er sie habe trainiert und all die Dinge getan, die ein Vater, der stolz auf seine Jungs sei, tun würde. Er berichtete, wie er jetzt ohne seine Jungs in den Park gehe und immer noch an dem Geschehen teilnehme. Vor all den Männern im Saal, denen die Tränen über die Wangen liefen, sagte er weiter: »Ich weiß, meinen Jungs geht es jetzt besser, weil sie zu Hause im Himmel sind.« Noch einmal bekräftigte er, sie würden trotz gebrochenen Herzens mit dem sicheren Gefühl des Friedens leben, einem Gott zu dienen, der alles richtig mache und ein Ziel und einen Plan mit seinem Handeln verfolge. Und sie seien bereit, sich dem unterzuordnen, was der Herrlichkeit des Königs am besten diene.

All jene, die Zweifel haben und sagen, die Willis' würden die Tragödie noch immer verdrängen, sollten wissen, dass es nicht Verdrängung ist. Vielmehr haben sie die Realität der Ewigkeit erfasst und sich bereitwillig dem König untergeordnet, und nur so konnten sie diese gegenwärtige Welt als Bühne zum Triumph nutzen. Nur die Zuversicht in Christus, der die Welt überwunden hat, kann uns ein solches Fundament geben, wenn Erdbeben unser Leben erschüttern. Was für ein starkes Zeugnis für die Realität eines siegreichen Königs. Wenn die Probleme und Spannungen dieser Welt ihre irdisch gesinnten Bürger treffen, bleibt ihnen nichts als Enttäuschung, Mutlosigkeit und letzten Endes Verzweiflung. Auch wenn sie es verdrängen, es geht nicht weg. Doch wenn Gläubige den Frieden Jesu Christi erfahren und sich der Realität einer besseren, zukünftigen Welt besinnen, können sie der zuschauenden Welt demonstrieren, was für ein großes Privileg es ist, dem König der Ewigkeit zu gehören.

Hiobs Vermächtnis

Hiob ist das klassische Beispiel für Triumph in einer unruhigen Welt. Seine Schmerzen und Leiden waren grenzenlos. Seine Frau riet ihm, Gott zu verfluchen und zu sterben. Seine Freunde machten alles nur noch schlimmer. Aber Hiob ließ sich nicht beirren und blieb seinem Gott treu. Sein Leben war von dem Entschluss gekennzeichnet: »*Siehe, tötet er mich, ich werde auf ihn warten*« (Hi 13,15; UELB).

Hiob wusste jedoch nicht, dass sein innerer Kampf etwas im Himmel beweisen sollte. Der Teufel meinte, Gott sei nur der Treue, des Lobes und der Anbetung wert, wenn er es sich von den Menschen durch materielle Segnungen erkaufen würde. Diese Verleumdung des ewigen Wertes Gottes sollte Hiob widerlegen. Er nutzte sein Schicksal auf der Erde, um allen Heerscharen des Universums, sowohl den gefallenen als auch den gerechten, zu beweisen, dass Gott trotzdem Lob und Anbetung wert ist.

Es war ein riesiger Triumph, als sich diese Welt von ihrer schlimmsten Seite zeigte. Hiob geht allen leidtragenden Menschen auf der Straße des Sieges voran, damit auch wir unseren Teil zu dem ewigen Werk des Königs beitragen, indem wir die endgültige Niederlage des Teufels durch jeden siegreichen Augenblick in unserem Leben verkünden.

Was macht uns fähig zu triumphieren, wenn wir in dem Frieden und der Zuversicht Jesu inmitten der Spannungen und Probleme dieser Welt leben wollen? Jesus versprach den Triumph von Frieden und Zuversicht und den weg dorthin: »***Dies** habe ich zu euch geredet, damit ihr in mir Frieden* [und Zuversicht] *habt*« (Joh 16,33; Hervorhebung durch den Autor). Was meinte Jesus mit »dies«? Er bezog sich auf das, was er zuvor im Obersaal zu ihnen gesagt hatte (s. Joh 13–16), wo die Mittel zu einem siegreichen Leben inmitten der Spannungen und Probleme um uns herum gezeigt werden. Dort finden sich sechs Punkte, die uns Ruhe und Sieg bringen. Wir finden sie beginnend in Johannes 14, wo Jesus die Furcht und Einschüchterung der Jünger ansprach, die sie in einer feindlichen Umgebung ohne ihn erleben würden – einer Umgebung, die den töten sollte, in den sie all ihre Hoffnungen gesetzt hatten.

Gegenseitige Hilfe

Bevor Jesus über ihre Bestürzung spricht (14,1), gebietet er uns in Johannes 13,34-35, einander zu lieben. Da die Welt ganz offensichtlich gegen uns ist, müssen wir in einem Geist der Liebe eng miteinander verbunden sein. Wenn der Druck der Welt uns zu überwältigen droht, möchte Gott, dass Gläubige sich gegenseitig Mut machen, sich trösten und sich helfen, in der Nachfolge des Königs zu bleiben. Gott hat uns nicht zu einem Leben in Isolation berufen. Wir sollen Gemeinschaft mit Menschen haben, die unsere Identität, unser Verhalten und unsere Ziele teilen. Diese Glaubensgemeinschaft wird durch gegenseitige Liebe getragen. Und gerade durch diese Liebe und gegenseitige Hilfe zeigen wir, dass wir dem siegreichen König gehören.

Interessanterweise gehört es zu den wichtigsten Strategien des Feindes, die Bande der Liebe im Leib Christi zu zerstören und Misstrauen und Neid zu säen. Er versucht, uns in einzelne Teile aufzusplittern, um uns leicht besiegen zu können.

Eine sichere Zukunft

Zweitens, Christus versichert uns, dass wir nicht verlassen sind und nach dieser Welt eine sichere Zukunft auf uns wartet. Seine Worte in Johannes 14,1-3 machen den Triumph von Frieden und Zuversicht deutlich:

> »*Euer Herz werde nicht bestürzt. Ihr glaubt an Gott, glaubt auch an mich! Im Hause meines Vaters sind viele Wohnungen. Wenn es nicht so wäre, würde ich euch gesagt haben: Ich gehe hin, euch eine Stätte zu bereiten? Und wenn ich hingehe und euch eine Stätte bereite, so komme ich wieder und werde euch zu mir nehmen, damit auch ihr seid, wo ich bin.*«

Eine Überlebende des schrecklichen Bombenanschlags auf das *Murrah Federal Building* in Oklahoma City im Jahr 1995, die unter den Trümmern begraben lag, erzählte, wie direkt nach der Explosion eine Kollegin mit ihr sprach, sie berührte und ihr versicherte, sie sicher rauszubringen. In diesem Augenblick kam die Nachricht, dass eine weitere Bombe hochgehen und alle das Gebäude verlassen mussten, einschließlich der Kollegin, die der Frau helfen wollte. Plötzlich war sie allein. Angst packte sie, da ihre Aussicht auf Rettung durch eine weitere Explosion abnahm. Als die Gefahr vorüber war, kam ihre Freundin zurück und brachte Sanitäter mit.

Jesus versicherte den Jüngern, die allein in einer ihnen feindlich gesinnten Welt zurückblieben, dass er zurückkommen und sie sicher nach Hause holen würde, wo die Gefahr für immer gebannt sei. Auch uns wird Jesus sicher nach Hause bringen.

Glaube und Gehorsam

In Johannes 14,7-15 ruft uns Jesus zum Glauben an seinen himmlischen Vater und zu einem liebevollen Gehorsam auf. Das sollte den Sieg über die Versuchungen garantieren, die uns unsere Liebe und Treue zu Gott verleugnen lassen. In der Mitte des Textes bat Philippus Jesus, ihnen den Vater zu zeigen; dann seien sie zufrieden. Jesus sagte ihnen, dass er das Bild des Vaters sei, und wenn sie ihn gesehen hätten, hätten sie den Vater gesehen; und wenn sie ihn um etwas bitten würden, würde der Vater es ihnen geben; und wenn sie ihm gehorchen und ihn lieben würden, hätten sie auch eine Beziehung zum Vater.

Wenn es keinen Vater gibt, wenn es keinen Gott gibt, dem wir völlig vertrauen können, dass er uns in den Himmel aufnimmt und uns ewig glücklich macht, dann werden wir schnell den Mut verlieren. Die Tatsache, dass Jesus unsere direkte Verbindung zum Vater der Ewigkeit ist, gibt uns Zuversicht und nötigt uns treuen Gehorsam ab. Aber Jesus ging zum Vater. Wie können wir Frieden und Zuversicht haben, wenn er mit seiner Gegenwart und Macht nicht bei uns ist?

Hilfe hier und jetzt

Anschließend sprach Jesus davon, dass er ihnen den Heiligen Geist senden würde, der sie bei Spannungen und Problemen stärken sollte. Paulus erinnert uns, dass wir sicher durch diese gefährliche Welt kommen (Joh 14,16-18), wenn wir im Geist leben, seinen Lehren gehorchen und ihm folgen, wo immer er uns hinführt (Gal 5,16-25).

Ein Ort zum Bleiben

In Johannes 15 spricht Jesus von dem Privileg, in ihm zu bleiben, wie eine Rebe am Weinstock bleibt. Die Rebe bringt viel Frucht aufgrund dieser engen, ununterbrochenen Verbindung, und der Weinstock gibt ihr Kraft und Frucht. Wenn wir dem Geist Gottes gehorsam sind, bleiben wir in Christus. Dann halten wir die Gebote Jesu, wie er gesagt hat: »*Wenn ihr meine Gebote haltet, so werdet ihr in meiner Liebe bleiben, wie ich die Gebote meines Vaters gehalten habe und in seiner Liebe bleibe*« (Joh 15,10).

Gebet

In Kapitel 16 belehrt Christus die Jünger, dass eine Voraussetzung für Frieden und Zuversicht das Gebet ist und sie den Vater um die Erfüllung ihrer Bedürfnisse und um Sieg bitten sollen. Beten hält uns in Verbindung mit all den Dingen, die sicher und real sind. In allen Turbulenzen dieser Welt schenkt das Gebet unserem Herzen Frieden und Zuversicht. Paulus erkannte das, als er schrieb: »*Seid um nichts besorgt, sondern in allem sollen durch Gebet und Flehen mit Danksagung eure Anliegen vor Gott kundwerden; und der Friede Gottes, der allen Verstand übersteigt, wird eure Herzen und eure Gedanken bewahren in Christus Jesus*« (Phil 4,6-7).

Wenn uns Frieden und Zuversicht fehlen, sollten wir uns einmal die folgenden sechs Fragen stellen:

1. Finde ich Hilfe in der gegenseitigen Liebe und Ermutigung von Mitchristen?
2. Betrachte ich meine Erfahrungen hier im Hinblick auf Jesu Rückkehr, wenn er mich an den sicheren Ort bringt, den er für mich bereitet hat?
3. Glaube ich fest an den ewigen Gott, der mich zu einem freudigen Gehorsam inspiriert und motiviert?
4. Höre ich sensibel und demütig auf die Stimme und Führung des Heiligen Geistes?
5. Bleibe ich in Jesus, oder ist mein Leben von dem System dieser Welt gekennzeichnet?
6. Was ist der Maßstab für mein Gebetsleben?

Es kommt wirklich darauf an, ob mein Leben in ihm oder in der Welt zu finden ist. Er sagte, er habe die Welt überwunden, und nur in ihm sei Frieden zu finden (Joh 16,33).

Das Gebet des Königs für seine Jünger

Nachdem Jesus in den Kapiteln 13–16 erklärt hatte, wie die Jünger ein siegreiches Leben führen können, erhebt Christus sein Angesicht zum Vater und betet für die Seinen. Er betont noch einmal, wie wichtig es ist, dass seine Jünger zusammenstehen gegen die Kräfte dieser Welt, und er spricht dann davon, welche Rolle sein Wort bei ihrem Triumph inmitten von Spannungen und Problemen spielt. In seinem Gebet (Joh 17) bittet er den Vater, seine Jünger nicht aus der Welt herauszunehmen, sondern sie dort zu lassen, um das Werk des Vaters zu tun.

Er möchte, dass wir *in* der Welt, aber *nicht von* der Welt sind. Wir sollen nicht isoliert von anderen Menschen leben, sondern unter dem Schutz des Heiligen Geistes und des Wortes Gottes. Jesus bittet seinen Vater: »*Ich habe ihnen dein Wort gegeben, und die Welt hat sie gehasst, weil sie nicht von der Welt sind, wie ich nicht von der Welt bin. Ich bitte nicht, dass du sie aus der Welt wegnimmst, sondern dass du sie bewahrst vor dem Bösen. Sie sind nicht von der Welt, wie ich nicht von der Welt bin. Heilige sie durch die Wahrheit! Dein Wort ist Wahrheit*« (Joh 17,14-17).

Jemanden *heiligen* meint, ihn für den Willen des Vaters zu gebrauchen. Der heiligende Einfluss in unserem Leben ist das Wort Gottes. Unsere Treue zur Wahrheit unterscheidet uns. Und die Wahrheit des Wortes Gottes lässt uns deutlich die Lügen erkennen, die in der Welt um uns herum so weit verbreitet sind. Wenn wir jeden Bereich unseres Lebens dem Wort Gottes ausliefern, stellen wir fest, dass wir vor den zerstörerischen Wegen dieser Welt verschont bleiben und in den Händen des Vaters brauchbar gemacht werden.

Wie könnten wir von einer zukünftigen Welt wissen, wenn Gott uns diese befreiende Realität nicht in seinem Wort mitgeteilt hätte? Wie könnten wir uns sicher sein, dass das Reich Gottes, zu dem wir gehören, den Sieg davonträgt, wäre da nicht Gottes Wort? Wie sollten wir sonst wissen, dass diese gegenwärtige Welt von den Legionen des Widersachers beherrscht wird, die einen geistlichen Krieg gegen uns führen und uns als Schachfiguren benutzen wollen, um das Ansehen unseres Gottes zu diffamieren, der uns geschaffen und seinen Sohn für uns gegeben hat? Wie hätten wir den Frieden, dass wir auf der richtigen Seite stehen, und die Zuversicht, dass Christus die Welt überwunden hat und uns in eine bessere Welt führt? Wie könnten wir den Spannungen und Problemen dieser Welt standhalten, wenn nicht durch sein Wort?

Triumph

Ich bin nicht mehr derselbe, seit ich mit Martie das mittlerweile berühmte Dorf der Auca-Indianer tief im ecuadorianischen Regenwald besucht habe. Ich hatte von den fünf jungen Männern gehört, die ihr Leben dort opferten: Jim Elliot, Pete Fleming, Roger Youdarian, Ed McCully und Nate Saint. Als ich noch ein Junge war, ging die Nachricht von ihrem Märtyrertod am Ufer des Curaray-Flusses durch die Medien. Martie und ich fuhren den Fluss hinunter und standen an dem Ufer nahe der Stelle, wo diese Männer ihr Leben für die Sache der Ewigkeit gaben. Alle fünf lebten als Missionare mit ihren Familien im Dschungel. Gemeinsam wollten sie den wilden Stamm der Aucas mit der guten Botschaft von Jesus Christus erreichen.

Während sie ihr Lager am Ufer aufschlugen, versuchten sie, eine Beziehung zu drei Stammesmitgliedern aufzubauen, die täglich zu ihnen gesandt wurden. Aber eines Tages schickte der Stamm keine friedlichen Abgesandten, sondern ein Tötungskommando, das die fünf Missionare mit ihren Pfeilen durchbohrte und die Körper in den Fluss warf. Während ihre Familien auf ein Zeichen der Ehemänner und Väter warteten, lagen ihre Körper fünf Tage lang dort und ihr Blut floss flussabwärts. Als sich die Nachricht herumsprach, trauerten nicht nur ihre Familien und Christen rund um den Globus, sondern auch eine beobachtende Welt horchte auf. Das *Life* Magazin widmete der Tragödie eine Titelseite und flog einen Fotografen ein, dessen Bilder die Seiten der damals landesweit meistgelesenen Zeitschrift füllten. Die Marineinfanterie sandte einen Trupp, um die Sicherheit der Suchmannschaft zu garantieren. Für irdisch gesinnte Menschen war es eine Vergeudung von fünf jungen Leben und eine unnötige Belastung für fünf vaterlose Familien. In den ersten Monaten war es schwer zu glauben, dass Jesus die Welt überwunden hatte. Fünf Leben waren vergeudet worden, und die Aucas hatten sich noch nicht bekehrt. Wie soll man darin Frieden finden? Gott war besiegt worden.

Der Teufel hatte die Lebensflamme dieser fünf Männer ausgelöscht, aber ihr Zeugnis, das sie für den König der Ewigkeit gegeben hatten, leuchtete umso heller auf. Hunderte von jungen Leuten in ganz Amerika sagten: »Ich werde für sie gehen.« Und die Weltmission bekam neues Leben eingehaucht, das um die ganze Welt ging für die Sache Jesu.

Nate Saints Schwester und Jim Elliots Frau wurden von dem Stamm eingeladen, unter ihnen zu leben. Und wie durch ein Wunder gingen sie zurück zu den Leuten, die die Männer getötet hatten, die sie liebten. Rachel Saint und Elisabeth Elliot vertrauten darauf, dass Christus die Welt überwunden hat. Sie wussten, dass die Ewigkeit nicht erschüttert wurde durch den Tod ihres Bruders und Ehemannes. Für sie war die Sache Jesu noch immer von größter Bedeutung. Bald schon lernten die Stammesbewohner Jesus als ihren Erlöser kennen.

Als unser Flugzeug landete, kamen uns Brüder und Schwestern in Christus entgegen. Unsere beiden Piloten, zwei Absolventen der Moody Flugschule, begleiteten uns an diesem Tag zum Ufer. Sie zeigten auf den Indianer, der unser Kanu den Fluss hinunter geführt hatte bis zu der gekennzeichneten Stelle, und sagten über diesen gebeugten alten Mann: »Er gehörte zu dem Stamm, der die Missionare getötet hat.« Das war ein erschreckender Gedanke. »Jetzt aber ist er unser Bruder in Christus«, fügten sie hinzu.

Der Häuptling dieses Stammes, derjenige, der Nate Saint durchbohrt hatte, ist heute ein alter Mann im Dorf und glaubt an Jesus Christus. Auf die Frage, was er tut, wenn er in den Himmel kommt und Nate Saint begegnet, antwortete er: »Ich werde zu ihm hinlaufen und Nate Saint umarmen und ihm danken, dass er mir und meinem Volk Jesus Christus brachte.« Dann meinte er, auch Nate Saint würde ihn umarmen und ihn willkommen heißen.

Eine der alten Frauen des Stammes erzählt, wie sie damals auf dem Hügel stand und zusah, wie die Männer die fünf Christen ermordeten. Jetzt sagt sie, als sie zum Himmel aufschaute, sah sie eine weißgekleidete Menschenmenge, die über der Stelle schwebte. Die Ewigkeit wartete, um sie willkommen zu heißen. Vielleicht waren es Engel. Vielleicht war es die Schar von Zeugen, die in all den vorangegangenen Jahren ihren Frieden nicht in der Welt, sondern in ihrem König gefunden hatte. Menschen, die glaubten, dass Christus die Welt überwunden hatte, und die deshalb ihr Leben in dieser Welt für ihn geben konnten.

Was immer es war, eins ist sicher: Nicht einmal der Tod kann den siegreichen Triumph des Königs aufhalten, wenn Christen auf ihrem Weg in die Ewigkeit unbeirrbar treu sind.

In einer vergehenden, gefallenen Welt ist es unser Privileg, uns für die Ewigkeit einzusetzen, indem wir hier im Licht der zukünftigen Welt unter der siegreichen Autorität des Königs leben.

»Dem König der Zeitalter aber, dem unvergänglichen, unsichtbaren, alleinigen Gott, sei Ehre und Herrlichkeit von Ewigkeit zu Ewigkeit! Amen" (1Tim 1,17).

Fußnoten

Kapitel 1: Über uns selbst hinaus

1. Michael A. Lev, »Couple Held on to God in Tragedy«, *Chicago Tribune*, 17. November 1994, 1:1.

Kapitel 2: In anderen Welten

1. Peggy Noonan, »You'd Cry Too«, *Forbes*, 14. September 1992, S. 65.
2. Fred Catherwood, »Before It's Too Late«, *Evangelicals Now*, wie zitiert in J. I. Packer, »Fear of Looking Forward«, *Christianity Today*, 12. Dezember 1994, S. 13.
3. Ebd.
4. »Sustained in a Tragedy by Faith«, *Chicago Tribune*, 18. November 1994, 1:18.
5. Michael A. Lev, »Couple Held on to God in Tragedy«, *Chicago Tribune*, 17. November 1994, 1:1, 18.
6. »Sustained in a Tragedy«, 1:18.

Kapitel 3: Ausgewogene Welten

1. »Strange Stories, Amazing Facts of America's Past", *Readers Digest*, 1989, S. 139.

Kapitel 4: Sich mit dem Paradies beschäftigen

1. C. S. Lewis, *The Screwtape Letters* (New York: Macmillan, 1946), S. 15.

2. John Baillie, *And the Life Everlasting* (London: Oxford University Press, 1936), S. 15.
3. Alan Richardson und John Bowden, Hrsg., *The Westminster Dictionary of Christian Theology* (Philadelphia: Westminster, 1984), S. 146.
4. A. J. Conyers, *The Eclipse of Heaven* (Downers Grove, Ill.: InterVarsity, 1992), S. 78.
5. Ebd., S. 58.
6. Colleen McDannell und Bernhard Lang, *Heaven: A History* (London: Yale, 1988), S. 353.

Kapitel 5: Warum der Himmel so dunkel erscheint

1. Ray B. Brown, Hrsg., *Mark Twain's Quarrel with Heaven* (New Haven, Conn.: College and University Press, 1979), S. 63-65.
2. Ebd.
3. Peter Kreeft, Everything You Ever Wanted to Know About Heaven ... But Never Dreamed of Asking (San Francisco: Ignatius, 1990), S. 19.
4. Ebd., S. 19-20.
5. Colleen McDannell und Bernhard Lang, *Heaven: A History* (London: Yale, 1988), S. 19.
6. Ebd., S. 20.
7. Kreeft, S. 20-21.
8. Karl Rahner, *Theological Investigations*, übersetzt von Ed Quinn (London: Darton, Longman & Todd, 1984), xix.

Kapitel 6: Die Realität neu beleben

1. Deborah Sharp, »Pilot Swoops Family Out of Cuba«, *USA Today*, 21. Oktober 1992, S. 3A.
2. St. Augustinus, *The City of God* (New York: Random House, 1950), S. 432.

3. C. S. Lewis, *Miracles* (New York: Macmillan, 1955), S. 178-179.
4. Fergus M. Bordewich, »China's Daring Underground of Faith«, *Readers Digest*, August 1991, S. 34-35.
5. G. K. Chesterton, *Orthodoxy* (Chicago: Thomas More Association, 1985), S. 99-100.
6. C. S. Lewis, *Mere Christianity* (New York: Macmillan, 1943), S. 118.

Kapitel 7: Um des Himmels willen

1. C. S. Lewis, *Mere Christianity* (New York: Macmillan, 1943), S. 118.
2. Ebd., S. 119.
3. Dan McGraw, »The Christian Capitalists«, *U.S. News & World Report*, 13. März 1995, S. 53.
4. Francis A. Schaeffer, *No Little People* (Downers Grove, Ill.: InterVarsity, 1974), S. 258-271.
5. Epheser 2,19; Hebräer 11,13; 1. Petrus 2,11.
6. H. Bietenhard, »Parepidçmos«, *Dictionary of New Testament Theology* (Grand Rapids, Mich.: Zondervan, 1975), 1:690.
7. Beim Studium von Hebräer 11,13-19 lassen sich sechs Merkmale der Denkweise eines Pilgers feststellen. In Kurzform: Pilger 1) glauben, dass Gottes Verheißungen letzten Endes in der zukünftigen Welt erfüllt werden (V. 13); 2) wissen, dass sie nicht auf die Erde gehören und suchen die zukünftige Welt (V. 14); 3) können sich zwar entscheiden, wieder in der Welt zu leben, aus der sie berufen worden sind, aber sie weigern sich, an das alte Leben zurückzudenken (V. 15); 4) glauben, dass nichts hier vergleichbar ist mit dem besseren Land, zu dem sie unterwegs sind, weshalb ihre Zuneigungen der zukünftigen Welt gehören (V. 16); 5) die ihre Zuneigung auf die Ewigkeit richten, müssen nicht befürchten, dass Gott sich schämt, ihr Gott genannt zu werden (V. 16); 6) wissen, dass hier nichts wertvoller ist als ihre Beziehung zu Gott; deshalb

kann ihr Gehorsam auch das größtmögliche Opfer einschließen (V. 17-19).

Kapitel 8: Die Gewohnheit unserer Herzen

1. C. S. Lewis, *Mere Christianity* (New York: Macmillan, 1943), S. 104.
2. Jack Canfield und Mark Hansen, *Chicken Soup for the Soul* (Deerfield Beach, Fla.: Health Communications, 1993), S. 191.
3. John H. Gerstner, *Jonathan Edwards on Heaven and Hell* (Grand Rapids, Mich.: Baker, 1980), S. 11.

Kapitel 11: Die Privilegien des Reiches Gottes

1. Howard Witt und Lisa Anderson, »Many Jarred at Finding Suspect Is an American«, *Chicago Tribune*, 23. April 1995, 1:15; und Lisa Anderson, »Now Fear Grips Even Small Towns«, *Chicago Tribune*, 20. April 1995, 1:16.
2. Louise Kiernan und Ellen Warren, *Chicago Tribune*, 21. April 1995, 1:16.

Kapitel 13: Das Aussehen des Reiches Gottes

1. Stephen R. Covey, *First Things First* (New York: Simon & Schuster, 1994), S. 26.
2. Ebd., S. 52.
3. William Bennett, *The Book of Virtues* (New York: Simon & Schuster, 1993), S. 14.
4. Gertrude Himmelfarb, *The De-Moralization of Society* (New York: Knopf, 1994), S. 15.

Kapitel 14: Prinzipien und Verhaltensweisen des Reiches Gottes

1. Übernommen von Charles Swindoll, *Improving Your Serve* (Waco, Texas: Word, 1981), S. 53-54.

Buchempfehlung

Joseph M. Stowell
Nur Jesus zählt
Seine Nähe erleben,
seine Liebe weitergeben
Geb., 160 Seiten

Best.-Nr. 273.608
€ (D) 12,90
€ (A) 13,30
SFR 20,60
ISBN 978-3-89436-608-7

Man braucht Jesus - und einen guten Job und neue Freunde und ein besseres Gehalt und ... Diese Unds lenken vom Wesentlichen ab. Irgendwann hat man alles, nur Jesus liegt unter all diesen Dingen begraben. Aber er sehnt sich nach einer tieferen Gemeinschaft mit Ihnen. würden Sie es wagen, alles Störende beiseite zu tun?

Christliche Verlagsgesellschaft mbH
Kompetent. Profiliert. Engagiert.

Buchempfehlung

Joseph M. Stowell
Vertrauen
Geb., 224 Seiten

Best.-Nr. 273.683
€ (D) 14,90
€ (A) 15,39
SFR 23,10
ISBN 978-3-89436-683-4

Joseph M. Stowell erinnert daran, dass Gott von uns Anbetung, Hingabe und totale Abhängigkeit wünscht. Anhand der Geschichte des verlorenen Sohns weist Dr. Stowell den Weg nach Hause zu dem Gott, der Sie vollständig und anhaltend erfüllen und Ihnen in der Gemeinschaft mit ihm die Sicherheit geben will, nach der Sie sich sehnen.

Christliche Verlagsgesellschaft mbH
Kompetent. Profiliert. Engagiert.

Buchempfehlung

James MacDonald
Veränderung
Geb., 320 Seiten

Best.-Nr. 273.824
€ (D) 17,90
€ (A) 18,40
SFR 27,70
ISBN 978-3-89436-824-1

Wie geschieht Veränderung in unserem Leben? Unsere schlechten Gewohnheiten haben wir oft im Laufe von Jahren erworben und können sie nicht über Nacht ablegen. Aber wir können daran arbeiten, sie durch gute zu ersetzen – wie das gehen soll?

Der Autor zeigt, wie man Missmut durch Dankbarkeit, Habsucht durch Zufriedenheit, Kritikgeist durch Liebe, Zweifel durch Glaube und Auflehnung durch Unterordnung ersetzt.

Ein praktisches, erfrischendes und mutmachendes Buch.

Christliche Verlagsgesellschaft mbH
Kompetent. Profiliert. Engagiert.

Leseprobe

Haben Sie sich je gefragt, wieso Klagen so ein Kampf ist, obwohl wir doch alle der Ansicht sind, dass es nichts verändert? Der Grund ist: Klagen stellt unsere sündige Natur zufrieden. Klagen setzt negative emotionale Energien frei und verschafft uns in frustrierenden Situationen oder Umständen eine momentane Entlastung. Deshalb können wir nur schwer widerstehen.

Ich bin der Erste, der zugibt, dass ich mich in gewissen Situationen wirklich gerne beklage. Mir gefällt es sogar so gut, dass ich nie auf den Gedanken käme, es aufzugeben, hätte ich nicht gelernt, wie destruktiv es ist. Wir müssen dringend lernen, wie Gott unser Klagen durch emotionale Nachwirkungen richtet, so dass unser Leben »*einem dürren und erschöpften Land ohne Wasser*« gleichkommt (Ps 63,2). Denken Sie an das Thema des Buches:

> »*Menschen, die Klagen zu ihrer Gewohnheit machen,
> werden ihr Leben in der Wüste verbringen.*«

Das trifft auf Klagen mit Sicherheit zu. Wenn Sie nur schwer glauben können, dass Gott »so viel Aufhebens« um unser Klagen macht, sollten Sie sich einen Augenblick Zeit nehmen und mit mir eine oft vernachlässigte Stelle im Wort Gottes in 4. Mose 11,1-3 aufschlagen. Hier ist Moses »Tagebucheintrag« an einem Tag in der Wüste mit seinem Volk: »*Und es geschah, als das Volk sich in Klagen erging ... Und als der HERR es hörte, da erglühte sein Zorn, und ein Feuer des HERRN brannte unter ihnen und fraß am Rand des Lagers*« (4Mo 11,1).

Diese Gruppe von Menschen steht also am Rand ihrer behelfsmäßigen Stadt und jammert und meckert über irgendetwas. Vielleicht war es Moses Führungsstil oder auch das Essen, das Wetter oder eine äußerst schwierige Person. Was es auch war, für Gott war es der letzte Tropfen, der das Fass zum Überlaufen brachte, und er sandte Feuer unter die ganze Gruppe. Wenn Ihnen das nicht klarmacht, was Gott über Klagen denkt, wird nichts es tun. Bevor Sie das jetzt als »alttestamentarisch« abtun, sollten Sie mal einen Blick auf 1. Korinther 10,11 werfen, was wir ja bereits in der Einleitung getan haben. (Sie haben sie doch gelesen, oder etwa nicht?) Das, was den Israeliten widerfuhr, hat der allmächtige unveränderliche Gott zu unserem Vorbild aufschreiben lassen. Wir sollten es uns nicht entgehen lassen!

Wenn wir uns 4. Mose 11 näher anschauen, können wir die Tatsache nicht übersehen, dass wir unsere Einstellungen selbst aussuchen. Das ist nur ein kurzer Satz, und vielleicht sind Sie ja ein schneller Leser, deshalb werde ich ihn noch einmal wiederholen:

Wir suchen uns unsere Einstellungen selbst aus!

Ja, das tun wir! Sie suchen sich nicht uns aus, wir suchen sie aus. Sie sollten einmal die Blicke sehen, die ich bekomme, wenn ich diese Wahrheit öffentlich lehre. Die Menschen schauen nervös und wütend, als wollten sie gleich die Bühne stürmen, und ich kann sie verstehen. Niemand mag es, wenn man ihm sagt: »Dein Einstellungsproblem siehst du im Spiegel« – aber so ist es. Solange wir die Vorstellung, dass wir unsere Haltungen selbst aussuchen, nicht als Tatsache akzeptieren, werden wir nie zu einer anderen Wahl fähig sein, und unser Leben wird immer einer Wüste gleichen.

Beachten Sie, in 4. Mose 11,1 heißt es: »*das Volk!*«. Die Israeliten konnten mit dem Finger nicht auf andere zeigen, nur auf sich. Wäre es nicht toll, wenn wir sagen könnten: »Ich habe die Einstellung meiner Mutter geerbt«, oder: »Es ist der Fehler meines Vaters, dass ich so bin.« »Es ist mein Chef.« »Es ist mein Nachbar.« »Es sind die Umstände.« Klingt das vertraut? Zurück zum Wort Gottes: »*Und es geschah, als das Volk sich in Klagen erging.*« Warum wurden die Israeliten so? Weil sie es mussten? Weil sie jemand dazu zwang, weil sie …